KB263647

이 책은 방일영문화재단의 지원을 받아 저술·출판되었습니다.

새로운 돈의 시대,
스테이블코인

새로운 돈의 시대, 스테이블코인

김신영 지음

화폐 권력의 대이동

혁신과 위험 사이, 스테이블코인의 미래를 모색하다

일에일북

혁신과 위험 사이,
새로운 돈의 질서를 탐색하다

2000년쯤 유럽에 배낭여행을 갔다. 지하철을 타고 을지로입구역 부근에 있는 옛 외환은행 본점에 가서 10개 넘는 통화로 환전했다. 이탈리아 리라, 독일 마르크, 프랑스 프랑, 네덜란드 길더… 미리 일정을 짜서 그에 맞춰 돈을 준비했고 나라별로 봉투에 나누어 배낭 깊숙이 넣어 다녔다. 지금 유럽에서 통용되는 유로 화폐와 동전은 2002년에서야 나왔다.

이제 세계 어느 나라에 가도 현금은 최소한으로 환전해 간다. 대부분의 나라에서는 한국의 신용카드를 불편함 없이 쓸 수 있다. 때로는 플라스틱 신용카드도 불편하게 느껴지고는 한다. 웬만한 결제는 휴대폰에 설치된 각종 '페이' 앱으로 가능하다. 한때 '현금의 나라'라

여겨졌던 일본에 가도 휴대폰으로 '노터치' 결제를 하는 사람을 흔히 볼 수 있다.

인공지능·로봇·우주선 같은 화려한 최첨단 신기술로 여겨지진 않지만, 생각해보면 21세기 들어 '돈'만큼 크게 격변한 존재도 드물지 않을까 한다. 화폐와 동전에서 신용카드로, 이제 각종 '페이'와 '포인트'까지 셀 수 없이 많이 쓰인다. 축의금·부의금은 카카오톡으로 보내고 정부까지 휴대폰 앱으로 '지역 화폐'를 파는 세상이 왔다.

이런 많은 변화가 있었음에도 얼마 전까지 경제부 기자로 일하면서도 '돈'에 관해 깊이 생각해본 적이 없었다. 너무 일상적으로 쓰이는 존재라서 그랬는지도 모르겠다. '돈의 기능은 가치의 저장, 교환의 매개, 가치의 척도'라는 교과서적인 이야기 정도만 피상적으로 알았을 뿐이다. 10년 전쯤 세계 최초의 가상화폐인 비트코인이 나왔을 때도 취재차 조금 사두고 기사만 썼지 그 배경에 있는 철학과 의미에 대해 파고들지는 않았다. 그러다 최근 들어 '돈'을 보다 깊이 공부해보고 싶다는 강한 의욕을 느꼈다. 한국은행에 출입하면서 이 책의 소재인 스테이블코인을 접하게 되면서다.

2025년 도널드 트럼프 미국 대통령 주도로 미국에서 스테이블코인 관련 법이 만들어졌고 한국에서는 스테이블코인 테마주가 급등·급락을 반복하고 있다. 관련 기사를 쓸 때마다 "스테이블코인은 '1코인=1달러'처럼 법정화폐에 가치가 고정되는 가상화폐를 뜻한다"라는 문장을 습관처럼 쓰고는 했다. 그러다 어느 날 이 문장에 들어 있는 많은 개념을 내가 제대로 이해하고 있을까 하는 회의가 들었다. 스테이블, 코인, 달러, 법정화폐, 가치, 고정, 가상화폐 같은 개념 하나하나에 담긴 역사와 의미를 제대로 알고 싶은 갈증이 생겼다. 달리 보면 스테이블코인이라는 새로운 존재를 통해 이런 개념들에 대해 처음으로 깊이, 제대로 생각해볼 계기가 생겼다고도 할 수 있을 듯하다.

주변에 경제에 대해 잘 안다는 사람들에게도 "그래서 스테이블코인이 뭔데?"라는 말을 참 많이 듣고 있다. 비트코인 같은 가상화폐는 일확천금이라도 노려볼 수 있을 텐데, 도대체 돈에 가치가 고정되는 코인을 어디다 써먹느냐는 질문들이다. 이 책을 쓰기 위해 다양한 취재를 하면서, 이런 질문을 하는 한국인은 어찌 보면 행복한 사람들이라는 생각이 들었다. 자국 화폐 가치가 자고 나면 반 토막 나는 아르헨티나 사람들, 옆 나라에 돈을 보내기가 힘들어 배낭에 돈을 싸 들고 위험하게 국경을 넘는 아프리카 무역상들에게는 미국 달러에 가치가 고정된 테더·USDC 같은 스테이블코인이 소중한 '대안적 돈'이 되어 주고 있다.

이런 편리함을 악용하려는 세력도 많다. 탈세·돈세탁 같은 불법을 저지르려는 범죄자에게는 정부의 통제가 미치지 않으면서도 가치가 법정화폐에 고정되는 스테이블코인이 '나쁜 짓'을 도와줄 도구가 되어준다. 유엔에서 최근 나온 보고서를 보면 북한이 제재를 피해 불법 무기 거래를 하면서 테더로 대금을 받았다는 대목이 나온다. 나라 밖으로 돈을 빼돌리려는 이들에게도 스테이블코인은 유용하다. 부자들의 자본 유출이 껄끄러운 중국은 스테이블코인을 전면 금지하고 있는데, 이해가 된다.

아직 한국의 법정화폐인 '원'에 가치가 고정된 스테이블코인은 없다. 사실 세상에 있는 스테이블코인의 99%가 미국 달러 기반이다. 최근 들어 원화 스테이블코인을 만들어야 한다는 주장이 정치권을 중심으로 일어 국회에 관련 법이 여럿 계류돼 있다. 이에 대해서는 '돈의 혁신을 놓쳐선 안 된다'는 찬성론과 '이미 다양한 결제 서비스가 있는 한국의 스테이블코인은 불필요하며 자본 유출과 불법 행동만 부추길 것'이라는 반대론이 팽팽히 맞서고 있다.

이런 격렬한 논쟁은 한국에만 그치지 않는다. 국제결제은행(BIS), 국제통화기금(IMF) 같은 국제기구 인사들과 쟁쟁한 경제학자들이 다양한 보고서, 강연, 인터뷰를 통해 스테이블코인에 관한 열띤 토론을 벌이고 있다. 2025년 8월 서울에서 열린 대규모 행사인 '세계 경제학자 대회' 때 가장 관심을 많이 끈 주제가 스테이블코인이었다.

이 책은 스테이블코인에 관한 뜨거운 논의의 흐름을 제대로 따라가기 위한, 경제 기자로서의 고민과 탐색을 담았다. 이를 위해 여러 경제학자와 당국자를 인터뷰했고 직접 스테이블코인을 사서 미국 거래소에 보내 '보상'을 받아보기도 했다. 책을 쓰기 시작할 때는 스테이블코인에 관한 생각이 머릿속에 엉켜 있었는데, 돈의 과거·현재·미래를 짚어보고 전문가들의 이야기를 들어보면서 나름의 견해가 정리되는 즐거움을 느꼈다. 독자들도 이 졸저를 통해 비슷한 경험을 하기를 소망해본다.

김신영

목차

Part 1

돈의 본질을 묻다

Part 2

변동성을 잠재운 혁신: 스테이블코인의 탄생

달러 패권 2.0: 미국이 스테이블코인을 선택한 이유

원화 스테이블코인: 가능성과 우려

Part 1

돈의 본질을
묻다

돈,
그리고 법정화폐에 관하여

　"스테이블코인 이야기가 많이 돌던데, 동전 같은 '코인'이 정말 있는 건가요?" 미국에 이어 한국에서도 스테이블코인 관련 기사가 많이 나오자 한 지인이 내게 실제로 한 질문이다. 사실 디지털 통화(digital currency)에 관심이 없다면, 스테이블코인의 정체 자체가 궁금할 수밖에 없다.

　스테이블코인이라는 단어를 그대로 분리하면 '안정적인(stable)'+'가상화폐(coin)'란 뜻이 된다(세계 첫 가상화폐를 만든 사람들이 그 이름을 '비트코인'이라고 지으면서 '코인'은 가상화폐를 뜻하는 말로 통용되고 있다). 가격이 안정적으로 고정된 코인을 통칭하는 말로, 미국 정부나 BIS(국제결제은행, Bank for International Settlements) 등에서는

‘stablecoin(스테이블코인)’이라고 붙여서 한 단어로 쓴다.

가격이 안정됐다는 것은 ‘1코인=1달러’ 혹은 ‘1코인=1유로’처럼 법정화폐에 코인 가격이 연동되도록 고정했다는 의미다. 세계 최대 가상화폐인 비트코인만 보아도 가격이 널뛰기를 하지만, 스테이블코인 가격은 법정화폐에 고정되도록 설계되었다. 보통 여기까지 설명을 들은 이들의 다음 질문은 크게 둘로 나뉜다. “어떻게 그게 가능하지?” 그리고 “그런 코인이 왜 필요하지?”이다.

이 책은 디지털 화폐, 특히 디지털 경제 생태계를 혁신할 잠재력을 지닌 스테이블코인에 대한 다양한 질문에 답한다. 아울러 그것이 가진 기회와 위험을 입체적으로 짚어보고자 했다. 이를 위해 스테이블코인에 열광하는 사람들, 반대로 그 위험을 경고하는 사람들 수십 명을 두루 만나 이야기를 들었다. 실제로 스테이블코인을 구입해 이를 투자에 활용해보기도 했고, 국경 간 송금에 써보기도 했다. 스테이블코인을 배우고 취재하며 직접 체험하는 과정에서, 이 ‘디지털 화폐’가 돈의 패러다임을 바꿀 것이라는 생각에 신기하기도 했지만, 한편으로는 우리가 지금 쓰는 각종 ‘포인트’와 무엇이 다른지 의구심이 들기도 했다. 이 새로운 ‘통화’에 대한 탐구 과정을 독자들과 나누고 싶다.

스테이블코인 세상으로 깊숙이 들어가기 전에 ‘돈’ 자체에 관한 이야기로 책을 시작하려 한다. 스테이블코인, 혹은 이에 앞서 사회의 큰 화두가 된 세계 최초의 가상화폐 비트코인 모두 돈과 아주 밀접하게 연결되어 있기 때문이다. 돈은 우리 사회에 마치 공기처럼 존재한다. 그래서인지 '돈이란 무엇인가'라고 진지하게 고민하는 사람은 거의 못 봤다. 하지만 전문가들은 스테이블코인이 돈의 본질을 흔들 잠재력이 있다고 입을 모으기에, 바로 그 '돈의 본질'이 무엇인지를 짚고 가지 않을 수 없겠다.

우리가 요즘 '돈'이라고 부르는 것은 보통 '법정화폐'를 가리킨다. 미국 달러, 대한민국 원, 일본 엔처럼 중앙은행 혹은 정부가 발행하고 국가가 가치와 유통을 보증하는 돈을 의미한다. 한국에서는 한국은행이 원화로 표시된 지폐를, 기획재정부가 동전을 발행한다. 법정화폐의 특징은 법적으로 강제력을 지닌다는 점이다. 「한국은행법」 48조를 보면 "한국은행이 발행한 한국은행권은 법화(法貨)로서 모든 거래에 무제한 통용된다"라고 되어 있다. 한국은행이 발행한 화폐로 누군가 빚을 갚거나 물건을 구매하고자 할 때 이를 거부하면 불법이라는 뜻으로 풀이된다.

다만 동전의 경우 '무제한'은 아니다. 법적으로 동전을 받을 의무가 '20개 이하'로 한정된다. 500원 동전이면 1만 원(500원×20개), 10원 동전이라면 20개까지만 받겠다고 해도 괜찮다는 뜻이다. 이는 1만 원짜리 물건을 사면서 10원짜리 1천 개를 자루에 담아 가져가는 식으로, 상식적으로 너무 큰 불편을 야기할 수 있는 상황을 차단하기 위해 정해둔 법규다. 물론 20개 넘게 받는다고 해서 불법은 아니다.

지폐건 동전이건, 사실 요즘 거래에서는 실물(實物)을 거의 볼 수 없기는 하다. 대부분 신용카드나 여러 '○○페이', 혹은 간단한 계좌

이체로 거래가 이루어지고 있다. 하지만 우리에게는 보이지 않을지언정, 이런 거래들이 이루어지는 기반에는 모두 법정화폐가 있다. 예를 들어 신용카드로 4천 원짜리 커피를 사 먹을 때 소비자와 카페 사장님 사이에 실제로 지폐가 오고 가지는 않지만, 신용카드 회사와 각종 금융 전산망을 거쳐 결과적으로 소비자 통장에 있는 4천 원이 카페 사장님 통장으로 이동한다. 이 과정에 신용카드 회사는 현금 거래에 대한 불편함을 덜어주는 등의 대가로 수수료를 챙겨서 돈을 번다.

경제학적으로 세 가지 기능을 충족하면 '돈'으로 인정을 받는다고 본다. ① 가치의 저장, ② 교환의 매개, ③ 가치의 척도로 쓰일 수 있다면 돈이다. 일단 법정화폐의 경우 1만 원짜리 지폐는 사실 그냥 종이 쪼가리이지만 거기에는 국가의 보증을 통해 '1만 원'이라는 가치가 저장되어 있다. 이 돈에 가치가 저장되어 있기에, 어제 번 돈을 내일 혹은 내년에 쓸 수 있다고 사람들은 믿는다. 1만 원짜리를 들고 가서 1만 원어치의 쌀이나 커피를 살 수 있으니 '교환의 매개' 기능도 작동을 한다. '카페 아메리카노 4천 원', '카페 라테 5천 원'이란 식으로 물건의 가치를 '원'이라는 단위로 표시할 수 있다는 점이 돈의 마지막 요건인 '가치의 척도'다. 가치의 척도란 쉽게 말해 '가격표를 붙일 수 있는 단위' 역할을 한다는 뜻이다.

중앙은행 혹은 정부가 자국 화폐에 대한 '믿음'을 유지하지 못할 때, 법정화폐의 개념은 흔들린다. 그런 믿음을 중요한 자양분 삼아 성장한 것이 잠시 후 본격적으로 살펴볼 스테이블코인이다.

'울타리' 안에서만 유지되는
돈의 가치

돈이 돈 노릇을 하게 해주는 바탕은 '믿음'이다. 믿음이 없다면 돈이 가치 저장, 교환의 매개, 가치의 척도 역할을 할 수 없다. 달리 말하면 돈은 그 믿음이 유지되는 사회 안에서만 돈 노릇을 한다.

예컨대 한 가정에서 엄마가 '마마코인'이라는 것을 종이에 적어서 만들고 그 단위를 '마마'로 설정했다고 가정해보자. 자녀들이 칭찬받을 일을 하면 엄마의 서명이 들어간 '마마코인'을 준다. 이 마마코인을 어느 정도 모으면 모종의 선물을 사주겠다고 약속했다. 100마마코인이면 놀이공원 입장권 두 장을 주겠다는 식으로 말이다. 아이들은 엄마의 말을 믿고 방 청소를 하거나 시험공부를 열심히 하면서 마마코인을 모으기 위해 노력하고, 엄마는 이 믿음을 저버리지 않고 마마코인이 쌓이면 이를 선물과 교환해줄 것이다. 이 가정 안에서만큼은 마마코인이 돈의 역할을 하는 셈이다. 하지만 이 집을 벗어난다면, 아이들이 마마코인으로 할 수 있는 일은 없다.

이처럼 돈은 그 믿음이 미치는 테두리 안에서만 돈의 역할을 한다. 많은 사람이 네이버 Npay 포인트나 카카오페이포인트 같은 빅테크의 포인트를 마음 놓고 쓰는 배경에는 한국의 대표 IT 기업인 이들 회사가 이 포인트를 어느 날 없애버리거나 안 좋은 일에 악용하는 일은 설마 없으리라는 '믿음'이 자리 잡고 있다. 각종 신용카드 포인트, 스타벅스·커피빈 같은 대표적인 커피 체인점 앱에 쌓아두는 적립금, 백화점이나 마트의 상품권 등 법정화폐가 아니면서도 돈 비슷하게 유통되는 여러 포인트·머니 뒤에는 보통 사회적으로 신뢰를 구축한 기업들이 있다. 마마코인이 한 가정 내에서만 돈으로서의 힘을 발휘한다면, 이들은 네이버 쇼핑, 카카오 쇼핑, 스타벅스 같은 정해진 유통망 안에서 돈처럼 활용된다.

그렇다면 이 모든 돈의 기반이 되는, 중앙은행과 정부가 관리하는 법정화폐는 그 믿음을 어떻게 확보할까. 소비자들이 '내가 맡긴 돈(법정화폐)을 허투루 쓰지 않을 것'이라는 믿음을 가지고 각종 포인트·머니를 산다면, 법정화폐에 대한 신뢰를 지탱해주는 근거는 무엇일까. 이를 위해서는 법정화폐에 대한 역사를 조금 되짚어볼 필요가 있다.

법정화폐에 대한 역사는 어찌 보면 길고, 어찌 보면 짧다. 국가가 관리한다는 기본적인 원칙만 놓고 본다면 11세기 초 중국 송나라의 교자(交子)라는 화폐가 (지폐 기준) 첫 법정화폐라고 일컬어진다. 그전까지 중국 상인들은 거래를 위해 구리나 철로 만든 동전을 썼다. 무겁고 부피가 커서 들고 다니기 불편할 수밖에 없었다. 특히 북송 지역은 쓰촨처럼 이동이 힘든 산악 지대가 많아 더 힘들었다고 한다. 상인들은 편의를 위해 동전 꾸러미를 들고 다니는 대신, 종이로 된 일정한 증서를 만든 다음 이 '신용 증서'를 제출하면 동전을 받을 수 있는 시스템을 개발했다. A 지역에서 동전을 받는 대신 신용 증서를 받은 다음, 산 넘고 물 건너 B 지역에서 이 신용 증서를 내면 돈(동전)을 받을 수 있게 한 것이다.

신용 증서를 써주고, 동전을 한 지점에서 받아 두었다가 다른 지점에서 내주는 일은 금고에 넉넉한 돈이 있는 부유한 상인들이 맡았다. 지금과 비교하면 이들이 일종의 사설 은행 역할을 했다고도 볼 수 있다. 처음에는 신용 증서와 동전을 교환해 가며 썼지만, 결국은 신용 증서가 동전을 점점 대신하게 되면서 유통 규모가 커졌다. 돈을 맡겼다는 영수증인 신용 증서가 돈처럼 쓰이게 된 셈이다.

그러다 보니 가짜 신용 증서가 남발되는 등의 부작용이 발생했고, 결국 정부가 개입한다. 1020년쯤 관영인 '교자무(交子務)'라는 곳을 두고 정부만이 신용 증서를 발행할 수 있도록 발행 권한을 독점했다.

＊ '교자(交子)'는 서로 교환[交]하는 증서[子]라는 뜻이다. 한자로 '子'는 송·원대 문헌에서 자주 쓰이던 말로 증서, 문서, 채권, 표(票) 같은 뜻으로도 사용된다. 교자라는 명칭 자체가 금속 화폐가 아니라 '사람들이 신뢰하고 주고받는 신용 매개물'이라는 의미를 담고 있다. 교자무는 교자와 관련된 업무를 처리하는 사무소를 뜻한다.

첫 법정화폐가 탄생하는 순간이었다고 일컬어진다. 이 기준으로 보면 법정화폐의 역사는 1천 년이 넘는다.

역사가 보다 짧은 법정화폐의 이야기도 있다. 법정화폐의 정의를 협소하게, 구체적으로는 '중앙은행이 발행하고 정부가 관리하는' 화폐라고 제한하는 경우다. 지금 우리가 쓰고 있는 법정화폐의 모습인데, 이런 형식의 화폐가 일반화된 것은 의외로 얼마 되지 않았다. 일반적으로 17세기 영국이 정부의 전쟁 자금을 대기 위해 설립한 영국은행(Bank of England)을 현대적 의미의 첫 중앙은행이라 여긴다. 지금 세계에서 가장 강력한 중앙은행인 미국의 연방준비제도(연준)는 1913년에서야 탄생했다.

이 연준과 함께, 스테이블코인의 세계로 들어가기 전 짚어보고 가는 '돈의 역사' 중 마지막 개념인 '피어트 커런시(Fiat Currency)'로 넘어가 보려 한다. 한국어로는 '불태환 화폐'라고, 다소 어렵게 표현되어 멀게 느껴질 수 있지만 사실은 우리가 지금 당연하게 여기며 가장 많이 쓰는 화폐를 가리키는 개념이다.

국가의 권위 하나만으로,
피어트 커런시

　스테이블코인을 포함한 가상화폐와 관련한 취재를 하거나 기사를 쓸 때 자주 접하게 되는 단어가 '피어트 커런시'다. 바로 우리가 지금 쓰고 있는 법정화폐를 정의하는 단어라고 하는데, 나는 사실 Fiat라는 영어 단어가 너무도 낯설어 어떻게 발음하는지도 몰랐다. 알아보니 발음은 '피어트', 사전적 의미는 '권력에 의한 명령 혹은 지시'다. 이 단어가 화폐를 뜻하는 currency와 결합해 fiat currency라고 쓰일 때 사전적 의미는 '국가 권력이 명령해 가치를 가지게 되는 화폐'다. 한국 정부가 세종대왕이 그려진 초록 종이에 대해 '1만 원의 가치'가 있다고 명령 혹은 지시하면 그 종이가 1만 원의 가치를 부여받게 된다는 의미다.

지금 우리가 돈이라고 가지고 다니는 종잇조각은 한국을 벗어나면 가치를 주장하기가 힘들다. 하지만 한국 안에서는 이 돈으로 풍선껌부터 건물까지, 거의 모든 것을 사고팔 수 있다. 국가가 그 가치를 법으로 보장하는 것을 넘어 강제하기 때문이다. 한편으로 '피어트 커런시'는 국가의 보증과 강제성 외에 화폐의 가치를 유지할 다른 장치가 없다는 의미도 담고 있다. 미국 달러, 한국 원, 일본 엔 등 우리가 아는 거의 모든 통화는 현재 피어트 커런시다.

과거 중국 송나라의 신용 증서가 유통되던 초기와 대조해보면 그 차이가 명확히 보인다. 당시에는 신용 증서를 교환소에 가져가면 금속으로 된 동전으로 바꿀 수 있었다. 금속 자체가 지닌 가치가 동전의 가치와 연동되었다. 반대로 말하면 신용 증서의 가치가 유지되는 원인은 '교환소에 신용 증서에 적힌 가치만큼의 동전이 잘 보관되어 있고 이 종잇조각을 가져가면 그 동전을 받을 수 있다'는 신뢰였다(결국 이런 관리가 어려워져 송나라 때의 신용 증서는 동전의 가치를 넘어 남발되는 부작용이 생기기는 했다). 한국의 원화 같은 지금의 화폐는 다르다. 그 '뒤'에 가치를 뒷받침하는 존재가 아무것도 없다. 국가의 명령, 즉 '피어트'를 빼면 말이다.

이제 세계 최강의 기축통화인 미국 달러의 역사를 짚어볼까 한다. 달러의 가치는 금이나 은 같은 귀금속에 연동됐다가 이 연결 고리가 끊기고 오로지 정부의 권위에만 의존해 그 가치가 유지되는 과정을 여러 차례 반복해왔다.

탄생 무렵 달러의 가치는 은(銀)과 연동되어 있었다. 1792년「화폐주조법」을 제정해 '1달러=24g짜리 은화(동전)'라고 규정한 것이 달러의 시초다. 당시 금 약 16g이 들어간 동전은 1이글(Eagle)이고, 1이글은 10달러와 같다고 정했다. 초기에는 지금의 중앙은행과 비슷한 '미국은행(Bank of United States)'이 있어서, 금과 은에 대한 일종의 '보관 증서'를 발행하면서 이 증서가 화폐 역할을 했다. 하지만 일부 정치인이 이런 형태의 은행이 '금권의 집중화'를 불러온다는 등의 이유로 반대하면서 문을 닫았다. 이후 사설 은행들이 제멋대로 지폐를 남발해 큰 혼란이 발생하는 시대도 있었다.

1861년 남북전쟁이 발발해 정세가 불안해지며 사람들이 은화와 금화를 내놓지 않고 쌓아두기 시작하자 미 정부가 특단의 조치를 취했다. 종이에 '1달러'라고 찍고 복잡한 문양을 그려 넣은 다음 거기에 '법정화폐(legal tender)'라고 찍은 후 "이 종이는 1달러=은 24g과 같은 가치야!"라고 선언했다. 단지 '정부의 권위와 명령'만으로 사람들은 종이돈, 즉 지폐를 통해 경제활동을 해야 하는 시대가 열린 것이다. 뒷면이 초록색이라 해서 '그린백(Greenback)'이라는 별명으로 불렸던 당시의 지폐가 미국의 첫 '피어트 커런시'라 일컬어진다. 금이나 은 등으로 바꿔주지 않는다는 의미의 '불태환 화폐(inconvertible currency)'라고도 한다.

이후 미 달러는 여러 환경에 따라 금 불태환-태환-불태환-태환 화폐이기를 반복했다. 이 역사만 써도 책 한 권은 족히 될 분량이라 자세히 설명하기는 어렵지만, 이런 과정을 거쳐 미국의 현재 '달러'는

불태환(피어트) 화폐로 굳어졌다.

미 달러가 마지막 태환 화폐였던 때는 베트남전 당시인 1971년이다. 2차 세계대전 후인 1944년, 달러를 다시 금과 연결해 '금 1온스=35달러'라고 고정하고 이를 약 30년 동안 유지했다. 앞서 대공황(1920년대 말~1930년대 초) 당시 미 국민이 일제히 금을 인출하려 했을 때 미 정부는 국민에 대한 금 태환을 중단하면서도 외국 중앙은행에 한해서는 달러를 금으로 바꿔준다고 약속했었다.

반면 1971년에는 상황이 달랐다. 1960년대 베트남전 발발 후 전쟁 비용이 불어나고 미국의 재정 적자가 증가하면서 무역 적자까지 급증하자 상황이 바뀌었다. 미국이 다른 나라가 요청하는 대로 금을 바꿔주지 못할 수 있다는 불신이 세계에 퍼졌다. 급기야 프랑스의 샤를 드골 대통령은 공개적으로 "달러 대신 금을 원한다"라고 선언하고 달러를 금으로 바꿔가기 시작했고, 후임인 조르주 퐁피두 대통령은 1971년 8월 초 연방준비은행의 금 보관 창고가 있는 뉴욕 앞바다에 해군 전투함을 보내 "금을 내놓으라"고까지 했다. 이런 극적인 장면까지 연출하며 프랑스는 약 3,200톤 정도의 금을 회수해갔다고 전해진다.

베트남전 비용을 충당하기 위해 이미 돌려줄 수 있는 금보다 많은 달러를 발행한 상태였던 미국은 초강수를 둔다. 1971년 8월 15일, 리처드 닉슨 미국 대통령이 "금 태환을 정지하겠다"라고 선언하는 '닉슨 쇼크' 사건이 발생한 것이다. "달러를 가져와도 금으로 안 바꿔줍니다"라고 일방적으로 선언한 셈인데, 미국 입장에서는 고민 끝에 결정한 엄청난 모험이었다. 미국이 금으로 언제든 바꿔주리라고 믿고 달러를 보유하고 있던 세계 각국이 달러를 내다 팔기 시작하면 달러가 휴지 조각이 될 위험도 있었다.

다행히 충격은 오래가지 않았다. 달러는 일시적으로 흔들리다가 다른 통화들과의 교환 비율(환율)이 형성되며 금 없이도 그 '가치'가 유지될 수 있다는 사실이 증명됐다. 미 정부가 '이 돈은 가치가 있다'라고 보장하는 것만으로 가치가 탄탄히 유지되는 본격적인 '피아트 달러'의 시대가 열리게 된 셈이다. 달러 스테이블코인은 어쩌면 금

태환 화폐에서 출발해 '신뢰'만을 바탕으로 통용되는 피어트 달러를 기반으로 하는, '피어트 달러 태환 디지털 화폐'라고도 할 수 있다.

그런데 피어트 달러가 꼭 필요할까? 다시 말해, 만약 달러의 출발점이 금 태환 증표였다면 금으로부터 달러를 건너뛰고 바로 스테이블코인으로 '점프'가 가능하지 않을까? 실제로 이런 스테이블코인은 최근 아예 피어트 달러를 건너뛰고 '금 태환 스테이블코인'으로 진화하는 모습을 보이고 있기도 하다. 이런 생각이 꼬리에 꼬리를 물다 보면 어쩌면 간단한 개념인 스테이블코인이 화폐, 그리고 달러에 관한 철학 자체를 흔들고 있지는 않은가 싶은 느낌이 들기도 하는 것이 사실이다.

'달러'라는 말의 어원

미국 화폐 단위인 '달러(Dollar)'는 은(銀)과 연관된다. 16세기 신성로마 제국 보헤미아 지방에 요아힘스탈(Joachimsthal)이라는 지역이 있었는데, 이곳의 은광에서 대형 은화가 주조됐다. 이 은화를 '요아힘스탈러(Joachimsthaler)' 혹은 '탈러(Thaler)'라고 불렀고 독일에서는 '탈러'가 은화를 뜻하는 보통 명사로 자리 잡게 된다. 이 탈러가 네덜란드에서 달더(Daalder) 혹은 달러(Daler)라고 불렸고, 이 단어가 영어권으로 들어오면서 지금의 달러(Dollar)로 굳어졌다고 전해진다.

이처럼 돈의 단위를 나타내는 많은 단어는 금이나 은처럼, 돈의 초기 재료로 많이 쓰인 희귀 광물과 연관된 것이 많다. 멕시코·칠레 같은 스페인어권 국가의 화폐 단위로 쓰이는 '페소'의 경우 은의 무게 단위에서 비롯됐다. 영국 화폐 단위인 '파운드'는 무게를 재는 단위(약 454g)로 미국과 영국에서 아직도 쓰이는데, 이 역시 은의 무게를 표시하는 단어에 기원을 두고 있다.

Part 2

변동성을 잠재운 혁신: 스테이블코인의 탄생

비트코인,
그리고 가상화폐의 탄생

"완전히 순수한 개인 간 전자 화폐는 금융기관을 거치지 않고 한 사람으로부터 다른 사람에게 직접 보내는 온라인 금전 거래를 가능하게 한다."

지금은 시가총액이 3,180조 원에 달해 한국 코스피(시총 약 2,600조 원)를 훌쩍 뛰어넘는 세계 최초, 최대 가상화폐 비트코인은 이 한 문장으로 시작하는 '백서'에서 출발했다. 너무 익숙하고 보도도

★ 백서(white paper)는 원래 기술 업계와 정부 정책 분야에서 쓰던 말로 특정 프로젝트의 구상과 운영 방식을 설명하는 공식 문서를 뜻한다. 코인 업계에서는 특정 암호화폐나 블록체인 프로젝트의 기술적, 경제적 구상을 설명하는 문서를 통상 '백서'라 부른다. 비트코인 창시자 사토시 나카모토가 비트코인의 구상을 설명하는 문서를 '백서'라고 칭한 후 일반명사처럼 쓰이고 있다.

많이 되어서 이제는 별다른 부연 설명이 필요 없는 코인이 되었지만, 스테이블코인을 이해하려면 비트코인의 '정신'을 먼저 이해하고 갈 필요가 있다. 스테이블코인의 절반은 '스테이블', 나머지 절반은 '코인'이기 때문이다.

'백서'는 나카모토 사토시 혹은 사토시 나카모토라고 스스로 칭한 익명의 인물(혹은 인물들)에 의해 작성되어 2008년 10월 공개됐다. 문서는 A4 9장 정도로 길지 않다. 하지만 여기에 담긴 비트코인과 블록체인에 관한 구상은 이후 금융 결제와 화폐 시스템의 패러다임을 바꿔놓을 정도로 혁명적이라고 평가된다.

백서가 나온 시점은 미국의 금융사들이 무리하게 주택담보대출을 남발하고, 이 대출 채권을 활용한 복잡한 파생상품을 만들어 판매하다 전 지구적 경제 위기를 초래한 글로벌 금융 위기 직후였다. 그 때문인지 백서에 담긴 기본 정신은 기존 금융권, 그리고 금융권과 결탁해 다가오는 위험을 규제하지 못하고 국민에게 큰 피해를 초래한 정부에 대한 반발을 담고 있다.

백서에 담긴 비트코인의 기본 설계는 이렇다. 지금도 그렇지만 당시에는 더더욱 대부분의 금융 거래가 금융회사의 시스템을 거쳐야 했다. 그러다 보니 비용도 많이 들고 복잡한 절차 탓에 시간도 오래 걸리는 문제가 고착화됐다. 그 과정에 금융사들은 막대한 이윤을 챙겼다. '금융 거래는 이렇게 비싸고 불편해야 할까?'라는 생각은 은행이나 카드사 등을 거치지 않고, 개인 간 직접 금융 거래를 할 수 있는 시스템을 만들자는 아이디어로 이어진다.

문제는 송금, 결제 같은 금융 거래의 '증거'를 금융회사 없이 어떻게 남길까 하는 것이었다. A가 B에게 돈을 보내면 은행에 '공식 기록'이 남는다. 이렇게 거래를 기록하는 시스템을 원장(元帳, ledger)이라고 한다. 비트코인 백서는 이 원장을 은행같이 중앙 집중화된 기관이 아니라 불특정 다수에게 분산해 기록하는 방안을 제안한다. 이른바 '분산 원장'이라고 불리는 개념으로, 특정 프로그램을 설치한 세계 곳곳의 수많은 컴퓨터가 이 거래의 기록을 저장한다. 이를 가능하게 하는 기술이 바로 흔히 이야기하는 '블록체인'이다.

블록체인을 설명하려면 책 한 권이 더 필요할지 모른다. 나도 여러 강연과 동영상, 책을 보면서 블록체인을 이해하려고 해보았는데, 기술적인 설명을 듣다 보면 들을 때는 좀 이해되는 듯하다가도 돌아서면 다시 헷갈리기 일쑤다. 블록체인의 개념을 가장 잘 이해시켜준 강연은 미국 조 바이든 정부에서 증권거래위원장을 지낸 게리 겐슬러가 MIT(매사추세츠공대) 경영대학원 학생들을 대상으로 한 강연이었다.

그 강연에는 비트코인 창시자인 사토시가 블록체인의 아이디어를 얻었다고 알려진, '최초의 블록체인' 이야기가 나온다. 암호학자인 스튜어트 해버와 컴퓨터 과학자인 W. 스콧 스토네타는 벨 연구소에서 함께 근무한 동료였다. 이들은 (무려!) 1991년에 '슈어티'라는 회사를 창업하고 특정 정보(당시에는 고객의 문서 데이터)를 '해시(hash)'라는 문자·숫자의 조합으로 암호처럼 만들었다. 이 암호는 늘 같은 길이를 가지도록 규칙을 정했다. 그리고 이 문서의 존재(비트코인의 경우 '금

NOTICES &
LOST AND
FOUND
(5100-5102)

Universal Registry Entries:
Zone 2 -
        dS8492cgVOFAoP9kyE1XzMOrQ
        HgEwzkVbVafNylkUz99qvq8/ME
            p5y9EFSG8XxzMBalGQQ==
Zone 3 -
        JnFCg+HCmvhj8GmmUP7VZnq71
        NgZup/RfuKUQNzCHWXMuqL.K
        durxHQV5pSHLqBGPRly+mg==

These base64-encoded values represent the combined fingerprints of all digital records notarized by Surety between 2009-06-03Z 2009-06-09Z.
www.surety.com   571-748-5800

용 거래의 존재')를 공식 기록으로 남기기 위해 해시를 〈뉴욕타임스〉의 작은 '분실물' 광고란에 돈을 내고 매주 같은 요일에 게재했다.

이 해시의 또 다른 특징이 있다. 이번 주의 해시를 만들 때 그 암호를 만드는 '재료' 중 하나로, 전주의 해시를 하나의 변수로 섞는다는 점이다. 만약 마지막 해시를 바꾸려고 한다면 전주, 그리고 그 전주 해시의 근거가 되는 전전주, 같은 방식으로 전전전주와 전전전전… 주의 해시를 모두 바꿔야 한다는 뜻이다. 결국은 첫 해시까지 바꾸지 않으면 안 된다. 하지만 이미 과거의 해시가 수십만 부를 찍어서 불특

---

* 해시(hash)는 영어로 '잘게 다지다'라는 뜻이다. 임의의 길이인 데이터를 일정한 고정 길잇값으로 바꾸는 과정이 마치 잘게 잘라 뒤섞은 요리 같다고 해서 '해시'라고 부르게 되었다.

정 다수에게 배포하는 〈뉴욕타임스〉에 실렸기 때문에 이를 되돌리기는 사실상 불가능하다. 이것이 바로 줄줄이 연결된다는 의미의 '체인'이다.

해버와 스토네타는 이런 시스템에 관한 설명을 국제암호학회를 통해 1991년, 1992년 두 차례 발표하는데, 비트코인 백서에는 이들의 논문이 세 번이나 인용된다. 비트코인이 이들의 '해시'와 '체인'에서 아이디어를 얻었음이 확실하다는 증거다.

블록체인은 비슷한 방식으로 '개인 간 금융 거래 정보'를 모종의 해시로 바꾼 후 이를 불특정 다수의 컴퓨터에 저장하고 누구나 열람할 수 있도록 하는 시스템을 제안한다. 금융 거래를 하나씩 모두 해시로 만들면 너무 많으니, 1메가바이트(MB) 단위˚로 정보를 모아서 하나의 '블록'(덩어리)으로 뭉쳐서 해시로 만들도록 했다. 블록+체인, 즉 블록체인인 셈이다. 이 모든 과정이 종이 신문이 아닌 컴퓨터 프로그램으로 이루어지지만 기본적인 개념은 비슷하다.

제도권 금융회사들은 이런 거래의 기록(원장)을 함으로써 돈을 번다. 〈뉴욕타임스〉에 해시를 게재하는 방식의 경우에는 은행에 내는 수수료 대신 광고를 게재하기 위해 〈뉴욕타임스〉에 돈을 내야 한다. 그것이 '원장'의 신뢰도를 유지할 수 있게 해주는 비용이고 〈뉴욕타임스〉가 이를 (부지불식간이라도) 유지시켜주는 대가로 받는 수수료다.

˚ 이후에는 한 단위의 용량이 다소 늘었다.

그렇다면 사토시 나카모토가 제안한 블록체인도 이를 기록하는 '불특정 다수의 컴퓨터' 보유자들에게 모종의 수수료를 주어야 하지 않을까? 이들이 받을 수 있게 한 인센티브(수수료)가 바로 '비트코인'이다. 즉 비트코인을 위해 블록체인을 만든 것이 아니라, 블록체인을 돌아가게 하기 위해 컴퓨터 보유자에게 수수료를 지급하기 위한 방안으로 비트코인이 탄생한 셈이다.

법정화폐가 아닌 시스템 자체에서 만들어내는 '코인'을 비용으로 지급한다면 금융 거래의 비용은 크게 줄어들 것이다. 물론 이 코인(이 경우 비트코인)이 가치가 있는지는 생각해볼 문제이지만, 적어도 가치가 있다고 생각하는 이들이 블록체인 생성에 자신의 컴퓨터와 전기료를 쓸 것이다.

독특한 비트코인의 태생적 특징은 이후 비트코인이 과연 화폐인지, 혹은 그냥 디지털 자산이나 하나의 프로그램에 불과한지에 대한 뜨거운 논란으로 이어졌다. 이 논쟁은 아직도 끝나지 않았는데, 그 논란의 소용돌이 가운데 가상화폐를 '진짜 화폐'처럼 쓸 수 있게 하겠다는 목표로 스테이블코인이 등장한다.

'비트코인이 아닌 코인'의 가능성

비트코인의 미래

유튜브에 'Bitcoin in the Future(비트코인의 미래)'라고 검색하면 나오는, 조회수 1,900회 정도인 소소한 동영상이 있다. 2013년 5월에 등록된 영상이다. 비트코인이라는 세계 최초의 가상화폐가 탄생한 때가 2009년 1월이니, 그로부터 4년이 좀 더 흐른 시점이다. 그때까지도 유일한 가상화폐는 개당 가격이 129달러 정도였던 비트코인이었다. 그런데 이 영상 중간쯤에 보면 프로그래머인 J. R. 윌렛이라는 남성이 이런 말을 한다.

"비트코인 프로토콜(운영 시스템)에 기반한 또 다른 프로토콜을 만드는 겁니다. 그다음 '우리에게 비트코인을 보내주면, 그 대가로 이 프로토콜의

난해하게 들릴지 모르지만 월렛의 아이디어는 의외로 간단하다. '프로토콜의 일부'를 '비트코인이 아닌 모종의 다른 코인'이라고 생각하면 해석이 쉽다. 비트코인을 주고 교환할 수 있는, 달리 말하면 비트코인을 주고 살 수 있는 다른 코인을 비트코인이 만들어진 생태계 안에서 만들어낸다는 이야기다. 셀 수 없이 많은 코인이 거래소에서 매매되는 지금 생각하면 너무나 당연하다고 여겨지지만, 비트코인의 개념조차도 낯설었던 당시에는 '다른 코인'을 비트코인을 주고 산다는 발상이 굉장히 파격적으로 여겨졌다. 비트코인을 주고 다른 코인을 산다, 달리 생각하면 '디지털 돈'인 비트코인을 주고 (비트코인이 아닌) 다른 코인을 산다, 즉 비트코인이 아닌 다른 코인도 만들어질 수 있다는 일종의 '발상의 전환'이었던 셈이다.

월렛의 발언은 한 해 전쯤 발표했음에도 반응이 너무 없었던 보고서 '두 번째 비트코인 백서(The Second Bitcoin Whitepaper)'에 관한 후속 논의 성격이었다. 바로 이 보고서가 스테이블코인의 개념을 처음 언급한 보고서로 인정받고 있다.

월렛은 비트코인이 아닌 여러 기능을 갖춘 '다른 코인'의 가능성을 이 보고서에 언급하면서 이런 예시를 든다. "외부의 통화나 원자재에 가치가 연동된(pegged) 가상화폐 프로토콜을 만드는 것도 가능할지 모릅니다. 이런 방식을 통해 사용자는 미국 달러, 유로, 금 1온스, 원유 1배럴 등에 가치가 연동되는 안정적인 가상화폐를 보유할 수 있게 될 겁니다." 바로 이 두 문장을 통해 스테이블코인의 가능성이 처음 등장했다고 평가된다.

월렛은 이후에도 가상화폐와 관련한 여러 프로젝트에 참가했다. 큰 반응은 없었지만, 실제로 비트코인의 생태계를 활용한 다른 코인을 만들어 내놓기도 했다. 다만 스테이블코인은 아니었다. 실제 스테이블코인이 만들어진 건 월렛이 어렴풋한 개념을 제시한 시점에서 약 1년이 지난 2014년 7월이다. 많은 발명품이 그랬듯이 스테이블코인의 수요는 비트코인의 '불편함'에서 비롯됐다.

당시 유통되는 코인의 대부분을 차지하던 비트코인에 대해서는 학계와 업계, 그리고 투자자들 사이에서 엄청난 토론이 벌어지고 있었다. 그중 가장 핵심적인 논란은 비트코인이 '코인'이라는 이름에 걸맞게 과연 화폐로서의 가치가 있는가 하는 점이었다. 우리가 매일 쓰는 화폐는 표준국어대사전에서 '상품 교환 가치의 척도가 되며 그것의 교환을 매개하는 일반화된 수단'이라고 정의한다. 재화나 서비스를 교환할 때 쓸 수 있다고 사회가 합의한 수단을 뜻한다. 비트코인의 사용처가 확대되려면 비트코인이 일종의 화폐처럼 쓰일 수 있어야 할 텐데 이렇게 쓰려면 해결해야 할 문제가 한둘이 아니었다. 해킹 위험이 있다거나 사회적으로 통용되기에는 여전히 이를 사용할 줄 아는 사람이 적고, 부동산 거래 나아가 무역 결제 자금 등으로 쓰기에는 규모가 충분치 않다는 등의 문제들이 있었다.

그중에 비트코인이 제대로 된 화폐로서 제 기능을 하지 못하는 가장 현실적인 이유는 가격 변동성이 너무 크다는 점이었다. 첫 스테이블코인으로 꼽히는 테더(출시 당시 이름은 '리얼코인')가 나올 즈음에 나온 인터뷰와 발표 자료 등을 보면 이 문제가 반복해서 지적된다. '가상화폐'라고 불리면서도 사실은 화폐처럼 쓰이지 못하는 비트코인의 한계를 극복하기 위한 노력에서 스테이블코인이 태동하게 된다.

돈의 B사이드

'스테이블코인'이란 단어의 기원

비트코인과 달리, '스테이블코인'이란 말을 누가 처음 만들어 썼는지는 알려지지 않았다. 스테이블코인이 처음 만들어진 2014년쯤 기사를 보면 '가격이 안정적인 가상화폐(price-stable cryptocurrency)', '안정적인 디지털 화폐(stable digital currency)'라는 표현이 주로 쓰이다가 어느새 '스테이블코인'으로 슬금슬금 굳어졌다. 세계 최초의 스테이블코인인 테더가 처음 나왔을 때의 이름은 '리얼코인'이었고 2015년부터 이름을 '테더(USDT)'로 바꾸었는데, 이즈음 'USDT는 스테이블코인'이라는 표현이 기사와 가상화폐 관련 온라인 커뮤니티의 게시물에 등장하기 시작한다. BIS, IMF 같은 국제기구와 중앙은행에서는 2018~2019년쯤부터 스테이블코인이란 단어가 나온다. 즉 '스테이블코인'이란 용어는 특정한 인물이나 기관이 만들어냈다기보다 사용자와 언론이 쓰면서 자연스럽게 굳어진 신조어라 할 수 있다.

"가상화폐를
진짜 화폐처럼 쓰고 싶다"

　세계 최초의 스테이블코인이라 일컬어지는 '테더'와 관련해 창업자들의 생각을 가장 잘 읽을 수 있는 자료로는 〈월스트리트저널〉의 2014년 7월 기사가 손꼽힌다. 스테이블코인의 '정신'을 이해하는 데 좋은 자료여서 일부를 인용한다. 아직 '스테이블코인'이라는 단어가 쓰이기 전이기 때문에 이 기사는 대신 '달러 기반의 디지털 화폐'라는 표현을 쓴다. 아울러 테더 또한 옛 이름인 '리얼코인'이라고 일컬어진다.

산타모니카의 스타트업이 세계 최초로 달러에 기반한 디지털 화폐를 만들었다고 밝혔다. 만약 성공적이라면 이 새로운 화폐는 큰 변동성에 노출될 위험 없이 비트코인의 저렴한 금융 네트워크를 활용할 수 있을 전망이다.

스타트업 리얼코인(Realcoin)은 '리얼코인(realcoins)'이라는 이름의 새 디지털 화폐가 달러 준비금과 1대1로 가치가 연동된다고 설명했다. 이 코인 보유자는 코인을 달러로 상환받을 수 있다. 이런 특징은 출시 후 첫 11개월간 가격이 86배 상승했다가 이후 4개월 동안 70% 하락한 비트코인과 비교해 리얼코인을 훨씬 안정적으로 만들어줄 전망이다. 큰 변동성은 결제 수단으로서 비트코인의 가치를 떨어뜨리는 요인이 되고 있다.

전 디즈니 아역 배우이자 지금은 명망 있는 비트코인 투자자로 활동 중인 브록 피어스와 기업가인 리브 콜린스, 소프트웨어 개발자 크레이그 셀라스 등이 창업한 리얼코인은 제3자 중개 없이 계약을 실행할 수 있는 비트코인의 컴퓨터 기반 시설을 활용하는, 이른바 '비트코인 2.0 벤처' 중 하나다. 이 프로젝트는 비트코인만으로 이루어지는 거래를 뛰어넘으면서도 비트코인의 탈중앙적인 개인 간 네

---

[*] 'Dollar-Backed Digital Currency Aims to Fix Bitcoin's Volatility Dilemma', July 8, 2014(www.wsj.com/articles/BL-MBB-23780)

기사는 좀 더 길게 이어지지만, 이 도입부만으로도 '리얼코인'이라 불리는 새 가상화폐가 추구하는 목표를 어렴풋이 이해할 수 있다.

앞서 살펴본 대로 화폐의 조건으로는 ① 가치의 저장, ② 교환의 매개, ③ 가치의 척도 셋이 손꼽힌다. 비트코인이 화폐로 쓰일 수 있다는 가능성이 거론됐다는 것은 이런 조건을 어느 정도 충족할 잠재력이 엿보였다는 뜻이었을 것이다. 실제로 비트코인은 '1비트코인=11만 2,670달러'(2025년 9월 24일 기준)라는 식으로 가치 저장이 되고, 제한적이기는 하지만 재화나 서비스를 사거나 다른 화폐로 환전할 수 있는 교환의 매개 역할도 하고, '비트코인(BTC)'[*]이라는 단위로 표시되는 가치의 척도이기도 하다.

---

[*] 사토시 나카모토의 문서에는 BTC라는 단위 표시는 없다. 비트코인을 받은 개발자들이 이를 유통하고 거래하기 생겨나면서 비트코인 포럼(bitcointalk.org) 등 비트코인 커뮤니티를 중심으로 BTC가 비트코인 1개를 표시하는 단위로 자리 잡았다.

그런데 현실을 보면, 비트코인이 화폐로 쓰이는 사례는 극히 제한적이다. 출시 초기에는 일부 소매점이 비트코인으로 물건 값을 받기도 했고, 비트코인으로 쉽게 해외 송금을 하면 되겠다는 기대감이 커졌었는데, 시간이 지난 후 이런 용례가 확대되기는커녕 거의 사라져 갔다. 블록체인 기술 자체는 여러 분야로 활용처가 확대됐지만 비트코인은 '화폐'로서 잘 기능하지 못하는 채로 남아 있다. 그저 투자(혹은 투기)의 대상으로서만 가치가 높아지는 상황이 펼쳐져 왔다.

비트코인이 초기의 기대와 달리 화폐 역할을 하지 못하는 가장 큰 이유는 너무나도 큰 변동성 때문이었다. 오늘 물건을 팔고 받아둔 비트코인을 내일 원화로 바꾸려 하니 가격이 반토막 나 있다면 받는 사람이 손해를 보게 되고, 오늘 물건 값으로 낸 비트코인 가격이 내일 두 배로 올라버리면 돈 낸 사람이 황당할 테니 말이다.

리얼코인은 이런 문제를 해소하기 위해 '1코인=1달러'처럼 코인 가격을 법정화폐에 고정시키도록 설계되어 탄생했다. 이 코인으로 물품이나 서비스 거래를 하면, 비트코인처럼 가격이 크게 오르내릴지 모른다는 걱정 없이 어느 때건 이 코인을 달러(혹은 다른 법정화폐)로 상환하면 된다. 비트코인이 기반한 블록체인을 활용해 금융 거래의 비용과 시간을 줄이면서도 가격까지 안정적이라면, 활용도가 훨씬 높아질 잠재력을 갖게 된다.

리얼코인은 프로젝트를 처음 발표한 지 4개월 후인 2014년 11월에 이름을 '테더'로 바꾼다. 리얼코인이란 이름은 직역하면 '진짜 코인'이란 뜻인데 너무 일반명사처럼 들려서 혼동이 있다는 지적이 일었기 때문으로 보인다. 그리고 이 테더는 세계 최대 규모의 스테이블코인으로 성장한다. 테더(tether)는 영어로 '묶다'라는 뜻으로, 코인의 가치를 달러 등에 '묶겠다(고정하겠다)'라는 의미로 이루어진 작명이다.

스테이블코인이
'스테이블'할 수 있는 이유

스테이블코인의 정체성은 태어날 때부터 '안정성'에 집중되어 있었다. 비트코인 및 그 후에 나온 수많은 코인과 달리 가격이 법정화폐에 고정되어 있다는 점을 테더를 비롯한 스테이블코인이 특장점으로 내세우고 있다. 많은 코인 투자자 혹은 투기자가 가격 폭등을 기대하고 코인을 사고 있을 때 오히려 가격을 일반 화폐에 고정한 일종의 발상의 전환이라고 할 수 있다.

스테이블코인이 가격을 법정화폐에 고정되게 만드는 방법은 어찌 보면 간단하다. 코인을 만들어낼 때마다 그에 상응하는 법정화폐를 사서 쌓아두면 된다. 예를 들어 1달러=1코인으로 연동되도록 설계한 스테이블코인을 10개 만든다면, 실제 10달러를 사서 적립해두고 코인 값으로 10달러를 받는 식이다. 코인을 사는 사람은 언제든 코인을 달러로 교환할 수 있으니 '믿음'이 형성된다. 이 믿음을 기반으로 유통 시장에서도 코인 가격이 유지된다.

믿음에 의해 코인 가격이 유지되는 원리를 간략히 짚고 가자면 이렇다. 만약 스테이블코인 가격이 0.9달러로 일시적으로 내려갔다고 치면, 사람들은 이 코인을 발행사에 가져가면 1달러를 받을 수 있다는 사실을 알기 때문에 너도나도 사려고 할 것이다. 코인을 사려는 수요가 늘면서 가격은 다시 올라 1달러에 수렴하게 된다. 반대로 코인 가격이 1.1달러로 일시적으로 올라가면 코인을 보유한 사람들이 '지금 팔면 이익이네(발행사 가져가면 1달러 받을 수 있는 코인을 1.1달러 주고 시장에서 팔 수 있으니)'라고 생각하며 이를 내다 판다. 코인 공급이 늘면서 가격은 1달러로 다시 모인다. 1코인=1달러라는 믿음이 깨지면 스테이블코인의 '스테이블함'은 유지될 수 없게 되는데, 발행사는 스테이블코인 규모에 맞춰 쌓아둔 준비금을 통해 신뢰를 구축한다.

현재 유통되고 있는 스테이블코인의 대부분은 미국 달러와 연동되는 스테이블코인인데, 현실에서는 스테이블코인 규모가 빠르게 커지면서 달러 '현금'으로만 준비금을 쌓아두기는 어려워졌다. 실제로는 달러와 함께, 달러만큼 안전하면서 쉽게 달러로 바꿀 수 있다고 여겨지는 자산들도 준비금에 활용된다. 가장 대표적인 예가 (달러 스테이블코인의 경우) 미국 단기 국채다.

그렇다면 스테이블코인 발행사들은 실제로 어떤 자산을 준비금으로 쌓아놓았을까? 세계 최대 스테이블코인은 앞서 살펴본 대로 달러와 연동되는 '테더(USDT)'로 시가총액이 1,600억 달러쯤 된다 (2025년 8월 기준). 원화로 환산하면 222조 원 정도로 삼성전자 시가총액의 절반을 약간 넘는 수준이다. 적립해둔 준비금의 총액은 약 1,625억 달러로 시가총액과 비슷하다. 이 중 80%가 현금성 자산(현금, 단기 국채 등)이며, 현금성 자산 중 81%가 미 단기 국채라고 되어 있다. 현금성 자산 중 나머지는 역환매조건부채권(약 15%), 머니마켓펀드(MMF, 약 4%) 등 글로벌 금융시장에서 사실상 현금처럼 거래되는 자산들이고 진짜 현금 비중은 0.02%로 사실상 '제로(0)'에 가깝다. 현금성 자산이 아닌 자산 중에는 금 같은 귀금속(5%)과 비트코인(5%), 담보대출채권(6%) 등이 눈에 띈다.

세계 2위 스테이블코인은 USDC다. 이를 발행하는 회사 '서클(Circle)'의 준비금 구성은 다소 다른데, 이에 대해서는 바로 다음 장에서 서클을 분석할 때 다시 한번 살펴볼 예정이다.

이런 스테이블코인은 업비트, 빗썸, 코빗 같은 한국의 가상화폐 거래소에서도 쉽게 살 수 있다. 진짜 달러와 마찬가지로, 한국 거래소에서 원화로 구입하려면 환율이 적용된다. 달러 기준으로는 가치가 '안정적'으로 고정됐을지 모르지만 원화 기준으로 보면 환율이 출렁이듯이, 스테이블코인 가격도 오르락내리락한다는 뜻이다. 원화에 가격이 연동되는 스테이블코인이 나오기 전까지, 한국인에게는 스테이블코인의 '스테이블함'이 반쪽짜리라는 의미이기도 하다.

스테이블코인 발행사는
어떻게 돈을 벌까?

　한국의 이재명 정부가 원화 스테이블코인 발행에 적극적이라는 뜻을 숨기지 않으면서 한때 스테이블코인 관련 테마주가 급등했다. 법 제정까지 시간이 걸릴 전망이라는 사실이 알려지고 해결해야 할 논란도 적지 않다고 전해지자 스테이블코인 테마주 가격은 결국 급락해 '원위치'로 돌아갔다. 하지만 이후에도 원화 스테이블코인과 관련한 긍정적인 뉴스가 나올 때마다 관련 테마주 가격이 들썩이고는 한다. 제도권에서 허락한 원화 스테이블코인은 아직 없는데도 말이다.

　투자자들이 스테이블코인과 관련한 회사가 돈을 많이 벌 수 있으리라는 기대감에 관련주에 눈독을 들이고 관심을 갖는다. 그런데 테더나 서클 같은 스테이블코인 발행사는 어떻게 돈을 벌까? 이들의 수익 모델을 가장 잘 살펴볼 수 있는 문서가 2025년 6월 뉴욕증권거래소에 상장하기에 앞서 서클(상장사 이름은 'Circle Internet Group')이 증권거래위원회(SEC)에 등록한 기업공개설명서(S-1 form)다. 기업을 종으로 횡으로 분석한, 매우 자세하고 정확한 정보를 담고 있어 투자사의 애널리스트도 꼼꼼히 분석하는 문서이기도 하다.

이 설명서는 공동 창업자인 제러미 알레어의 말로 문을 연다. "우리가 '돈'이라고 생각하는 것을 디지털로 만들어 인터넷 세상에서 사용할 수 있게 만든다면, 그것은 우리가 돈을 사용하는 방식을 극적으로 바꾸고 세계 곳곳에서 다양한 기회를 창출할 것이다. 그것이 서클의 신념이다." 이런 야심 찬 계획에 동의하는 사람들이 적지 않아서 서클은 상장을 통해 11억 달러(약 1조 5,700억 원)의 자금을 조달했다.

투자금 외에 서클의 수익 창출 모델은 어찌 보면 간단하다. 설명서에 적힌 설명에 따르면 스테이블코인 준비금에서 발생하는 이익이 매출의 95~99%를 차지한다. 서클은 스테이블코인의 가격을 유지하기 위해 코인 발행액에 상응하는 돈이나 채권을 준비금으로 쌓아놓는다. 비트코인이나 금도 적립하는 테더와 달리 서클의 적립금은 전액 채권 같은 현금성 자산이다. 채권 등에서 발생하는 이자가 그대로 매출로 잡힌다. 투자자들이 서클이 발행하는 스테이블코인인 USDC를 사도 서클은 은행과 달리 이자를 지급하지 않는다. 사실상 '무이자 자금 조달'을 하는 셈인데, 가격 유지를 위한 준비금으로 채권 등을 사서 이자를 받으니 그만큼 수익이 나는 모델이다.

이 사업 모델에서는 발행하는 스테이블코인의 규모가 불어나고 금리가 올라가면 자동으로 매출이 늘어나게 된다. 받는 돈에 지급하는 이자는 0%이기 때문에 이 돈으로 적립한 채권 등의 시장 금리가 상승하면 무조건 수익이 증가하는 구조다. 서클의 기업공개설명서에 따르면 서클 발행액(유통되는 서클의 시가총액)은 2022년 말 446억 달러에서 2023년 244억 달러로 잠시 줄었다가 2024년 말 기준 439억 달러로 규모가 늘어난 데 이어 2025년 12월 기준 약 780억 달러를 기록했다.

서클은 준비금에 적용되는 이자율도 공시해두었는데 코로나19 팬데믹 당시였던 2022년 초 사실상 '제로(연 0.14%)'였던 금리는 계속 상승해 2022년 말 3.35%, 2023년 말 5.19%를 기록하고 2024년 말에는 4.49%로 약간 내려갔다. 준비금을 통한 매출*은 2022년 7억 3,589만 달러, 2023년 14억 3,061만 달러, 2024년 16억 6,108만 달러로 계속 증가했다. 이렇게 벌어들인 돈에서 비용, 이자, 세금 등을 제한 서클의 2024년 한 해 순이익은 약 1억 3천만 달러 정도다.

이 같은 스테이블코인 발행사의 수익 모델에 대해 최재원 서울대 경제학부 교수는 "스테이블코인 발행사의 수익 모델은 은행의 예대(예금-대출) 마진과 사실상 다르지 않다"라고 설명한다. 은행은 정해진 금리를 주고 예금을 받은 다음, 이 금리보다 높은 금리로 이 돈을

---

* 기업공개설명서 등 '서클'의 공시 서류에는 준비금을 통한 매출을 'reserve income'이라는 항목으로 분리해 적어두고 있다.

빌려주는 방식으로 많은 수익을 낸다. 정치인들이 은행에 대해 때때로 "이자 장사를 한다"라고 비난할 때 지적하는 은행의 수익 모델이 예대 마진으로부터 버는 돈이다. 은행은 그나마 예금자에게 이자라도 지급하지만 스테이블코인 발행사는 이자도 주지 않고 현금을 받아다가 이자를 주는 자산에 투자해 돈을 버는 셈이니, 이 또한 '이자 장사'라고 비난해도 억울하지 않을 판이기는 하다.

다만 이런 사업 모델은 역설적으로 너무 간단하기 때문에 위험하기도 하다. 스테이블코인을 사는 입장에서는 코인이 송금이나 결제 같은 원하는 목적에 부합하게 잘 작동하기만 하면 USDC건 테더건 혹은 다른 어떤 코인이건 차이가 없다.

구매자가 늘어나고 금리가 올라가는 것과 반대로, 코인을 사람들이 내다 팔아 규모가 줄고 금리가 내려가면 매출이 자동으로 줄어드는 구조라는 점도 문제다. 서클도 이런 위험을 인지하고 있다. 기업공개설명서에 포함된 긴 '위험 요인(risk factors)' 명단 중 1번이 "치열하고 격해지는 경쟁과 직면하고 있다"라는 점이다. 그러면서 "어느 정도의 규제 및 다른 진입 장벽들이 있겠지만 그럼에도 업계의 경쟁은 지속적으로 치열해지리라고 예상한다. 이미 설립된 기업 및 우리와 같은 방식으로 돈을 벌려고 하는 신생 기업 모두에게서 도전을 받고 있다"라고 인정했다.

서클의 준비금 관련 매출 외에 10% 미만을 차지하는 다른 수입원은 기업용 결제 수수료, 스테이블코인 보관 수수료, 스테이블코인 발행·상환 수수료 등이다. 아직은 미미한 수준이지만 결국은 이런 다른 매출이 늘어나야 서클의 사업 모델이 보다 탄탄해질 수 있을 것이다.

세계 최대 스테이블코인 발행사인 테더의 경우 상장사가 아니기 때문에 수익 내역을 자세하게 공개하지 않는다. 하지만 기본적인 사업 모델은 비슷하다. 테더가 보도자료를 통해 밝힌 2025년 상반기 순이익(매출이나 영업이익은 밝히지 않고 순이익만 공개)은 57억 달러, 한화로는 약 8조 원이다. 한국 최대 금융그룹인 KB금융의 2025년 상반기 순이익이 3조 4천억 원 정도라는 점을 감안하면 어마어마한 규모이기는 하다. 다만 테더는 서클과 달리 현금성 자산뿐 아니라 비트코인, 금 등 변동성이 큰 자산도 준비금으로 많이 담고 있어, 2025년 상반기와 달리 시장 상황이 좋지 않아 이들 자산 가격이 하락하면 수익이 그만큼 크게 줄어들 가능성이 크다.

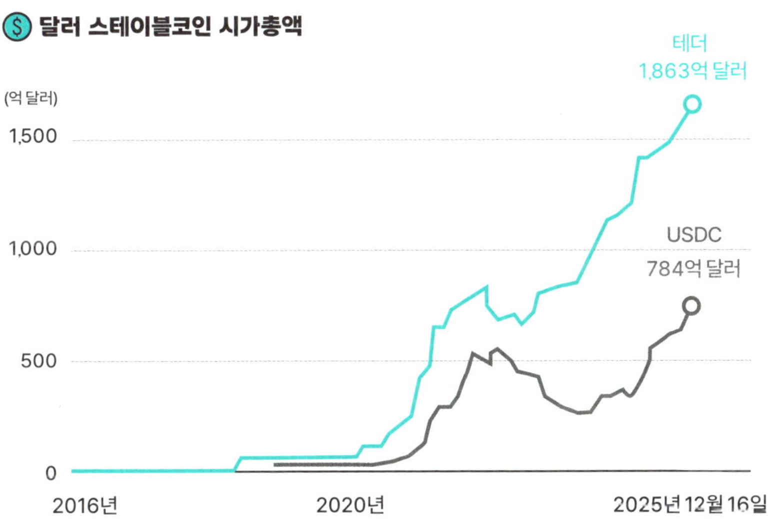

테더와 서클의
같지만 다른 길

시점에 따라 변화가 있지만 전 세계에서 유통되고 있는 스테이블코인 중 테더가 약 65%, 서클이 약 25% 정도로 집계된다. 이들이 발행하는 달러 스테이블코인은 얼핏 보기에 큰 차이가 없어 보이지만 테더와 서클 두 회사는 철학과 경영 방식에 차이가 있다.

테더는 2014년 미 서부 캘리포니아에서, 서클은 2018년 동부 보스턴에서 스테이블코인 프로젝트를 시작했다. 이 두 회사의 경영 방식에는 두 지역의 특징이 고스란히 반영되어 있다.

실리콘밸리의 규제 없는 자유분방한 문화를 닮은 테더는 홍콩과 버진아일랜드에 법인을 등록해두고 있다. 홍콩은 중국에 반환된 후 다소 다른 모습으로 변해가고 있지만, 버진아일랜드는 금융·조세 규제가 느슨한 대표적인 조세회피처로 꼽히는 곳이다. 조금 과장을 보태면 무정부주의적, 적어도 무정부주의적 사회를 지향한다. 2025년 1월에는 엘살바도르에 본사 격인 사무소를 열었다.

서클의 본사가 위치한 매사추세츠주의 문화는 다르다. 전통적으로 '큰 정부'를 지향하는 미국의 진보 정당 민주당이 강세다. 금융을 포함한 기업에 대한 강력한 규제주의자인 엘리자베스 워런 전 하버드대 교수가 매사추세츠주의 상원의원이다. 서클의 경영 철학도 비슷하다. 정부가 마련한 규제의 틀 안에서 혁신을 추구해 일반 소비자의 피해를 최대한 예방하기 위한 장치들을 마련해두었다는 점을 특장점으로 내세운다.

비슷한 맥락에서 테더의 준비금은 서클보다 느슨하다. 전과 비교하면 그나마 나아졌다고는 해도, 준비금 중 스테이블코인 보유자에게 바로 현금으로 바꿔줄 수 있는 현금성 자산 비중을 80% 정도로만 준비해두고 있다. 준비금의 100%를 현금성 자산(미국 단기 국채 등 포함)으로 구성해둔 서클보다 훨씬 낮은 비율로, 나머지는 비트코인(5.5%), 귀금속(5.4%) 등으로 채우고 있다. 비트코인 등의 가격이 올라갈 때는 테더가 서클보다 훨씬 많은 돈을 벌 수 있겠지만, 반대로 가격이 폭락하면 스테이블코인 유통 규모보다 준비금이 적어질 위험이 다분하다.

테더는 나아가 6.2% 정도는 '담보 대출'이라는 수상한 자산으로 보유하고 있다. 무엇을 담보로 무엇을 빌려줬는지는 명시하지도 않았다. 금융 당국과 정치권의 지적을 받고 스스로 "2023년까지는 0으로 만들겠다"라고 한때 공언하더니, 아직도 총준비금 약 1,500억 달러 중 98억 달러 정도를 정체불명의 '담보 대출'로 유지하고 있다.

테더는 금융 당국에 여러 차례 지적을 당했고 벌금도 수차례 냈다. 2021년에는 테더가 "스테이블코인과 달러 준비금을 1대1로 유지한다"라고 허위 광고를 냈다며 뉴욕주 검찰이 기소해 1,850만 달러 벌금을, 같은 해 미국 상품선물거래위원회가 비슷한 문제를 지적해 4,100만 달러 벌금을 냈다. 뉴욕주 검찰과 벌금을 내고 합의하면서 '뉴욕 거주자 및 뉴욕 법인과의 거래 중단'도 약속했기 때문에 공식적으로는 뉴욕주 거주자나 뉴욕 법인은 테더와 거래를 할 수 없는 상태다(다만 블록체인의 기술적 특성으로 현실적으로는 제한하지 못하고 있다는 보도가 많다). 반면 서클은 '가장 규제 친화적인 스테이블코인'이라는 점을 공식적인 홍보 전략으로 내세운다. 법과 규제를 잘 지키고 정부와 협력해 성장하는 모델을 추구하겠다고 밝히고, 뉴욕거래소 상장을 통해 투명성과 합법성을 어느 정도 보장받았다.

문제가 생기지 않는 한, 소비자 입장에서는 어느 회사 스테이블코인을 쓰는지에 사실 큰 차이는 없다. 하지만 위기가 발생하면 격차가 생길 수밖에 없다. 스테이블코인의 위기란 무언가 예상치 못한 사고나 충격이 발생해 사람들이 스테이블코인을 일제히 내다 팔려고 하는 상황일 가능성이 크다. 그런 때가 오면 스테이블코인 발행사는 준비금을 통해 스테이블코인을 현금으로 바꿔줘야 하는데, 가장 빨리 내줄 수 있는 자산은 당연히 현금이고, 그다음이 시장이 크고 매매가 활발한 미 단기 국채 등의 순이다. 미 단기 국채도 위기에 현금화하기 어려워질 수 있다는 지적도 많은데, 이에 대해서는 뒤에 더 자세히 다룰 예정이다.

테더가 많이 보유한 비트코인 등은 시장에 내다 팔면 되지만 이런 위기 상황에서는 가격이 전보다 많이 내려갈 수도 있고 금 같은 귀금속의 경우 아예 거래가 원활하지 않아 매도가 불가능해질 위험도 적지 않다. 소비자가 돈을 돌려달라고 하는데 그러지 못하면 신뢰는 붕괴되고 스테이블코인의 가격 유지가 깨지면서 생태계가 무너질 위험도 배제하기 어렵다. 서클은 현금부터 빼서 주고, 그것으로 모자라면 국제적으로 거대한 시장이 존재하는 미 단기 국채를 내다 팔아 비교적 수월하게 스테이블코인과 바꿔줄 수 있다는 입장이다.

이런 차이를 고려하면 상식적으로 소비자에게 테더보다는 서클을 보유하기가 안전해 보이는데, 테더가 압도적 '1등' 자리를 계속 유지하는 이유는 무엇일까? 가장 단순한 이유는 서클보다 3년 앞서 발행한 '첫 스테이블코인'으로서의 유리함(이용자가 많아질수록 제품이나 서비스 가치가 커지는 이른바 '네트워크 효과')이라 할 수 있다. 하지만 전문가들은 바로 '진짜 이유'는 따로 있을지 모른다고 말한다. 현금이 아닌 스테이블코인을 써야 하는 사용처 중에는 표면적으로 내세우는 거래 비용·시간의 절약도 있지만 사실은 세금 회피나 돈세탁같이 정부의 감시를 피한 불법적 거래가 상당히 많아 이들의 입맛에는 '규제 친화적' 서클보다는 '규제 회피적' 테더가 훨씬 맞다는 분석이다.

지금까지는 어쨌든 규제의 틀을 벗어나 있는 테더가 돈도 많이 벌고(특히 비트코인과 금 가격이 2025년 급등한 덕분) 사용자도 많은 상태다. 다만 미국을 포함한 주요국들이 스테이블코인에 대한 규제를 빠르게 강화하고 있어 미래에는 테더보다는 서클의 입지가 더 강해지고, 심하게는 테더가 주요국에서는 퇴출될 것으로 예상하는 이들도 있다. 1980년대 일본 정부가 기업 부채를 막겠다며 회사채 발행을 금지하고, 2008년 글로벌 금융 위기 이후 미국에서 위험한 파생상품 거래가 금지했듯이, 정부가 규제를 통해 특정 금융자산을 차단한 사례는 많다. 다만 태생적으로 탈(脫)정부적인 가상화폐 세상에서도 그런 일이 일어날지는 흥미진진하게 지켜볼 일이다.

돈의 B사이드

뉴욕주와 테더의 분쟁

뉴욕주와 테더의 분쟁은 스테이블코인 역사상 가장 중요한 사건 중 하나다. 뉴욕주 검찰이 금융사기·허위공시에 관한 주 법률인 「마틴법」을 적용해 소송을 진행했다. 핵심은 "테더는 정말 주장하는 대로 1코인=1달러로 뒷받침됐나"라는 의혹이었다. 상당 기간 테더는 100% 달러 준비금을 마련하는 대신 준비금을 기업 대출(관계사 포함) 및 유동성이 낮은 자산으로 쌓아두었고 심지어 계열사인 비트파이넥스의 손실을 메꾸기 위해 스테이블코인 준비금을 유용하면서도 공시를 제대로 하지 않았다. 긴 소송 끝에 테더는 1,850만 달러를 내기로 2021년 뉴욕 검찰과 합의하고 뉴욕주 거주자 대상의 영업은 전면 중단키로 했다. 이 사건은 지금 거의 모든 스테이블코인의 규제에 들어가 있는 '1대1 준비금'의 중요성을 부각했다고 평가된다.

중앙은행의 CBDC와
민간의 스테이블코인

스테이블코인에 대한 논의는 필연적으로 중앙은행과 연결되기 마련이다. 중앙은행이 발행하는 법정화폐에 가치를 연동하는 스테이블코인이 중앙은행 입장에서는 아무래도 눈에 거슬릴 수밖에 없거니와, 이 같은 사실상의 '민간 화폐'가 시중에 돌아다닐 경우 통화정책에 어떤 변화가 올지도 관건이기 때문이다.

스테이블코인이 이토록 확산하기 전부터, 한국을 포함한 세계의 주요 중앙은행들은 자체적으로 발행하는 가상화폐인 CBDC를 연구해왔다. CBDC는 'Central Bank Digital Currency'의 약자로 직역하면 '중앙은행 디지털 화폐'다. 파산하거나 가치가 오락가락할 가능성이 거의 없는, 정부가 만들어 가치가 진짜 스테이블한 디지털 화폐다.

CBDC가 스테이블코인을 견제할 경쟁자가 될지, 혹은 시중은행과 중앙은행이 협력하듯 스테이블코인 발행사가 중앙은행 및 CBDC를 보완하고 돕는 역할을 할지 여전히 결론은 열려 있다.

현장에서 만난 중앙은행 관계자와 학자 중에는 '돈'과 관련해 이루어지는 대부분의 거래가 이미 디지털화되어 있어서 일반인들이 CBDC를 너무 거창하게 생각할 필요가 없다고 하는 이들이 적지 않았다. 하지만 반론도 많았다. 독립적이라고는 하지만 정부의 통제를 받기 쉽고 이미 여러 압력에 시달리는 중앙은행이 디지털 화폐를 직접 발행하고 이 화폐의 사용이 보편화할 경우 정부가 국민의 금전 거래를 마음만 먹으면 디지털로 추적할 수 있게 되리라고 우려하는 목소리도 많이 들었다.

이런 걱정을 공개 발언으로 가장 자주 한 사람 중 한 명이 도널드 트럼프 미국 대통령이다. 그는 2024년 1월 대선 캠페인 당시 "나는 대통령으로서 CBDC를 절대로 허락하지 않을 것"이라며 "그런 통화는 연방 정부가 국민의 돈을 절대적으로 통제하게 만들고 알지도 못하는 사이에 우리 돈을 가져가버리게 만들 수도 있다"라고 했다. 이후 대통령에 당선된 트럼프는 실제로 미국 내외에서 달러 CBDC 설립·발행·홍보를 금지하는 행정명령에 서명했다. 행정명령에 취지가 이렇게 설명되어 있다. "금융 시스템의 안정성, 개인의 사생활, 미국의 주권을 위협하는 CBDC로부터 미국인을 보호하겠다."

그럼에도 불구하고 BIS 및 각국 중앙은행들은 CBDC에 관한 연구를 멈추지 않고 있다. 최근 이야기를 나눈 한 중앙은행 측 인사는

"많은 사람들이 오해하는 것이 있는데 트럼프 같은 반대론자들이 언급하는 CBDC는 개인이 사용하는 '소매 CBDC'에 대한 우려에 가깝다. 금융사와 기업들이 사용하는 '도매 CBDC'는 다른 차원에서 논의가 지속될 것"이라고 했다. BIS는 소매 및 도매 CBDC를 이렇게 정리해 설명한다.

CBDC는 디지털로 효용을 높인 중앙은행 화폐로 소매와 도매 버전이 있다. 소매 CBDC는 가계와 기업이 일상적 거래에서 사용 가능한 현금의 디지털 버전이다. 신용·직불, 온라인 포인트 결제 같은 기존의 '현금 없는 결제'는 민간 금융사가 지급 의무를 지지만 소매 CBDC는 중앙은행이 지급 의무를 진다는 점에서 차이가 있다. 도매 CBDC는 은행, 중앙은행 및 다른 금융기관 사이의 정산용 자산으로 사용되는 것이 목적이다. 지금 중앙은행 지급준비금과 비슷하게 쓰이지만 토큰화 기술을 통해 프로그램화, 호환성 같은 기능이 더해진다.*

2025년 서울에서 열린 세계경제학자대회에서 만난 세인트루이스 연방준비은행 부총재 출신 데이비드 안돌파토 마이애미대 경영대학원 교수는 CBDC에 대해 "개인이나 기업이 중앙은행에 계좌를 개설한다는 정도로 이해하면 됩니다"라며 이렇게 물었다. "만약 중앙은

---

* Advancing in tandem - results of the 2024 BIS survey on central bank digital currencies and crypto(www.bis.org/publ/bppdf/bispap159.htm)

행에 계좌를 개설할 수 있다면, 하시겠습니까?" 잠깐 생각해보니 굳이 할 이유가 없을 듯했다. 월급을 받는 주거래 은행 계좌도 거의 모든 거래가 디지털로 이루어지고 혹시 은행이 망하면 국가가 예금자 보호 제도를 통해 돈을 돌려주고 신용카드나 적금, 대출 등 다른 금융 거래도 불편함 없이 연동되어 있으니 말이다. 내 답은 "만들 이유가 없겠네요"였고 안돌파토 교수는 "그렇죠?"라며 웃었다. 이런 개인용 CBDC가 소매 CBDC다.

개인 금융 소비자로서 '중앙은행 통장'은 별 쓸모가 없게 느껴질 수 있지만 금융사나 기업이라면 다를 수 있다고 안돌파토 교수는 설명했다. 이는 도매 CBDC의 영역을 의미하는데, 가장 큰 차이는 거래되는 돈의 규모다. 중앙은행-금융사, 금융사-금융사, 혹은 A나라 중앙은행-B나라 중앙은행 간 정산할 때 CBDC를 사용하면 비용과 시간을 줄일 길이 적지 않다고 전문가들은 말한다.

안돌파토 교수는 금융사가 활용할 CBDC 외에 또 다른 도매 CBDC의 가능성을 언급했다. 비(非)금융 기업과 중앙은행 사이에 쓰일 수 있는 CBDC, 즉 기업이 중앙은행에 법인 계좌를 개설하고 사용하는 CBDC를 뜻한다. 한국의 경우 예금자 보호 한도는 금융사당 1억 원, 미국은 은행당 25만 달러다. 웬만한 개인은 이 정도면 '마음의 평화'를 유지할 수 있겠지만 기업이라면 이야기가 완전히 다르다.

물론 기업은 현금을 은행 통장에 그저 쌓아두지 않고 대부분 국채 등에 투자를 해둔다. 그럼에도 현금을 많이 융통해두어야 할 경우가 때때로 있는데, 대표적인 예가 직원들 월급을 주어야 할 때다. 예를 들어 삼성전자 직원은 한국에만 12만 명이다. 아주 보수적으로 잡아서 12만 명이 월 300만 원씩 받는다고 쳐도 3,600억 원이 매달 나가야 한다. 그렇다면 저 3,600억 원을 아주 짧은 기간, 예를 들면 딱 하루라도 통장에 예치해야 한다는 이야기다.

정말 확률이 낮다고 해도, 저렇게 큰돈을 은행에 하루라도 거치해두기에는 불안할 수 있다. 이론적으로라도 한 금융사당 1억 원씩 예금자 보호가 된다면 3,600개 금융사에 분산해서 돈을 굴리거나 '오늘 하루는 안 망하겠지'라는 운에 맡겨야 한다. 중앙은행에 계좌를 만들어둔다면 마음 편히 거액을 맡겨두고 빼서 쓸 수 있지 않겠냐고 안돌파토 교수는 말했다.

트럼프의 스테이블코인 금지령에도 많은 나라의 중앙은행은 CBDC의 가능성을 열어두고 다양한 실험을 진행 중이다. 한국은행이 시중은행들과 수행 중인 '프로젝트 한강'같이 각 나라의 중앙은행이 추진하는 프로젝트도 있고, BIS가 관여하는 여러 프로젝트처럼 몇몇 나라가 팀을 결성해 국경을 넘나드는 글로벌 CBDC 구축을 탐색하는 사례도 늘고 있다.

BIS가 세계 중앙은행 93개를 설문해 발표한 보고서에 따르면 91%인 85개 중앙은행이 CBDC를 연구 중이라고 답했다. CBDC의 잠정적 발행 가능성을 연구·개발하는 목적에 대해서는 약 80%가 '중앙은행 화폐의 역할을 보호하고 위해서'라고 답했다. 잠재적 사용처에 대해서는 소매와 도매 CBDC별로 다른 답이 나왔다. 도매 CBDC의 경우 가장 많은 응답을 받은 용처는(복수 응답) 은행 간 정산(84%)인 반면, 소매 CBDC의 가장 잠재력 있는 사용처는 개인 간 송금(81%)이 지목됐다. BIS는 이 설문 조사 결과를 발표한 보고서에 '동시다발적 발전(Advancing in Tandem)'이란 제목을 붙였다. 세계 곳곳의 중앙은행이, 민간과 정부가, CBDC와 스테이블코인이 여기저기서 한꺼번에 발전해나가는 지금의 상황을 상징적으로 드러내는 압축적이면서도 정확한 작명이라고 생각한다.

도매 CBDC와 소매 CBDC

많은 사람들이 CBDC를 거론할 때 도매와 소매 CBDC를 헷갈린다. 솔직히 나 또한 이 둘의 구분이 있다는 점을 최근에서야 한국은행 전문가의 설명을 듣고서야 알았다. 도매·소매 CBDC는 '누가 쓰느냐'와 '무엇을 대체하느냐'의 차이로 이해하면 쉽다. 간단히 말해 도매 CBDC는 '은행끼리 쓰는 중앙은행 디지털 결제 수단'이고 소매 CBDC는 '국민이 직접 쓰는 디지털 현금'이다. 도매 CBDC는 금융 시스템의 기반이 되는 디지털 현금으로 은행 간 자금을 이동하거나 증권·외환 결제를 하는 등 'B2B(기관 간) 거래'에 쓰기 위한 화폐다. 거래 비용과 시간을 줄이기 위한 도매 CBDC가 필요하다는 데는 사실 중앙은행과 각국 정부, 금융 업계 사이에 이견이 거의 없다. 소매 CBDC는 다르다. 국민이 직접 중앙은행의 디지털 화폐를 보유한다는 개념으로 온라인 결제·송금뿐 아니라 오프라인 결제 가능성도 열어두고 있다. 소매 CBDC가 활성화할 경우 은행이 무력화될 수 있고 개인 정보 유출, 국가에 의한 금융 통제 강화 등의 우려가 제기되며 논쟁이 뜨겁다. 중국은 이를 적극적으로 보급하고 미국에선 이를 막아두었다.

중앙은행장들의
스테이블코인에 대한 생각

앞 장에서 살펴본 대로, 자체적인 디지털 화폐 발행을 저울질하고 있는 세계 각국의 중앙은행은 스테이블코인과 밀접한 연관이 있고 이 때문에 그 어느 기관보다 스테이블코인을 깊이 들여다보는 중이다. 중앙은행을 이끄는 중앙은행장들의 스테이블코인에 대한 생각을 짚어봄으로써 현재 스테이블코인 논의의 주요 쟁점을 갈무리할 수 있다. 세계 주요 중앙은행장의 스테이블코인 관련 발언과 입장을 정리하면서, 스테이블코인의 기본 개념과 지형도를 짚어본 이번 장을 마무리할까 한다. 단, 한국은행 및 한국은행 총재의 입장은 뒤에 나올 '파트 6 원화스테이블코인'에서 별도로 다룬다.

미국 연방준비제도 제롬 파월:
스테이블코인 잠재력 인정하며 규제 강조 

미국 중앙은행인 연방준비제도를 2018년 2월부터 이끌고 있는 제롬 파월 의장은 스테이블코인의 금융 혁신적 잠재력을 인정하면서도 연방 정부 차원의 규제는 반드시 필요하다는 입장을 표명해왔다. 스테이블코인과 관련해 중앙은행장이 취할 수 있는 전형적인 시각이기도 하다.

스테이블코인의 성장 초기이자 CBDC 논의가 달아오른 2021년 5월 그는 별도의 공식 메시지를 내고 이렇게 밝혔다.

"스테이블코인은 새로운 결제 방식으로 부상하고 있습니다. 스테이블코인은 새로운 기술을 통해 지불 방식을 효율적으로 바꾸고 정산 과정을 신속하게 만들고 최종 사용자의 비용을 줄이는 것을 목표로 합니다. 하지만 스테이블코인은 (이런 잠재력에도 불구하고) 사용자 및 광범위한 금융 시스템에 잠재적 위험을 내포하고 있습니다."

잠재적 편의와 잠재적 위험을 모두 고려해 조심스럽게 접근해야 한다는 입장이다. 그해 9월 의회 청문회에서도 그는 "제대로 규제가 된다면 반대할 의도는 없다. 다만 스테이블코인이 MMF(머니마켓펀드)나 은행예금과 비슷하다는 점을 감안하면 '동일 기능, 동일 규제'의 원칙에 따른 적절한 규제가 필요하다"라고 했다.

미국 의회를 중심으로 스테이블코인 규제법인 「지니어스법」* 제정 논의가 한창이던 2025년 4월 파월 의장은 의회에 출석해 "법제화 움직임을 환영한다"라며 "스테이블코인은 폭넓은 잠재력을 지닌 상품이며 적절하게 규제된다면 소비자들에게 투명성과 효율성을 제공할 수 있을 것"이라고 긍정적 입장을 밝혔다.

「지니어스법」이 제정된 직후 열린 연준의 기준금리 결정 회의[연방공개시장위원회(FOMC) 정례 회의]에서는 스테이블코인의 효용과 아울러 미국 금융시장, 특히 미 국채 시장에 끼칠 영향을 면밀히 검토해야 한다는 의견이 나왔다. 의사록** 에 따르면 많은 참가자가 「지니어스법」이 불러올 변화를 언급하면서 "결제용 스테이블코인이 결제 시스템의 효율성을 끌어올리리라고 기대하는 동시에 스테이블코인 가치 유지를 위한 준비금으로 적립해둬야 하는 미 국채 등 자산에 대한 수요를 늘릴 수 있다는 사실에 주목했다"라며 "이와 함께 스테이블코인이 은행 및 금융 시스템과 통화정책 집행에 광범위한 영향을 끼칠 수 있으므로 스테이블코인 가치를 지지하기 위한 자산에 대한 모니터를 강화해야 한다" 등의 의견을 냈다. 중앙은행답게, 스테이블코인 규모 급증과 비례해서 불어날 미 국채에 대한 수요 및 스테이블코

인이 통화정책에 미칠 영향을 우려하고 있는 모습이다.

영국은행 앤드루 베일리
스테이블코인 강경론에서 공존 모색으로 

영국 중앙은행인 영국은행의 앤드루 베일리 총재는 금융감독·중앙은행 분야에서 40년 동안 일해온 정통 관료 출신 중앙은행가다. 미국의 파월, 유럽중앙은행 크리스틴 라가르드 총재와 함께 G7 통화정책의 핵심 인물로 평가받는다.

파월이 처음부터 혁신과 위험을 모두 고려해야 한다는 입장을 유지해온 반면 베일리의 스테이블코인에 관한 생각은 시간의 흐름에 따라 변화해왔다. 규제 당국자로 일할 때는 스테이블코인에 부정적 입장이었다가 중앙은행장이 되고 난 후에는 생각이 보다 유연해졌다.

베일리는 영국은행 총재가 되기 전 한국의 금융감독원에 해당하는 영국 금융감독청 수장으로 2016~2020년 일했다. 2019년 페이스북이 '리브라'라는 스테이블코인 발행을 추진했다가 포기한 일이 있었는데, 이에 대해 "리브라가 공공 정책에 매우 중대한 타격을 미칠 수 있다. 충분한 정보 공개와 면밀한 심사 없이 인가를 받을 일은 없다"라고 못 박았다. 그의 강경한 반대는 '리브라' 프로젝트가 무산되는 데 큰 영향을 끼쳤다.

2020년 영국은행 총재 취임 후에는 '도입 불가'에서는 물러섰지만 '은행 수준의 매우 강력한 규제'가 필요하다는 입장을 밝혔다. "우리의 기준에 맞지 않는 스테이블코인은 영국의 결제 시스템에서 용납되지 않을 것"(2022년), "돈과 유사하다면 돈과 같은 규제를 받아야 한다"(2023년) 등의 당시 발언이 그의 생각을 대변한다. 이런 발언이 나온 시기는 코로나19 확산으로 인한 금융 위험과 뒤에 다룰 '테라-루나 사태' 등으로 스테이블코인의 가치 유지에 대한 시장 신뢰가 바닥으로 떨어진 때이기도 했다.

베일리의 스테이블코인 관련 발언은 최근 들어 유난히 주목받고 있는데, 이는 그의 입장이 꽤 '과격한 긍정' 쪽으로 뒤집혔기 때문이다. 그의 생각이 왜 긍정적으로 변했는지를 정확히 알 수는 없지만 스테이블코인의 규모가 커지면서 이를 되돌리기 어려워졌다는 현실, 유럽·미국·일본 등에서의 잇따른 스테이블코인 법제화 움직임, 중앙은행판 스테이블코인이라고도 표현할 수 있는 CBDC에 대한 본격적 논의 시작 등이 복합적으로 작용해 '무조건 배제'가 능사가 아니라는 쪽으로 입장을 수정했다는 평가가 많다.

베일리의 스테이블코인에 관한 최근의 입장을 잘 정리한 문서는 2025년 10월 〈파이낸셜타임스〉 기고* '새로운 스테이블코인 체제'다. 그는 영국은행이 "미래 금융 시스템으로의 전환을 관리하면서 은

---

* ft.com/content/eb013c4e-ed53-498b-9d75-2b5d9c7ecc65

행과 스테이블코인의 공존을 허용하는 체제를 구축할 수 있다고 생각한다"라고 했다. 베일리의 스테이블코인 '구상'에서 특이한 점은, 스테이블코인 준비금의 일부(약 40%)를 중앙은행 계좌에 적립해두도록 하는 제안이다. 기고에서도 그는 "스테이블코인이 민간 은행처럼 중앙은행 계좌에 접근할 수 있는 길을 열겠다"라고 밝혔는데, 이에 대해서는 준비금을 보다 투명하게 관리할 수 있는 묘안이라는 의견과 발행사의 준비금 투자를 막아 수익을 제한하는 조치라는 반대론이 맞서고 있다.

영국은행과 금융 당국은 최근 영국 파운드와 연동된 스테이블코인 관련 입법에 속도를 내고 있다. 미국보다 속도는 느리고 여전히 업계가 완전히 만족할 수준은 아닐지언정 이전의 강경한 입장에서는 한발 물러났다고 보는 시각이 많다.

일본은행 우에다 가즈오
스테이블코인 수용하되 은행 시스템 영향 우려 

일본 엔화는 미 달러와 마찬가지로 기축통화로 분류된다. 기축통화란 국가 간 무역 및 자본 거래의 결제나 준비자산으로 널리 이용되는 통화를 의미한다. 우에다 가즈오 일본은행 총재의 스테이블코인 관련 발언 중에는 원론적인 이야기가 많다. 유난히 반대하거나 특정한 방향성을 제시하기보다는 '새로운 형태의 결제'로서의 가능성을 인정하되 위험을 면밀히 분석해야 한다는 정도의 이야기를 하고 미래 토론의 가능성을 열어둔 수준이다. 차이도 보였다. 그가 발언한 원문이 BIS와 일본은행 홈페이지에 나와 있어서 찾아보았는데, 다른 중앙은행 총재에 비해 은행의 신용 창출 기능을 스테이블코인 혹은 CBDC의 시대에 어떻게 재정의해야 하는지에 대한 고민을 여러 차례 언급한 점이 특이했다.

예를 들어 2024년 한 핀테크 행사 강연 연설 기록[*]에 따르면 우에다 총재는 "근현대에는 중앙은행이 지폐와 중앙은행 당좌예금을 일원적으로 공급하고 민간 은행이 그것을 중심으로 신용 창조를 함으로써 일반 개인과 기업에 예금 통화를 공급하는 '2층 구조'가 확립되어왔다. 일본을 포함한 많은 국가에서 CBDC를 도입하는 경우 은행예금에서 CBDC로의 대량의 급격한 자금 이동이 일어나 2층 구조에 과도한 영향을 주지 않을까 우려된다"라고 했다. 은행예금의 이탈 문제는 CBDC뿐 아니라 스테이블코인에서도 똑같이 발생할 수 있는데 우에다 총재는 이에 대해 "(스테이블코인) 보유 금액에 상한을 마련하는 식의 안전 조치를 도입하는 것을 검토하고 있다"라고 했다. 스테이블코인이나 CBDC를 도입하더라도 은행예금이 썰물처럼 빠져나가는 것을 방지하기 위한 안전장치가 필요하다는 의미다.

---

[*] 中央銀行デジタル通貨について知っておきたいこと, FIN/SUM（フィンサム）2024における挨拶 (boj.or.jp/about/press/koen_2024/ko240305a.htm)

중국인민은행 판궁성
민간 스테이블코인에 부정적이며 규제 강조 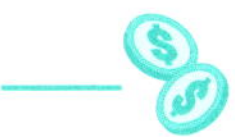

중국인민은행은 스테이블코인과 관련해 다른 서방 진영 중앙은행과 다른 태도를 보일 수밖에 없다. 뒤에서 더 자세히 다룰 텐데, 중국은 그 어느 나라보다도 중앙은행 주도 디지털 화폐인 CBDC를 적극적으로 연구하고 실험하고 있는 나라다. 민간 스테이블코인보다는 국가 주도 모델을 밀어붙이는 만큼 중국 중앙은행인 중국인민은행의 판궁성 총재 또한 민간 스테이블코인에 대해서는 매우 부정적으로 발언해왔다.

2025년 10월 베이징에서 열린 한 포럼에서 "중국은 국가 지원 디지털 화폐를 더욱 발전시키겠다"라고 하면서 "금융 활동으로서 (민간) 스테이블코인은 현재 실명 확인 및 자금 세탁 방지에 대한 기본 요건을 효과적으로 충족하지 못하고 있다. 자금 세탁, 불법적인 국경 간 자금 이체, 테러 자금 조달 등 글로벌 금융 규제의 허점을 심화시킬 것"이라고 반대 입장을 확실히 했다.

그는 또 "민간 스테이블코인은 아직 개발 초기 단계에 있다"라고 경고하면서 "강력한 시장 투기 분위기가 조성되어 우려스럽다. 스테이블코인은 세계 금융 시스템의 취약성을 심화시키고 일부 저개발 국가의 통화 주권에 영향을 미치고 있다"라고도 우려했다. 남미와 아프리카의 몇몇 나라에서 미 달러와 연동된 스테이블코인 사용이 확산하는 현상을 견제하는 발언이다.

스타트업 생태계가 활발한 중국에서 위안화 스테이블코인 사업을 하려는 기업들이 없지는 않다. 하지만 중국 지도부는 2025년 초 중국 가상화폐 관련 업체에 "스테이블코인을 홍보하는 연구 자료 발표나 세미나 개최를 중단하라"라고 지시했다. 판 총재의 스테이블코인 관련 발언들은 민간 스테이블코인, 나아가 코인 전반에 부정적인 중국 지도부의 입장과 맥락을 함께한다.

유럽중앙은행 크리스틴 라가르드 스테이블코인 위험 강조하며 규제 강화 요구 

유럽중앙은행(ECB)의 크리스틴 라가르드 총재는 스테이블코인이 금융 시스템 전체에 불러올 위험에 집중하면서 규제 강화를 요구해왔다. 유럽연합이 2024년 제정한 스테이블코인 규제법은 미국이나 일본과 비교해 스테이블코인 발행사에 준비금 종류를 '현금'만으로 제한하는 등 제약을 많이 두었다고 평가되는데, 라가르드 총재의 발언도 이런 유럽연합의 방향성과 궤를 같이한다.

2025년 9월 유럽시스템리스크위원회 연설에서 라가르드는 "스테이블코인의 활용 방식이 근사해 보일지 모른다. 그러나 스테이블코인이 결국 '뒷문'을 통해 금융 위험을 키우는 오래된 위험을 재현하는 것을 굳이 위기가 무르익을 때까지 기다릴 필요는 없다고 생각한다"라고 했다. 스테이블코인이 더 확산하고 문제가 생기고 나서야 대응하기보다는 미리 가능한 위험 요소를 분석하고 규제를 마련하자는 취지다. 그는 같은 연설에서 "유럽 사법부는 유럽에 버금가는 다른 해당 국가의 규제와 안전장치로 통제받지 않는 한 (다른 통화를 기반으로 한) 이런 위험한 제도(스테이블코인)가 유럽에서 운영되지 않도록 해야 한다"라고도 했다.

앞서 살펴본 대로 세계 1위 스테이블코인 테더는 준비금을 현금이나 국채 외에 비트코인·금 같은 다른 자산으로도 상당히 보유하고 있는데, 이는 "스테이블코인의 모든 준비금은 현금으로 해두어야 한다"라는 유럽의 규제를 충족하지 못한다. 이런 이유로 2024년 법 제정 이후 유럽 내 여러 가상화폐 거래소는 테더를 상장폐지시키고 있다. 라가르드의 강경한 발언도 이 같은 유럽의 엄격한 규제 방향성을 반영했다고 보면 된다. 한편에서는 국가의 통제 밖에 있는 스테이블코인을 국가가 통제하기는 어렵다는 이견도 나온다. 유럽 내에서 규제 당국과 스테이블코인 간의 알력 다툼이 누구의 승리로 판명날지 지켜보는 일도 흥미로운 관전 포인트가 되리라고 생각한다.

Part 3

국경 없는 돈의 이동: 스테이블코인이 바꿀 미래

아르헨티나에서
일어나는 일

"아르헨티나 동료들은 월급이 들어오면 마트로 달려갑니다. 살 수 있는 만큼 생활필수품을 한꺼번에 사려고요. '오늘이 제일 싼 날'이라는 게 진짜 사실이거든요."

아르헨티나 수도 부에노스아이레스에 파견 나가 근무 중인 한 대기업 직원이 몇 년 전 취재를 위해 통화했을 때 한 말이다. 그는 "정말 가격이 하루가 다르게 오른다. 생수, 화장지 같은 생필품은 한 달 치를 한꺼번에 구입하는 일이 여기선 흔하다"라고 했다. 통화 시점 기준으로, 한 달 전 2천 페소였던 라면 다섯 봉지 한 묶음이 한 달 만에 2,500페소로 올랐다고도 했다. 한 달(1년이 아니다!) 사이에 라면값이

25%가 올랐다는 뜻이다.

코로나19로 인한 경제 충격을 줄이기 위해 세계 많은 나라가 돈을 왕창 풀어 심각한 인플레이션이 곳곳에서 발생하기는 했지만, 아르헨티나는 차원이 다르다. 코로나19가 아니더라도 이전 수십 년에 걸쳐 상상을 초월하는 인플레이션에 시달려 왔다. 물가 상승률의 단위가 웬만한 나라에 '0' 두 개는 더 붙어야 할 정도로 어마어마했다. 그래프를 보면 아르헨티나의 소비자물가 상승률은 2024년 220%까지 올라갔다. 1년이 지나면 물가가 세 배도 넘는 수준으로 올라가게 된다는 뜻이다.

아르헨티나가 왜 통제 불능한 인플레이션에 시달리는지 그 원인

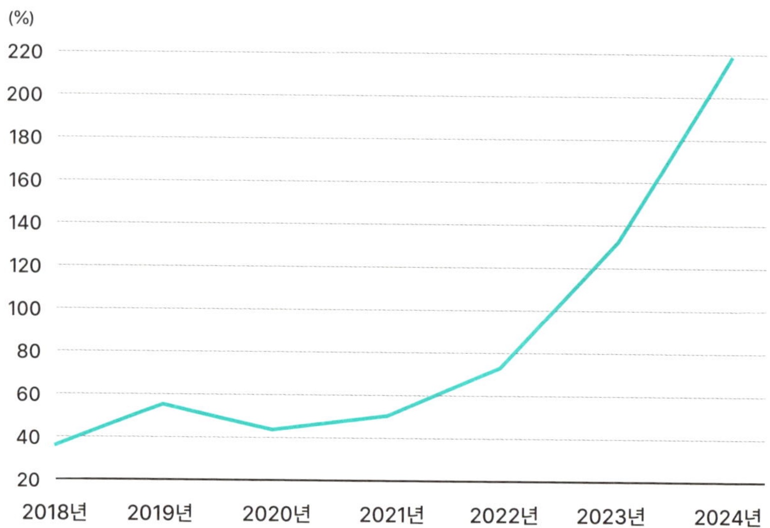

⑤ 2018~2024년 아르헨티나의 연간 인플레이션율

에 대해서는 여러 분석과 진단이 나온다. '복지 퍼주기'를 내세운 좌파 포퓰리스트 정권의 장기 집권이 초래한 만성적인 재정 적자, 이를 충당하기 위한 무분별한 돈 찍기, 이에 따른 환율·외환 불안정, 페소 가치의 추락을 막아야 할 정부와 중앙은행의 무능 등이 겹쳤다. 이런 이유로 인플레이션이 잡히지 않을 것이라는 불신이 팽배해지면 '오늘이 가장 싸다'라는 생각에 급히 물건을 사두려는 이들이 늘고, 이로 인해 물가가 더 올라가는 악순환이 발생한다.

나쁜 인플레이션의 '교과서' 같은 아르헨티나의 국민은 당연하게도 자국 화폐 페소보다 미국 달러를 선호한다. 달러 가치는 어느 정도 유지가 되지만 물가가 오르면 페소 가격이 급락하게 되니 합리적인 선택이라 할 수 있다.

아르헨티나 국민은 페소를 벌면 이를 즉각 미국 달러로 바꿔 보유하고 싶어 하지만 간단치는 않다. 달러 수요가 많다 보니 달러는 인기가 너무 높아 환율이 치솟기 마련이다. 정부는 공식 환전상에서의 환율을 묶어두고 환전 금액도 '한 달에 200달러'로 제한했다. 암시장에서는 달러를 구할 수는 있지만, 환율이 높은 데다 수수료가 비싸다는 문제가 있었다. 한 논문 에 따르면 200달러는 아르헨티나 근로자 월급의 30%에 그친다. 암시장에 안 가고 정부가 시키는 대로만 하면, 월급 중 70%를 어마어마한 인플레이션의 위험에 노출시킬 수밖에

---

* Stablecoins and Inflation in Latin America: The Case of Argentina, 29 Nov 2023(papers.ssrn. com/sol3/papers.cfm?abstract_id=4622665)

없다는 뜻이다.

이런 상황에 처한 아르헨티나인들에게 달러 스테이블코인은 단비같이 고마운 존재다. 일단 글로벌 스테이블코인 공급이 넉넉하니 구하기가 쉽다. 게다가 코인 시장은 온라인에서 24시간 운영되며 암시장 환전상처럼 애써 찾아가 불리한 환율로 돈을 바꿀 필요도 없다.

아르헨티나 소비자들의 달러 스테이블코인에 대한 수요가 늘면서 이를 더 편리하게 쓸 수 있도록 한 다양한 서비스도 속속 출시됐다. 아르헨티나 사용자가 200만 명이 넘는 '레몬 캐시'라는 앱이 대표적이다. 이 앱만 있으면 페소로 달러 스테이블코인을 사고 그렇게 산 달러 스테이블코인으로 투자와 결제까지 가능하다. 비자(VISA) 카드와 제휴해서 만든 오프라인 선불 '레몬 카드'는 대부분의 온·오프라인 상점에서 결제가 가능한데, 돈을 내기 전에 달러 스테이블코인 같은

⑤ 레몬 캐시 앱

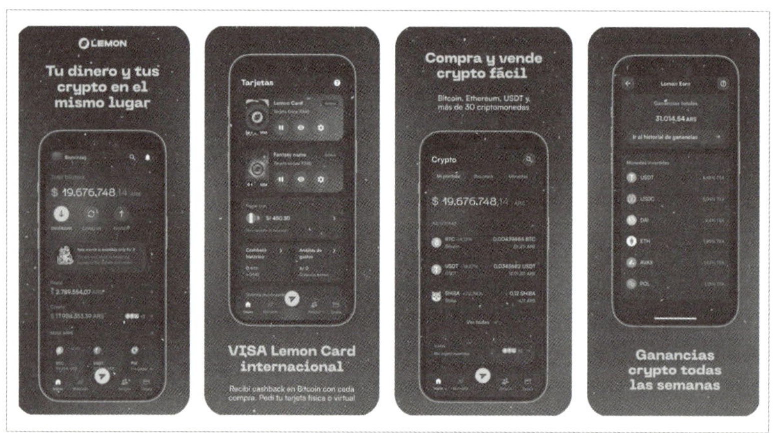

새로운 돈의 시대, 스테이블코인

가상화폐 또는 페소 중에 선택할 수 있다. 만약 달러 스테이블코인으로 결제를 하면 구입 시점에 코인이 페소로 자동 환전이 되어 판매자에게 입금된다. 앱에서 전기·가스·인터넷·휴대폰·스트리밍 등 4천여 개 서비스의 요금 지불이 가능하다. 연결된 서비스를 통해 코인으로 일종의 이자를 벌 수도 있다.

'서클' 홈페이지에 올라온 레몬 카드의 사업총괄 책임자 이그나시오 히메네스의 글은 아르헨티나인들에게 달러 스테이블코인이 필요한 이유를 잘 요약해서 설명한다.

"많은 아르헨티나인은 아르헨티나 페소로 급여를 받습니다. 하지만 가파른 인플레이션으로 페소의 가치는 빠르게 가치를 잃고 페소로 급여를 받는 근로자는 제대로 된 가치 저장 수단으로서의 화폐를 보유하지 못하는 상황입니다. 페소를 미국 달러로 바꾸는 것이 열심히 일해서 번 돈의 가치를 지키는 이상적인 방법이겠지만 정부의 통제로 그마저도 쉽지 않습니다. (서클이 발행하는 스테이블코인인) USDC는 달러 예금 계좌 없이도 디지털 달러를 안전하게 보유할 수 있도록 해줍니다. 레몬 카드 사용자들은 USDC가 연결된 비자 직불카드를 사용해 국내외에서 상품과 서비스를 쉽게 구입할 수 있습니다. 사용자는 돈을 쓸 준비가 되기 직전까지 달러와 가치가 같은 자산(USDC)에 돈을 예치해둠으로써 돈이 페소에 머물며 빠르게 가치를 잃어가는 것을 예방할 수 있습니다."

아르헨티나에서는 레몬 캐시 외에도 리피오, 부엔비트같이 달러 스테이블코인으로 페소를 바꿔둘 수 있는 서비스들이 성업 중이다. 연간 물가 상승률이 번번이 150%를 넘는 베네수엘라에서도 아르헨티나와 같은 이유로 달러 스테이블코인 사용자가 늘고 있다. 아르헨티나·베네수엘라 국민에게 테더와 USDC 같은 달러 스테이블코인은 어렵게 번 돈의 가치를 인플레이션으로부터 보호할 수 있게 해주는 고마운 존재인 셈이다.

아르헨티나 정부는 안 그래도 선호도가 떨어져 가치가 하락하는 페소가 스테이블코인 탓에 더 '헐값'이 되는 현상이 달갑지만은 않으면서도 국민 불만을 잠재우기 위해 달러 스테이블코인이 사실상 통용되는 것을 두고 볼 수밖에 없는 씁쓸한 입장이 되었다.

아프리카에서
일어나는 일

　　아프리카 케냐에 있는 아보카도 오일 수출 업자는 아프리카 전역에서 아보카도를 받아서 기름으로 가공해 유럽에 수출한다. 케냐에서 나는 아보카도도 쓰지만 1년 내내 생산되지 않다 보니 탄자니아·콩고·부룬디·모잠비크 같은 다른 아프리카 나라의 아보카도를 수입해 원료로 쓴다.

　　유럽·아프리카 두 대륙과 모두 거래하는 이 기업이 무역 대금을 주고받을 때 상식적으로는 거리가 가까운 아프리카 국가와 정산이 더 빨라야 할 것 같다. 실상은 정반대다. 6천km 떨어진 유럽 스페인의 수입상이 케냐의 아보카도 오일 대금으로 지급한 돈은 2~3일 정도면 입금된다. 반면 800km 거리인 부룬디의 아보카도 농상에 케냐 수입 업자가 돈을 보내면 길게는 한 달이 걸린다. 돈도 안 받고 아보카도를 보낼 수는 없고 그렇다고 돈 들어오길 기다리느라 아보카도를 한 달 묵히다가는 썩기 십상이니 난감한 일이다.

아보카도뿐 아니라 다른 농작물도 비슷한 어려움을 겪는다. 농부들은 고육지책으로 농산물을 직접 운반하고 배낭에 담긴 현금을 받거나, 어쩔 수 없이 한 달 뒤 돈을 입금받기로 하고 물건 먼저 내주고는 한다. 그러다 보니 현금 자루를 짊어지고 도로를 오가다가 강도를 당하거나 판매 대금을 떼이는 일도 때때로 일어난다.

국경을 넘는 국가 간 송금은 선진국에서도 비용과 시간이 꽤 드는 일이지만 금융 시스템이 열악한 아프리카는 차원이 다르다. 무엇보다 아프리카 국가 간 돈을 주고받을 때는 시간과 비용이 훨씬 많이 들어간다. 금융 기반 시설이 열악해 국가 간 송금망이 연결되어 있지 않은 데다, 아프리카에 존재하는 40여 개 통화 간 직접 환전 시장이 없기 때문이다. A화폐 → 달러 혹은 유로 → B화폐 같은 식으로 이중삼중 환전을 해야 하는 경우가 대부분이다.

이렇게 복잡한 과정을 거치면 수수료도 겹겹으로 나간다. 세계은행의 분기별 해외 송금 보고서*에 따르면 G20 소속 국가 중 국가 간 송금 비용이 가장 많이 드는 국가는 남아프리카공화국이다. 남아공

---

* REMITTANCE PRICES WORLDWIDE QUARTERLY, Issue 53, March 2025,(remittanceprices.
worldbank.org/sites/default/files/rpw_main_report_and_annex_q125_1_0.pdf)

으로 보낼 때는 약 16%, 남아공에서 다른 나라로 보낼 때도 7%가 수수료로 나간다. 100달러를 받거나 보내면 수수료로 7~16달러를 내야 한다는 뜻이다. 개인 간 거래에서도 그렇지만 규모가 큰 무역 대금에서는 특히나 막대한 손실이다.

스테이블코인은 이런 비효율적 무역 금융을 개선해줄 해결사로 여겨지며 아프리카에서 사용량이 빠르게 늘고 있다. 가상화폐 전문 분석 기관 체이널리시스에 따르면 아프리카 지역의 가상화폐 거래량은 2024년 7월~2025년 6월 사이 2,500억 달러를 기록해 전년 대비 52% 늘었다. 사하라 이남 가상화폐 거래의 약 43%는 스테이블코인 거래였다.

무역 거래가 많은 나이지리아와 케냐의 경우 약 60%에 가까운 가상화폐 거래가 기관 혹은 기업 간 거래로 추정되는 고액(100만 달러 이상) 송금이었다. 체이널리시스는 보고서에서 "아프리카에서 스테이블코인은 무역 흐름과 관련된 고액 거래에서 자주 사용된다. 특히 에너지 및 가맹점 결제 등을 위한 수백만 달러 규모의 스테이블코인 이체가 정기적으로 발생하는데, 이는 기존 금융 시스템이 제한적이거나 속도가 느린 지역에서 가상화폐가 결제 수단으로 유용하다는 사실을 드러낸다"라고 했다. 국제통화기금(IMF)에 따르면 아프리카

＊ Decrypting Crypto: How to Estimate International Stablecoin Flows, By Marco Reuter, July 11, 2025(www.imf.org/en/Publications/WP/Issues/2025/07/11/Decrypting-Crypto-How-to-Estimate-International-Stablecoin-Flows-568260?ref=mariblock.com)

지역의 GDP 대비 스테이블코인 거래 비율은 6.7%로 (막대한 인플레이션으로 스테이블코인 사용이 늘어나는) 중남미에 이어 두 번째로 높았다.

무역 결제는 오가는 금액이 워낙 크다 보니 촘촘하고 안정적이면서 거래 당사자 양측 모두 신뢰할 수 있어야 한다. 금융 시스템이 잘 갖춰진 선진국 간에는 국가가 철저하게 규제·감독하는 은행들이 자금 송수신을 처리하고 국가 간 결제는 스위프트(SWIFT) 같은 국제 금융 통신망을 통해 이루어진다. 혹시라도 발생할 사고에 대비해 한국의 무역보험공사와 같은 국가기관이 보험 기능을 제공해 위험을 줄여준다. 이 같은 시스템이 미흡한 아프리카에서는 달러 스테이블코인 결제가 국가와 금융회사의 대안이 되어주고 있다. 비트코인 같은 다른 가상화폐로 송금해도 되지만, 비트코인에 투자해본 사람이라면 누구나 겪어봤음 직한 높은 가격 변동성이 부담될 수밖에 없다. 달러 스테이블코인은 적어도 달러 기준으로는 가격이 안정적이다.

아프리카에서도 대부분의 스테이블코인 거래는 바이낸스, 코인베이스 같은 글로벌 가상화폐 거래소를 통해 이루어진다. 다만 기업의 무역 대금 결제라는 독특한 시장이 형성되면서 기존 금융사나 국가기관 대신 무역 결제를 더욱 효율적으로 처리할 스타트업들도 생겨나는 중이다.

대표적인 서비스가 미국에서 창업하고 아프리카에서 사업하는 스타트업 '옐로카드(Yellow Card)'다. 크리스 모리스와 저스틴 푸아루가 앨라배마주 오번대(Auburn University) 기숙사에서 2016년 창업했다. 창업자들이 오번대 학내 벤처 액셀러레이터와 한 인터뷰에 옐로카드를 창업한 계기가 잘 설명되어 있다.

모리스 "캠퍼스 근처 은행에서 나이지리아 남성을 만났습니다. 그가 은행 직원에게 '왜 고향에 있는 가족에게 200달러를 보내는 데 90달러가 들어야 하냐'라고 따지고 있었어요. 비트코인을 통해 저렴하게 돈을 보낼 수 있다는 것은 알고 있었다지만, 나이지리아에 있는 그의 가족이 비트코인을 (나이지리아 통화인) 나이라로 바꿔서 쓰기가 쉽지 않다고 하더군요."

푸아루 "아프리카의 많은 국가들은 자국 내 달러 보유를 위해 시민들이 환전할 수 있는 통화 금액을 월 20달러로 제한합니다. 그들은 스포티파이, 아이튠스, 훌루 등 전 세계 사람들이 즐기는 여러 서비스에 가입할 수 없습니다. 돈이 없어서가 아니라, 규제 때문에 달러 결제가 제한되기 때문입니다. 이들은 더 많은 외화를 환전하고 싶어도 국경 간 송금 시 세계에서 가장 높은 수수료에 시달립니다. 아프리카 바깥에서 아프리카로 송금하는 데는 9%, 아프리카 국가 간 송금에는 거의 20%의 수수료가 부과되기 때문에, 사람들은 높은 수수료를 피하기 위해 꽤나 놀라운 송금 방법을 이용해야 합니다. 가장 흔한 방법은 더플백에 현금을 넣고 택시 기사를 고용하여 잠비아와 남아공 국경까지 현금을 운반한 후 건네주는 것입니다. 실제로 이런 일이 일어나고 있습니다. 짐작하시겠지만 택시 기사가 당신을 강탈할 위험은 매우 현실적입니다. 그런데도 그들은 그런 위

옐로카드는 스테이블코인을 중심으로 B2C(기업 대 개인)와 B2B(기업 간) 서비스를 두루 제공한다. 현지 통화를 달러 스테이블코인으로 바꾸거나 기업이 달러 혹은 유로 스테이블코인을 활용해 해외 지불, 수입·수출 대금을 쉽게 정산할 수 있게 도와준다. 기업이 보유한 현금을 스테이블코인으로 관리하는 기업 특화 서비스도 제공한다.

수입 기업이 수출 기업에 물품을 주문하고 서로 달러 스테이블코인으로 대금 정산을 하기로 하면, 이후 수입 업체는 나이지리아 나이

⑧ 옐로카드의 송금 개념도

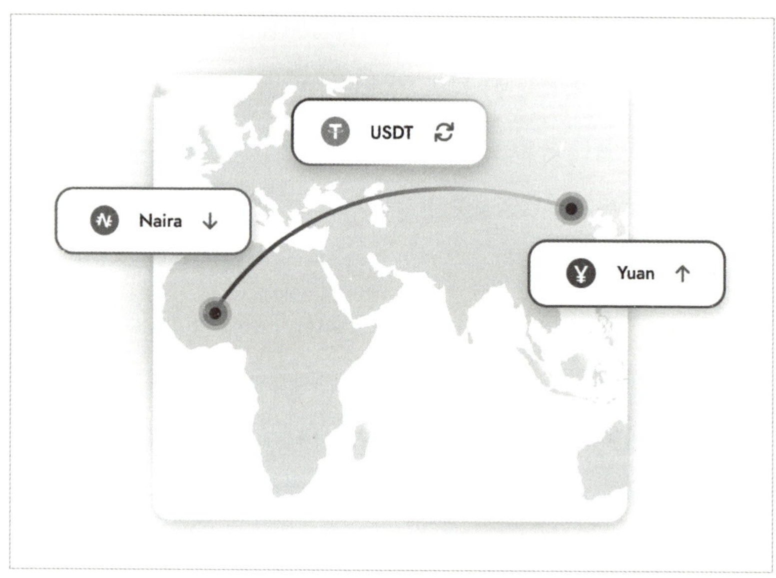

라, 케냐 실링 같은 자국 통화를 옐로카드 플랫폼(앱 혹은 홈페이지) 계좌에 송금한 후 달러 스테이블코인으로 바꾼다. 이를 수출 기업이 지정한 지갑으로 보내는 형식으로 대금을 지불한다. 수출 기업이 옐로카드 회원이면 송금 과정이 더 간단하기는 하지만 다른 가상화폐 지갑으로 돈을 보내야 할 경우에도 주소만 알면 절차는 그다지 어렵지 않다. 만약 수출 기업이 받아둔 스테이블코인을 자국 화폐로 바꿔야 할 때는 이를 옐로카드 플랫폼에서 바꾸어 해당국의 일반 통장으로 송금해 인출하면 된다.

옐로카드는 2019년 나이지리아에서 서비스를 시작한 이후 6년 동안 60억 달러가 넘는 자금을 처리했다. 플러터웨이브, 트랜스파이 등 아프리카의 다른 스타트업들도 비슷한 서비스를 내놓았거나 준비 중이다.

아프리카 지역에서는 스테이블코인이 국경을 넘나드는 무역 대금을 처리하기에 매우 유용한 수단으로 성장하는 모습이다. 한편 이런 스테이블코인 무역 대금 결제 모델은 점점 촘촘해지는 미국의 금융 제재에 외환 거래가 어려워진 러시아, 중국, 이란 등도 많이 활용하는 것으로 추정된다. 이런 '나쁜 나라들'의 스테이블코인 사용에 대해서는 스테이블코인의 위험과 단점을 다룬 다음 파트에서 살펴볼 예정이다.

글로벌 노동 시장에
일어나는 일

글로벌 커뮤니티인 '레딧'에는 최근 이런 질문이 올라왔다. "저는 프리랜서 디자이너입니다. 의뢰인이 스테이블코인으로 돈을 지급하겠다고 하는데 대박일까요, 골칫거리일까요?" 필리핀에 거주한다는 이 사람은 미국 회사로부터 "스테이블코인으로 보수를 주고 싶다"라는 제안을 받고 글을 올렸다. 여기에는 수십 개의 댓글이 달렸다. 몇몇은 사기일지 모르니 조심하라고 했고, 자기도 이미 스테이블코인으로 보수를 받고 있으니 안심하라는 이들도 보였다. 이런 글이 눈길을 끌었다.

안녕하세요! 저는 소셜미디어 매니저로 3년 정도 일하고 있고, 그동안 쭉 암호화폐로 급여를 받아왔어요. 대부분은 테더나 USDC 같은 스테이블코인으로 지급할 가능성이 커요. 계약서를 쓸 때 정확한 가상화폐 종류를 명시해달라고 요청하시면 됩니다. 만약 이더리움이나 비트코인처럼 변동성이 큰 코인으로 지급한다고 한다면, 그걸 현금화할지 보유할지는 본인 상황에 따라 다르겠죠.

수수료 관련해서는 저는 가상화폐 쪽이 더 좋았어요. 은행 송금 같은 다른 방식을 쓰면 수수료도 더 비싸고 처리도 느린데, 가상화폐는 훨씬 빠르고 비용도 적게 드는 경우가 많거든요. 하지만 단점도 있어요. 가상화폐를 현금화해서 은행 계좌로 넣으려면 며칠씩 기다려야 할 때가 있어요. 세금 문제는, 스테이블코인으로 받는 경우에는 크게 문제없고 정상적으로 신고만 하면 된다고 생각합니다.

추가로 말씀드리자면 저는 예전에 은행 간 송금으로 급여를 받아본 적이 있는데 정말 입금이 너무 느리고 불편하더라고요. 그리고 저는 익명성도 어느 정도 유지하고 싶어요. 굳이 이 돈이 어디서 온 건지 드러나는 게 싫어요. 은행 간 송금은 그런 정보가 노출될 수 있어요. 그래서 저는 가능하면 가상화폐를 추천드립니다.

짧지 않은 이 글을 인용한 이유는 여기에 글로벌 노동시장에서 일어나는 일이 압축적으로 담겼다고 생각하기 때문이다. 코로나19 팬데믹을 계기로 원격 근무가 보편화되면서 거주지와 상관없이 일하고 급여를 받는 이들이 크게 늘었다. 특히 물리직으로 출근할 필요가 저은 디지털 관련 업종에 이런 이들이 늘면서 '디지털 노마드'라는 용어까지 생겨나고 이들을 유치하려는 국가 차원의 경쟁도 치열해지는 분위기다.

사무실에 출근할 필요 없는 디지털 노마드는 급여가 높은 국가의 기업 일을 하면서 생활비가 저렴한 동남아나 남미에서 생활할 수 있다는 점에서 실용적인 젊은 인력에게 인기다. 그런데 이와 같이 보수를 지급받는 기업의 국가와 거주지가 다르면 급여 송금이 골칫거리가 된다. 은행 송금이 가장 안전하고 믿음이 가지만 오래 걸릴뿐더러 수수료가 너무 많이 나간다. 아울러 돈이 어디서 들어오고 나가는지가 정확히 추적된다는 점을 불편해하는 이들도 있다. 이런 사람들에게 테더와 USDC 같은 스테이블코인이 대안으로 점점 많이 활용되고 있다.

내가 만약 미국 기업의 일을 따내고 보수를 스테이블코인으로 받으려 한다면 내 '지갑' 주소를 회사에 알려주고 송금을 받아야 한다. 그리고 이렇게 받은 스테이블코인을 실생활에서 사용하기 위해서는 한국의 가상화폐 거래소에서 이를 원화로 바꾼 다음 한국의 통장에 입금하는 절차가 필요하다. 얼핏 생각해도 은행 통장만큼은 믿음이 안 가는 가상화폐 '지갑'으로 돈을 주고받기가 불안할 수 있는데, 최근에는 이런 단점을 보완해 아예 스테이블코인 급여 지급에 특화한 스타트업들도 여럿 등장했다. 이 중 가장 빠르게 성장하는 스타트업이 '라이즈(Rise)'다.

2022년 미국에서 창업한 이 회사는 스스로 '글로벌 급여 플랫폼'이라고 정의한다. 특히 스테이블코인 같은 가상화폐를 활용한 글로벌 보수 지급에 주력하고 있다. 이 기업의 홈페이지를 보면 세계 190개국 이상에서 지급 서비스를 제공하고, 90개 넘는 통화와 100개 넘는 가상화폐를 지원한다는 설명이 적혀 있다. 라이즈는 약 8억 달러 규모의 급여를 처리했는데, 이 중 60%는 스테이블코인인 USDC를 사용했다고 한다. 가격이 크게 오르내리는 다른 가상화폐보다는 달러에 가격이 고정된 스테이블코인이 급여를 지급하기에는 훨씬 안정적이기 때문이다.

라이즈와 USDC 발행사 서클은 USDC를 사용하면서 며칠씩 걸리던 기존의 송금 시간이 몇 분 내로 단축됐고, 비용도 훨씬 줄었다는 점을 장점으로 내세운다. 라이즈 홈페이지의 '자주 하는 질문' 코너를 보면 송금 수수료가 건당 2.50달러 수준으로 수십 달러씩 수수료로 나가는 은행 송금보다 매우 싸다.

급여나 보수 이체의 경우 또 하나 넘어야 할 장벽이 신뢰 구축과 실명 확인이다. 돈을 받는 프리랜서 입장에서는 기업이 제대로 보수를 지급하는 회사인지, 즉 사기꾼이 아닌지가 의심될 수밖에 없다. 보수를 지급하는 기업 입장에서는 후일 국세청이나 규제 당국으로부터 돈세탁이나 탈세 지적을 당하지 않기 위해서라도 상대방의 신원이 확실한지를 잘 기록해두어야 한다. 라이즈는 플랫폼 내에서 기업과 보수 수급자의 신원 확인을 대행함으로써 이런 걱정을 줄여주었다고 설명한다.

‘제로해시(ZeroHash)’라는 미국 스타트업 역시 스테이블코인을 통해 전 세계 프리랜서들에게 빠르고 적은 수수료로 급여를 지급할 수 있다는 점을 내세운다. 글로벌 인력 관리 기업인 ‘리모트(Remote)’ 등이 이 회사 서비스를 쓴다. 리모트 공동 창업자인 욥 반더보르트는 제로해시의 장점을 홈페이지에 이렇게 밝히고 있다.

“전 세계에 있는 인재들에게 일을 맡기려 할 때 가장 큰 걸림돌은 빠르고 유연하면서 전 세계로 믿고 돈을 보낼 수 있는 보수 지급 방법을 찾는 겁니다. 우리가 채용한 프리랜서 중에는 스테이블코인을 요청하는 사람이 늘고 있어요.”

제로해시가 독립 연구소인 ‘센티먼트’와 함께 세계 전역의 프리랜서 2,500명을 대상으로 한 설문에 따르면 응답자의 93%가 수입의 일부를 가상화폐나 스테이블코인으로 받고 싶다는 의사를 밝혔다. 응답자의 60%는 은행의 국가 간 송금 시스템이 불만족스럽다고 했고 65%는 느리고 비용이 많이 드는 외화 송금 과정으로 인해 돈을 잃거나 기회를 놓쳤다고 했다.

현재 세계적으로 어느 정도 규모의 급여가 스테이블코인을 통해 지급되는지를 집계한 공식 통계는 없다. 보스턴컨설팅그룹이 2024년 말 “스테이블코인 거래량이 연간 약 610억 달러 수준이고 이 가운데 지급·송금이 약 5~10% 수준”이라는 보고서를 내기는 했지만 지급·송금 중 급여가 어느 정도 되는지는 추려내기가 어려운

실정이다. 하지만 코로나19 이후 늘어난 원격 근무자들과 이들에게 일을 맡기려는 기업 사이에 '골칫거리'였던 급여 송금의 불편함을 스테이블코인이 어느 정도 줄여주고 있다는 점만은 확실하다.

월가,
스테이블코인 세계에 뛰어들다

한국은행에 근무하는 한 지인이 뉴욕에서 근무하던 시절 이야기를 들려주었다. 2019년쯤 JP모건이 개최한 행사에 참석했는데 "고객사들에게 스테이블코인을 통한 송금 서비스를 제공하겠다"라고 발표하더라는 것이다. 당시에는 스테이블코인이 지금처럼 전방위적인 화제가 되기 전이었기에 무슨 소리인지 이해를 하지 못한 채 행사장을 나왔다고 한다. 최근 만난 그는 "지금 돌아보니 미국의 대형 금융사들은 이미 일찌감치 스테이블코인의 활용처를 연구하면서 진작부터 스테이블코인에 깊이 발은 담근 상태였더라"라고 말했다.

JP모건-체이스(JP Morgan & Chase Co., 이후 JP모건)는 뉴욕에 본사를 둔 세계 최대 금융 그룹이다. 기업 금융과 개인을 겨냥한 소매 금융을 모두 다룬다. 한국을 포함한 전 세계 곳곳에서 사업을 한다. 이런 JP모건의 스테이블코인 사업은 송금과 결제의 편의성 증진 및 비용 감축이라는 스테이블코인의 기본 이점을 활용하지만 차이도 있다. 규모가 어마어마하게 큰 거래를 처리하고, 모두가 구입 가능한 범용 스테이블코인이 아닌 자체적으로 운영하는 폐쇄적 블록체인만 쓴다는 점이다.

JP모건이 발행하는 스테이블코인은 'JPM코인(JPM Coin)'이다. 2019년 2월 '기관 간 결제 목적의 스테이블코인'이라는 취지로 세상에 공개했다. 이 코인은 JP모건이 만들어 운영하는 '오닉스(Onyx)'라는 블록체인에서 운영된다. JP모건이 말하는 '기관 간 결제'는 JP모건 계좌를 가진 기업 혹은 기관이 다른 나라에 있는 JP모건 고객사에 돈을 보낼 때 복잡한 금융 결제망을 이용해 비싼 수수료를 내고 송금할 필요 없이 JP모건의 코인을 활용해 송금하는 시스템을 뜻한다. 한국을 비롯한 기존 은행의 경우 같은 은행 계좌 간 송금이라 하더라도 해외 법인의 계좌로 돈을 보내려면 수일이 걸리고 수수료도 많이 나간다. 반면 JP모건은 자사의 고객사끼리는 JPM코인을 통해 빠르고(사실상 실시간) 싸게(비용이 기존 송금의 약 10% 수준) 해외 송금이 가능하게 만들었다.

앞서 살펴본 대로 스테이블코인이 그 '가치'를 유지하기 위해서는 코인의 규모에 상응하는 준비금이 있어야 한다. 은행이 발행하는 스테이블코인은 이 준비금을 따로 준비할 필요가 없다. 은행 고객, JPM 코인의 경우 고객사의 예금 자체가 스테이블코인의 준비금이 된다.

계좌 소유자 입장에서는 이런 절차를 일일이 알 필요도 없다. 다만 돈을 보낼 때 기존의 SWIFT를 통한 송금을 할지, 블록체인과 스테이블코인을 활용할지만 선택하면 된다.

이런 기능은 여러 나라에 법인이 있는 다국적 대기업에 특히 유용하다. 예를 들어 글로벌 물류 회사인 '페덱스', 전 세계 약 200개 나라에서 사업을 하는 독일 기업 '지멘스' 등이 JPM 코인을 활용한 송금의 '헤비 유저(heavy user)'다. 게다가 영업시간의 구애를 받지 않는 스테이블코인을 활용하면 시차 때문에 발생하는 입금 지연 문제도 해결할 수 있다. 컨설팅사 맥킨지에 따르면 이런 장점이 부각되면서 JP모건은 스테이블코인을 통해 하루 평균 약 10억 달러의 국경 간 거래를 처리하고 있다고 한다.

지멘스와 JP모건이 2023년 11월 발표한 '프로그램 가능 결제' 시스템은 스테이블코인이 기업 금융에 활용될 때의 다양한 가능성을 보여준다. 스테이블코인은 그 자체가 '디지털 자산'이기 때문에 프로그램을 통해 특정 조건이 충족되면 자동으로 결제 등이 되게 설계할 수가 있다. 인화한 사진보다 디지털 사진의 '자동 보정'이 훨씬 쉬운 논리와 비슷하다. 지멘스와 JP모건은 JPM코인을 통해 'A 조건이 충족되면 금융거래 B를 실행한다'라는 식의 자동 결제 시스템을 구축했다. 예를 들어 '선적이 완료되면 대금을 지급한다', '자회사 현금 잔액이 5만 달러 아래로 떨어지면 자동 송금을 한다' 혹은 '매일 오후 4시에 계좌에 남은 잔액을 다른 계좌로 보낸다' 등의 프로그램이 가능해졌다는 의미다.

JP모건은 이 같은 기관 간 스테이블코인 거래를 넘어 예금을 스테이블코인과 직접 접목하는 방안도 추진 중이라고 최근 발표했다. 2025년 6월 상표 등록까지 마친 JPMD('D'는 예금을 뜻하는 deposit의 앞 글자에서 따왔다)다. JPM코인이 JP모건 고객사 간의 송금에만 활용될 수 있다면 JPMD는 공개형 블록체인인 '베이스'를 활용한다. 공개형 블록체인 위에서 거래되므로 폐쇄형과 달리 다른 은행에 송금하는 등 사용처가 더 다양해질 수 있다. JP모건은 JPMD 또한 일단은 기관만을 대상으로 하지만 점차 개인 소비자에게도 문을 열 계획이라고 밝혔다.

은행뿐 아니라 대형 자산운용사도 '사실상의 스테이블코인'에 하나둘 발을 담그고 있다. 일단은 예금과 비슷하지만 자산운용사가 초단기채권에 투자하는 펀드 형태인 MMF(머니마켓펀드)를 토큰화해 사실상 스테이블코인으로 만드는 방식이 활용되고 있다. 예를 들어 세계 최대 자산운용사인 블랙록이 기관 투자자용으로 발행한 'BUIDL'('빌드'라고 읽는다)는 블랙록의 MMF를 기초 자산으로 해서 2025년 2월에 출시됐다. 500만 달러어치 이상만 투자할 수 있는데, 시가총액은 10억 달러를 넘어섰다. 앞서 프랭클린템플턴이 출시한 FOBXX도 비슷한 형식으로 MMF를 토큰화해 판매했다.

이 같은 '스테이블코인형 MMF'는 가상화폐 거래소에서 담보로 쓸 수 있는 등 일반 MMF에 비해 디지털 생태계에서 활용도가 높다. 대부분 국가에서 스테이블코인의 이자 지급을 금지하고 있는데, MMF를 토큰화한 코인의 경우 MMF에 붙는 이자를 스테이블코인으로 지급하는 형식으로 사실상의 이자를 주는 것도 가능하다. '이자가 지급되는 스테이블코인'을 원하는 투자자들의 입맛에 맞는 금융 상품인 셈이다.

전문가들은 자산운용사의 스테이블코인이 MMF에만 머물지 않고, 결국 다른 펀드로 확장될 가능성을 점치고 있다. 보스턴컨설팅그룹(BCG)은 2024년 10월 발표한 보고서 '토큰화한 펀드: 자산운용의 세 번째 혁명'을 통해 스테이블코인이 펀드 업계를 획기적으로 바꿀 잠재력이 있다고 분석했다. 돈을 맡기면 알아서 굴려주는 펀드는 자산운용의 첫 혁명이라 할 수 있지만 투자자라면 그 불편함이 얼마나 큰지를 결국 체험하게 된다. 펀드를 사고팔 때 적어도 이틀 정도는 시차가 발생하고 수수료도 만만찮게 나온다. 이런 단점을 보완한 상품이 거래소에 상장된 펀드를 뜻하는 ETF(상장지수펀드)다. ETF가 두 번째 혁명이라면, 스테이블코인을 활용한 펀드(토큰화된 펀드)가 세 번째 혁명이 될 수 있다고 BCG는 예견한다.

ETF 거래가 기존 펀드보다 편하기는 하지만 어쨌거나 거래소 개장 시간에만 거래가 되는 데 반해, 스테이블코인 펀드는 24시간 거래가 가능하고 자산운용사나 판매사(증권사) 같은 중개사가 떼가는 수수료도 훨씬 저렴해질 수 있다고 BCG는 분석했다. 불특정 다수를 대상으로 하는 공모 펀드에 관한 규제는 한국을 포함해 대부분의 나라에서 매우 까다롭기 때문에 새로운 형식의 펀드가 당장 나오기는 어려울 수 있지만 스테이블코인 생태계가 빠르게 확장된다면 공모 펀드 또한 코인의 세상 속으로 빨려 들어갈 가능성도 배제하기 어려워 보인다.

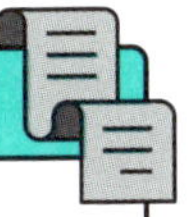

RWA(Real World Asset) 코인

스테이블코인과 관련해 경제학자와 업계 관계자들이 최근 들어 빈번히 언급하는 용어가 'RWA 코인' 혹은 'RWA 토큰'이다(기술적으로는 약간 다르지만 코인과 토큰은 비슷한 의미로 이해하면 된다). RWA는 Real World Asset, 즉 '실제 세상 자산'의 약자다. 금이나 주식, 채권, 부동산, 펀드같이 실제 세상에 존재하는 많은 자산을 쪼개 코인으로 만들어 거래를 쉽고 싸게 만든 상품이다. 법정화폐를 기초 자산으로 하는 스테이블코인도 엄밀히 말하면 RWA 코인의 한 종류이지만, 통상적으로는 스테이블코인이 아닌 다른 실물자산 기반 코인을 의미하는 말로 쓰인다. 거시금융 분야의 대가인 캠벨 하비 듀크대 교수는 최근 인터뷰에서 "RWA 코인은 많은 금융기관과 개인에게 광범위한 투자 대안을 제시한다"라며 "RWA 코인은 그동안 매우 필요했던 (금융 산업의) 경쟁 촉진을 불러오는 중이고 내가 이전에 예상했던 것보다 훨씬 빠른 속도로 움직이고 있다"라고 설명했다.

카드사의
스테이블코인 사용법

글로벌 가상화폐 지갑인 '메타마스크'는 마스터카드와 손을 잡고 '메타마스크 카드' 사업을 하고 있다. 2024년 영국과 유럽연합(EU)에서 시범 서비스를 했고 2025년 2분기부터 본격적으로 사업을 확장 중이다. 전통적인 신용·직불카드 기업인 마스터카드와 가상화폐 지갑 사업을 하는 메타마스크는 어찌 보면 매우 이질적인 회사 같지만 조금만 각도를 틀어 생각하면 가상화폐와 가장 쉽게 연동할 수 있는 산업이 카드 산업이기도 하다.

신용카드를 쓰건 직불카드를 쓰건 사용자는 은행 계좌를 연결해야 한다. 매월 신용카드 대금이 은행 계좌에서 빠져나가는 것을 생각하면 간단하다. 신용카드는 일단 쓰고 정해진 날에 한꺼번에 대금을 내는 방식이고 직불카드는 통장 잔고 내에서 즉각 대금을 지급한다. 카드를 받는 상인의 입장에서 보면 신용카드로 받은 돈은 2~3일 정도 후에 통장으로 입금된다. 카드사 쪽에서 보면 소비가 발생한 후 2~3일 후쯤 상인에게 돈을 먼저 넣어주고, 한 달 뒤에 대금을 받게 되니 시차가 생기게 된다. 이에 따른 비용을 신용카드 수수료로 충당한다. 다만 최근에는 정부의 압박으로 신용카드 수수료가 워낙 낮아졌기에 카드사의 수입 중 수수료보다는 카드론이나 현금 서비스 부분의 수익이 늘고 있다.

카드 산업은 또 국제 결제 시스템을 제공하는 글로벌 기업과 자국의 금융 소비자를 대상으로 신용 평가를 하고 대금 수납을 하는 국내 카드사로 나누어져 있다. 예를 들어 한국의 신용카드를 보면 비자나 마스터카드 등의 로고가 그려져 있는데 ○○카드가 국내 사업자, 비자·마스터카드 등이 글로벌 사업자다. 한국 카드사는 수수료를 내고 글로벌 카드사들의 결제망을 사용한다.

사용할 때는 간단해 보여도 카드 결제는 요약해서 설명하는데도 이토록 복잡하게 들릴 정도로 여러 단계를 거쳐 이루어진다. 복잡할수록 연관된 금융거래가 많아져 송금 수수료 같은 비용이 따라서 올라가기 마련이므로, 이러한 거래 과정을 최소화하고 단순화하는 것이 신용카드사의 수익성에는 결정적이다. 비용과 시간을 줄여주는 스테이블코인에 신용카드사가 관심을 가지는 것은 매우 자연스러운 수순이란 뜻이다.

신용카드사가 스테이블코인을 활용하는 방법은 크게 둘로 나눌 수 있다. 첫째는 자체적인 스테이블코인을 발행해서 송금 절차에 스테이블코인을 접목하는 것이다. 앞서 살펴본 JP모건과 비슷하게, 카드사와 거래하는 다른 금융사나 대기업 등 기관 간 거래를 자체 스테이블코인으로 해결하는 방안을 모색할 수 있다.

이미 활용 사례가 빠르게 늘고 있는 두 번째 유형은 기존의 스테이블코인을 카드 결제에 접목하는 방식이다. 아직은 미국 역외 코인인 테더보다는 '규제 친화적 코인'이란 점을 특장점으로 내세운 USDC와 협업하는 카드사가 많다. 이 서비스는 기관 간 거래를 넘어 소비자가 직접 스테이블코인을 카드 소비에 활용하도록 돕는다. 앞서 살펴본 글로벌 신용카드사 마스터카드가 가상화폐 지갑 사업자인 메타마스크와 손잡고 내놓은 메타마스크 카드가 대표적이다.

아르헨티나, 브라질, 캐나다, 스위스, 영국, 멕시코 등에서 사용 가능(2025년 11월 기준)한 메타마스크 카드는 스테이블코인을 비롯한 가상화폐로 결제하게 해주는 직불카드다. 테더, USDC와 함께 유로 스테이블코인 EURe, 영국 파운드화 스테이블코인 GBPe 등을 지원한다. 직불카드와 암호화폐 지갑을 연결해두고, 소비자는 원하는 통화의 스테이블코인을 앱으로 선택해 모든 마스터카드 가맹점에서 일반 카드 쓰듯이 결제하면 된다. 통화 가치가 널뛰는 아르헨티나 같은 나라에서 유용하게 쓰일 수 있다.

USDC 같은 스테이블코인을 선택하면 거래 시점에 카드 시스템이 코인을 현지 통화로 바꾸어 가맹점에게 입금해준다. 만약 생태계

⑤ 메타마스크 카드 사용 예시

⑤ 마스터카드 인증 서비스를 통한 USDC 송금

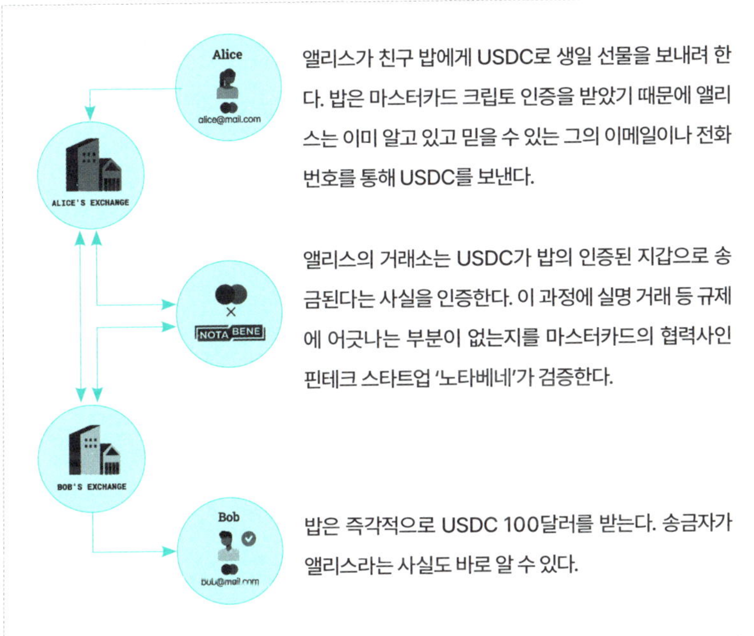

앨리스가 친구 밥에게 USDC로 생일 선물을 보내려 한다. 밥은 마스터카드 크립토 인증을 받았기 때문에 앨리스는 이미 알고 있고 믿을 수 있는 그의 이메일이나 전화번호를 통해 USDC를 보낸다.

앨리스의 거래소는 USDC가 밥의 인증된 지갑으로 송금된다는 사실을 인증한다. 이 과정에 실명 거래 등 규제에 어긋나는 부분이 없는지를 마스터카드의 협력사인 핀테크 스타트업 '노타베네'가 검증한다.

밥은 즉각적으로 USDC 100달러를 받는다. 송금자가 앨리스라는 사실도 바로 알 수 있다.

가 더 활성화돼 가맹점도 법정통화가 아닌 스테이블코인으로 돈을 받게 되면, 결제의 전 과정이 은행 없이 이루어질 수도 있다. 메타마스크 카드 홈페이지의 이미지 자료를 보면 좀 더 이해가 쉽다(앞 페이지). 달러 스테이블코인인 USDC를 통해 메타마스크 카드를 한국에서 사용하는 모습을 개념화한 예시 화면이다. 아직 한국에서 이 카드를 쓰지도 못하는데 이미 홈페이지에는 개념도가 올라와 있다.

마스터카드가 스테이블코인과 관련해 진행 중인 또 하나의 흥미로운 사업은 신원 인증이다. 가상화폐의 장점이자 단점이 제도권 금융을 벗어나 신원 확인이 힘들다는 점, 그리고 송금을 위한 지갑 주소가 은행 계좌번호와는 비교도 되지 않게 길고 복잡하다는 점인데 이런 '페인 포인트(pain point)'를 해소해주는 서비스를 마스터카드가 만들어 제공하고 있다. '마스터카드 가상화폐 인증(Mastercard Crypto Credential)' 서비스는 이메일이나 전화번호처럼 간단한 사용자 이름을 사용해 스테이블코인을 주고받을 수 있게 해준다. 그 과정에 사용자의 신원 확인을 해서 인증까지 해줌으로써, 서비스를 접목하는 금융사들이 국제 자금 세탁 방지 규정 등 금융 규제를 지킬 수 있도록 도와주기도 한다. 스테이블코인을 통해 시간과 비용을 절약하면서도, 사용자들에겐 최대한 기존 금융 서비스와 비슷한 경험을 구축해주려 한다고 마스터카드는 설명한다.

다른 글로벌 카드사인 비자도 스테이블코인 사업에 적극적으로 참여 중이다. 홈페이지를 통해 공식적으로 네 개 분야의 사업에 참여한다고 공개해두었다. ① 결제 네트워크에 스테이블코인을 활용한다, ② 국경 간 송금에 스테이블코인을 접목한다, ③ 스테이블코인 담보 대출 등 은행의 스테이블코인 활용을 돕는다, ④ 일반 소비자가 스테이블코인을 활용한 카드 결제를 할 방법을 늘린다 등이다. 카드 결제뿐 아니라 금융의 다양한 분야에 스테이블코인을 접목하는 길을 열어주는 일종의 '스테이블코인 플랫폼' 역할을 하겠다는 의지가 보인다.

신용카드의 해외 결제가 지금처럼 보편화되기 전까지 해외여행을 가면 외화를 환전해서 (소매치기 당할까 하는 걱정에) 복대에 차고 다니던 생각이 난다. 신용카드의 글로벌 전산망이 탄탄히 구축되면서 이제 여행 갈 때 신용카드 하나만 들고 가서 결제를 하고, 현금이 급하면 신용카드로 현금 서비스를 받아서 쓰는 시대가 되었다. 일상적으로 쓰고 너무 흔해서 오히려 깊이 고찰하지 않게 되지만 신용카드 회사들은 글로벌 결제망 구축, 포인트 적립 및 결제, 스마트폰 결제, 다양한 '페이'와의 접목 등 '현금 없는 세상'이 만들어지는 데 의미 있는 이정표를 여럿 세워왔다. 스테이블코인 시대의 초입에 신용카드사가 적극적으로 뛰어들어 다양한 혁신 서비스를 만들고 수익을 창출해가는 모습을 지켜보는 것도 흥미진진한 경험이 될 듯하다.

페이팔이 보는
스테이블코인의 기회

스마트폰이 나오기도 전인 1998년 일론 머스크, 피터 틸 등 지금은 테크계에서 이름을 날리는 거물들이 모여 창업한 페이팔(창업 당시 이름은 '컨피니티')은 판매자와 구매자 사이에 계좌번호 없이도 간편히 돈을 주고받을 수 있도록 한 서비스다. 1990년대 말 폭발적으로 성장하던 온라인 쇼핑몰과 시너지를 내면서 큰 성공을 거뒀고 2002년 이베이에 인수됐다.

디지털 결제를 새로운 차원으로 끌어올린 '원조 핀테크' 기업 페이팔은 2023년 8월에 자체 스테이블코인을 출시했다. 블록체인 기업이자 페이팔 제휴사인 '팍소스 트러스트'가 발행을 맡았다. 스테이블코인 이름은 PYUSD이다. 팍소스는 까다롭기로 이름난 뉴욕 금융감독청에 등록하고 규제 감독을 받는, 제도권 내의 블록체인 금융 기업이다. PYUSD는 미국 달러에 1대1로 연동되도록 설계했고 USDC와 비슷하게 현금(예금), 단기 국채 등으로 준비금 전액을 구성해두고 매월 보고서를 공개하고 있다. 독립적인 회계법인의 감사도 받는다.

미국의 페이팔 사용자들은 페이팔 앱에서 PYUSD를 구매·판매·보유할 수 있고 다른 암호화폐를 PYUSD로 바꾸는 것도 가능하다. 페이팔 자체가 일종의 가상화폐 거래소 역할을 하는 것이다. (단, 한국은 가상자산 거래소의 실명 확인 등 규제 때문에 페이팔에서 가상화폐 거래를 할 수 없다.) PYUSD는 다른 가상화폐 지갑으로도 빼낼 수 있기에 페이팔 외의 가상화폐 거래소에서도 매매가 이루어지고 있다.

페이팔 사용자 입장에서도 PYUSD를 사용할 유인들이 있다. 페이팔을 사용하는 사람 중에는 해외 쇼핑몰에서 '직구'를 할 때 카드 번호를 매번 다시 입력하지 않아도 된다는 장점을 좋아하는 이들이 많다. 하지만 여느 카드 결제와 마찬가지로 카드를 이용해 페이팔 결제를 하면 소비자 눈에는 잘 보이지 않지만 여러 금융사를 거치게 되기 때문에 환전 수수료가 나가게 된다. PYUSD를 쓰면 수수료가 없거나 훨씬 적게 나가고 가맹점에 돈이 입금되는 속도도 빠르다.

그렇다 하더라도 어쨌거나 가상화폐를 매수하는 '수고'를 거쳐야 하는데, 페이팔은 소비자를 모으기 위해 이자와 비슷한 '리워드'를 지급한다. 2025년 11월 기준 연 4% 정도다. 요즘 연 3% 주는 정기예금 찾기도 어려우니, 매력적인 금융 상품이다.

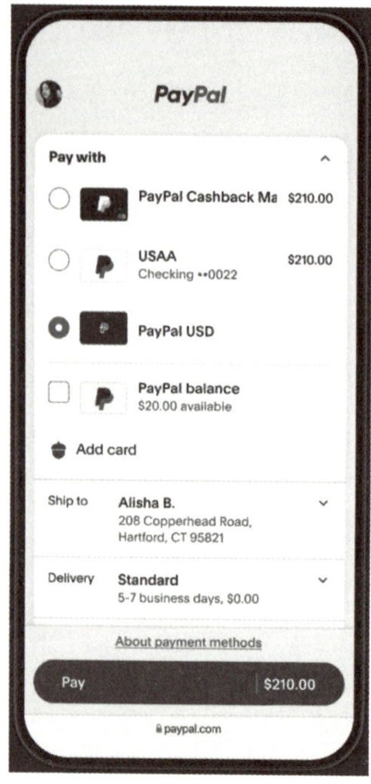

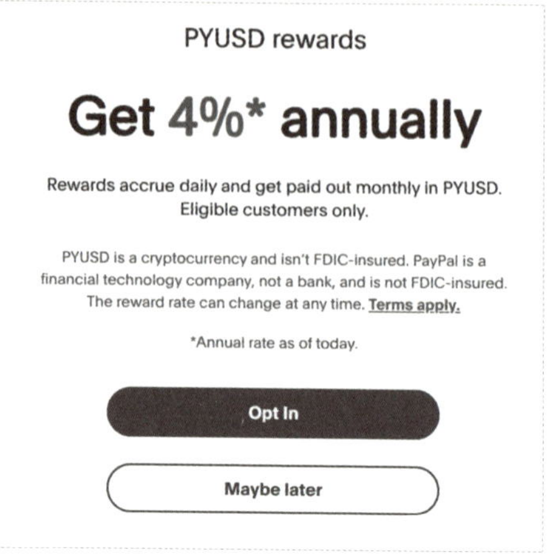

페이팔을 통해 제휴 스테이블코인인 PYUSD를 사면 연 4%에 달하는 보상을 PYUSD로 지급한다고 되어 있다. 예금보험공사를 통해 원금 보장이 되지 않는다는 점도 적시해두었다.

    페이팔의 스테이블코인 사업은 얼핏 보면 카드사의 모델과 비슷해 보이지만 근본적인 차이가 있다. 카드사의 스테이블코인 서비스가 은행 의존적인 카드사의 수익성을 개선하고 자체적인 결제 생태계로 독립하기 위해서라면, 페이팔의 스테이블코인 사업은 은행과 아울러 카드사까지도 배제한 결제 생태계를 만들려는 데 초점이 맞춰져 있다. 아직은 코인을 구매할 때 여전히 신용카드나 은행 계좌 연동이 필요하지만, 물품 대금을 지급하거나 온라인 쇼핑몰에서 물건을 사는 단계에 가면 기존 제도권 금융사를 이용하지 않아도 되는 '자급자족형' 결제 시스템에 도전하고자 하는 욕심이 엿보인다. 페이팔은 실제로 2020년 "카드 기반 결제만으로는 미래 글로벌 결제 경쟁을 이길 수 없다"라고 선언했고 이후 블록체인 기반 결제 시스템을 만들기 위해 스테이블코인 사업에 진출했다. 테더나 USDC와 마찬가지로, 스테이블코인 발행을 하면 준비금에서 나온 이자를 통한 새로운 수익 창출까지 가능하다.

페이팔 주가는 2021년 약 300달러까지 올랐다가 애플페이, 구글페이 및 카드사의 간편 결제 서비스가 쏟아지면서 폭락해 이제는 60달러 선에서 거래되고 있다. 디지털 결제 혁신의 '원조' 격인 페이팔이 스테이블코인 사업을 통해 다시 한번 혁신을 이루어낼 수 있을지 지켜보는 이들이 많다.

스테이블코인으로
돈 버는 법

　스테이블코인에 대한 관심이 커지면서 자주 들은 질문은 "일반 투자자가 이것으로 돈 벌 수 있는 방법이 있는가?"이다. 스테이블코인이 현금과 같은 가치를 유지한다면, 이 질문은 사실 "현금으로 돈을 벌 수 있는가?"와 다르지 않다고 여겨질 수도 있다. 스테이블코인도 '코인'이므로, 가격이 큰 폭으로 오른 비트코인처럼 여기에 투자해 '벼락부자'가 되려나 생각할 수 있지만, 지금까지 살펴봤듯이 비트코인과 스테이블코인은 태생적 성격이 달라 시세 차익을 노리고 투자하기에는 그다지 적합하지 않다. 그보다는 해외 송금이나 환전, 혹은 가상화폐 생태계 속 매매의 수단으로서 쓸모가 더 크다. 그렇다고 스테이블코인 자체를 통해 돈을 벌 방법이 전혀 없다는 뜻은 아니다.

　현재 유통되는 스테이블코인의 99% 이상이 달러 표시다. 테더·USDC 같은 달러 스테이블코인을 사면 달러 구매와 같은 효과를 기대할 수 있다. 달러는 위기가 닥쳤을 때 다른 통화에 비해 가치가 잘 지켜지는 자산이기도 하고, 여행이나 유학 같은 해외 생활에도 쓸모가 있다.

　미국인 기준으로 보면 자국 법정화폐인 달러에 스테이블코인의 가치가 고정되어 있지만, 한국인 같은 외국인에게는 다르다. 한국 가상화폐 거래소에서 달러 스테이블코인을 사면 결국 원화로 표시된 가격으로 구매해야 하고, 이 가격은 달러 대비 원화 환율이 연동되어 오르내린다. 즉 달러 가치가 오르면 원화 기준으로는 수익이 난다.

　실제 달러를 사거나 은행에 달러 예금을 해도 되는데 굳이 스테이블코인을 사야 할 이유가 있을까? 장단점이 있다. 일단 달러를 사두었다가 유학 자금 등이 필요할 때 해외에 보낼 목적이라면, 스테이블코인을 통해 나라 밖으로 달러 송금을 하기가 기존 금융사를 쓰는 것보다 빠르고 저렴할 수 있다.

　주의해야 할 점은 환율이다. 은행에서 환전할 때 보면 환율이 셋 있다. 달러를 살 때 환율, 팔 때 환율, 그리고 매매기준율이다. 매매기준율은 외국환중개회사를 통해 거래된 미 달러 환율을 가중평균해 산출한 달러 '도매 시장'의 평균 환율을 뜻하는데, 환선하는 사람 입

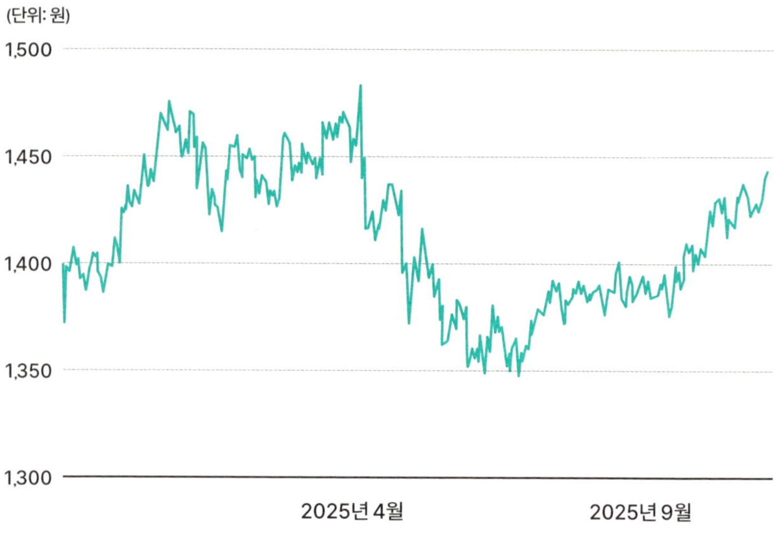

장에서 달러를 살 때 환율은 이보다 높고 팔 때 환율은 이보다 낮다. 은행 쪽에서는 환전하는 사람에게 달러를 비교적 싸게 사서 비싸게 팔아 차액을 '수수료'처럼 가져간다. 환전하는 사람 입장에서는 수수료를 내야 하는 셈이다.

스테이블코인 환율은 시장의 수요와 공급에 따라 정해진다. 이런 특성은 투자자 입장에서 '양날의 검'이다. 즉 거래 시점에 따라 때로는 은행 환전보다 유리하지만 때로는 불리하다. 예를 들어 정부가 환율이 급등할 때 이를 진정시키기 위해 '개입'을 해 인위적으로 환율을 끌어내리려 하는 경우가 있는데, 이런 시기에는 시장 수급이 그대로 반영되는 스테이블코인 환율이 금융기관 환율보다 높아진다. 달

러 스테이블코인을 팔려는 사람에게는 유리하지만 사려는 사람에게
는 불리하다는 뜻이다.

환율이 급등해 외환 당국이 개입했다는 이야기가 돌았던 2025년
11월 6일 오전 하나은행이 공지한 기준으로 보면 매매기준율은 달러
당 1,443.8원, 달러를 살 때 환율은 1,469.1원, 팔 때 환율은 1,418.5원
이었다. 같은 시간 한국 가상화폐 거래소 업비트에서 1테더의 가격은
1,495원으로 환율이 훨씬 높아져 있었다. 1천 달러를 산다면 은행에
서 살 때 144만 3,800원을 내면 되지만 테더 구매에는 149만 5천 원,
즉 약 5만 원이 더 들어간다는 뜻이다.

해외 거래소에서
예금처럼 이자 받기

스테이블코인 관련 법을 제정한 대부분의 나라는 미국과 비슷하
게 스테이블코인에 대한 이자 지급을 막아두고 있다. 스테이블코인
에 이자를 주면 사실상 은행예금과 비슷해지지만, 예금자 보호 제도
나 중앙은행 예치금 등 강력한 규제의 틀 안에서 움직이는 은행과 달
리 안전장치가 매우 허술하다고 보기 때문이다.

그럼에도 몇몇 거래소나 발행사는 '리워드(reward, 보상)'라는 우
회 형식으로 사실상 예금 이자를 주고 있다. 한 경제학과 교수가 "이
런 게 다 있더라"라고 알려줘서 정말 되나 보려고 아주 소액으로 해봤

다. 엄청 간단하다고 할 수는 없지만 지나치게 어렵지는 않은 절차를 거쳐 실제로 가능하다는 사실을 확인할 수 있었다. 미국 최대 가상화폐 거래소인 코인베이스와 달러 스테이블코인 USDC를 활용한 방법이었다.

절차는 이렇다. 신원 확인과 통장 연동 등을 거쳐 한국 가상화폐 거래소에 계좌를 만든 다음(나의 경우 '코빗') 원화를 입금한다. 그 원화로 한국 거래소에서 USDC를 산다. 그다음 미국 가상화폐 거래소 코인베이스에 계좌를 개설한다. 이메일, 전화번호 등 개인 정보와 여권을 통한 신원 확인을 마치면 계좌가 개설된다. 그다음 한국 거래소에 있는 USDC를 코인베이스의 계좌로 옮기고(은행 송금과 비슷하다) '리워드 받기'를 누르면 이자 받기가 시작된다.

처음 시작할 때 금리는 연 4%였다. 한국 예금 금리가 3% 넘기도 쉽지 않은 시대에 이 정도면 상당히 높은 금리다. 솔깃할 수밖에 없다. 하지만 이를 예금과 똑같이 여기기에는 몇 가지 결정적 차이가 있다. 일단 이자가 보장되지 않는다. 리워드가 말 그대로 선물 같은 개념이다 보니 은행예금에서는 꼭 필요한, '1년 만기 연 4%' 같은 약정이 없다. 주는 대로 받는 수밖에 없단 뜻이다. 실제로 시험 삼아 코인베이스 리워드를 신청할 때 금리는 분명 4%였는데, 몇 달 지나자 금리가 3.85%로 내려와 있었다. 심지어 통보해주지도 않고 내렸다.

아울러 예금자 보호 제도를 통해 특정 금액만큼은(한국은 금융사당 1억 원) 확실히 돈을 돌려받게 되어 있는 은행예금과 달리 코인 리워드는 거래소가 망하거나, 만에 하나 코인 자체가 사라지면 돈을 돌려받을 법적인 구제 장치가 없다.

은행예금이 만기가 되어야 약속된 금리를 받을 수 있는 것과 달리 코인 리워드는 다양한 주기로 이자를 준다는 점도 차이다. 코인베이스의 경우 매일 리워드가 얼마나 쌓였는지를 보여주고, 매월 초에 이 리워드를 계좌에 USDC로 넣어준다. 즉 만기에 대한 약속을 하지 않는 대신 리워드를 챙겨 나갈 기회를 매달 주는 셈이다. 다만 이런 투자는 앞서 다룬 대로 불법 소지가 있어 규제로 중단될 가능성도 있다.

스테이블코인 관련주에 투자하기 

2025년 6월 이재명 정부가 출범하고 나서 한국에 스테이블코인 테마주 열풍이 불었다. 정부와 여당이 스테이블코인 법제화에 긍정적이라고 알려지면서 관련 주식 가격이 급등했다. 그런데 한국에는 아직 원화 스테이블코인이 없고, 이를 통해 사업을 하는 기업도 없다. 테더나 서클처럼 스테이블코인을 발행하는 기업도 없는 나라에서 스테이블코인 테마주 광풍이 분 셈이다. 스테이블코인 관련 법 제정에 시간이 좀 더 걸릴 것이라는 전망이 번지면서 결국 이들 테마주는 가격이 다시 폭락했다. 당시 스테이블코인 테마주로 분류된 회사는 카카오페이, NHN KCP, 다날, 한국정보인증 등 스테이블코인을 발행할 가능성이 있거나 이를 이용해 사업을 하리라고 예상되는 기업들이었다.

　한국의 스테이블코인 테마주 급등락은 일종의 설익은 해프닝으로 마무리됐지만, 스테이블코인 관련 기업의 주식에 투자하는 것은 스테이블코인을 통해 돈을 벌 또 하나의 방법이다. 스테이블코인 발행사는 앞서 살펴본 대로 코인을 발행한 후 가격 유지를 위해 쌓아놓은 준비금을 굴려 이익을 낸다. 발행사 외에도 스테이블코인을 사업에 잘 활용해 비용을 줄이고 수익을 불리는 회사들이 있다. 발행사 중에는 서클이 미국 주식 시장에 2025년 6월 상장됐다. 주가는 한때 260달러를 넘었다가 90달러 선으로 고꾸라지기도 하는 등 '스테이블'과 거리가 멀지만, 스테이블코인 발행사 중 유일하게 상장된 회사여서 꾸준히 투자자들의 관심을 받고 있다.

　이번 장에서 살펴본 기업들처럼, 스테이블코인을 잘 활용해 새로운 서비스를 선보이고 수익을 올리는 기업 중에도 주식 시장에 상장된 곳이 적지 않다. 최근 스테이블코인 관련 사업을 확장 중인 비자·마스터카드 등 신용카드 회사, 스테이블코인 관련 금융 서비스를 잇달아 개발 중인 파이서브(FiServe) 같은 결제·금융 서비스 기업, 토큰화된 주식 서비스를 늘리는 주식 거래 플랫폼 '로빈후드' 등도 스테이블코인 사용이 확산할수록 주가가 오를 가능성이 있다. 스테이블코인이 이제 막 제도권 금융으로 들어오기 시작했다는 점을 감안하면, 당장 큰돈을 벌려는 생각보다는 이 기술에 관심을 가지고 기업의 동향을 살펴가며 분산 투자를 하는 편이 낫다고 생각된다.

네이버파이낸셜과 두나무의 합병, 그리고 스테이블코인

2025년 한국 IT 업계를 뒤흔든 가장 큰 뉴스는 네이버와 한국 최대 가상자산거래소 업비트의 운영사 두나무의 '빅딜'이었다고 평가된다. 11월에 두나무와 네이버 자회사이자 네이버페이를 운영하는 네이버파이낸셜이 주식을 교환함으로써 네이버파이낸셜은 두나무를 100% 자회사로 편입하고 두나무는 네이버의 손자회사가 된다는 소식이다. 그리고 이 과정에 스테이블코인이 양사가 시너지를 낼 핵심 신사업으로 거론된다. 두나무와 네이버파이낸셜은 이미 스테이블코인에서 협력하겠다고 발표한 적이 있다. 두나무는 자회사를 통해 다양한 실물자산 토큰 사업을 해왔는데 두나무-네이버파이낸셜이 어떤 형식으로든 스테이블코인 사업에 진출할 경우 네이버페이, 나아가 네이버쇼핑이라는 생태계에서 이 스테이블코인을 활성화할 수 있으리라는 전망이 나온다. 현재 논의되는 스테이블코인 관련 법은 은행이 어떤 형식으로건 참여해야 발행 인가가 나올 가능성이 큰데, 두나무는 이미 하나은행과 글로벌 송금 등과 관련한 업무 협약을 체결해 법제화 이후 컨소시엄의 밑그림이 어느 정도 마련됐다는 평가도 있다. 하나은행은 2024년 6월 'KRWC'와 'KRWT'라는 글자로 특허청에 상표권을 출원해두었다. 다만 일각에서는 가상화폐 거래소가 직접 코인 사업에 참여하는 데 대한 강력한 반발 목소리도 나오기 때문에 두나무가 어느 정도 스테이블코인 사업에 발을 담글 수 있을지는 여전히 열린 질문으로 남아 있다.

로빈후드 주가가 1년 새
여섯 배 오른 이유

2018년 미국 매사추세츠공대(MIT)에서 연수하던 시절, 프로젝트를 같이 진행하던 싱가포르 친구가 "너 로빈후드 알아? 정말 최고야"라고 말했다. 왜 최고냐고 물으니 온라인으로 주식 매매를 하는 앱인데 수수료가 없고 매수·매도 주문도 참 쉽더라며 보여줬다. 당시에는 낯설기도 하고 이름마저 장난같이 여겨졌던 '로빈후드'라는 회사는 코로나19 때 분 투자 열기에 힘입어 개인 투자자들에게 큰 인기를 끌었고, 지금은 사용자가 2,600만 명 넘게 불어났다. 한국에서는 '개미'라고 불리는 개인 투자자를 미국에서는 '로빈후드 투자자'라고 부른다.

로빈후드의 주가는 2025년 들어 여섯 배 넘는 수준으로 상승했다. 2025년 초 24달러 정도에 거래되던 주식이 2025년 11월 초 기준 150달러에 육박하게 올랐다. 로빈후드는 2021년 9월 나스닥에 상장한 후 고만고만한 주가를 유지하다 갑자기 주가가 급등했는데, 스테이블코인으로의 사업 확장이 주가를 끌어올렸다고 평가된다.

로빈후드의 스테이블코인 사업은 크게 세 줄기로 진행되고 있다. 첫째는 주력 사업인 주식 매매 서비스를 통해 스테이블코인을 포함한 가상화폐를 거래할 수 있도록 시스템을 갖춘 것이다. 증권사 앱에서 가상화폐를 사고팔 수 있다고 생각하면 된다. 로빈후드는 이 거래 과정에서 수수료 수입을 올린다. 한국에서는 정부의 까다로운 조건을 통과해 허가를 받은 가상화폐 거래소만 가상화폐 중개를 할 수 있기 때문에 지금으로서는 증권사가 이런 사업을 벌이기는 불가능하다.

두 번째 관련 사업은 스테이블코인에 좀 더 집중되어 있다. USDG(글로벌 달러)라 불리는 달러 연동 스테이블코인을 기반으로 구축된 금융 생태계인 '글로벌 달러 네트워크(GDN)'에 참여하는 방식을 통해서다. 글로벌 달러 네트워크는 싱가포르·유럽 법인인 팩소스(Paxos)가 주도하는 프로젝트로 2014년 11월 출범했다. 로빈후드뿐 아니라 크라켄, 갤럭시디지털, 마스터카드 등 여러 핀테크·가상화폐·금융 기업들이 초기 파트너로 참여했다.

테더·서클 같은 기존 스테이블코인 발행사들이 코인 발행에 집중하는 것과 달리 GDN은 네트워크에 참여하는 기업들이 USDG를 결제·정산·지급 수단으로 활용하는 데 초점을 맞췄다. 예를 들어 참여 기업이 네트워크 내에서 USDG를 사용하면 일종의 리워드를 받을 수 있는 구조다. 싱가포르와 유럽의 규제 틀 안에서 영업한다. 준비금에서 나오는 이자 수익은 참여 회사들이 나누어 갖는다.

하지만 로빈후드의 계획은 이런 '이자 먹기'에 그치지 않는다. 세 번째 활용법은 더 큰 그림으로 이어진다. 로빈후드의 주가가 본격적으로 급등한 계기는 2025년 여름 프랑스에서 공개한 '토큰 주식' 계획이었다. 블라드 테네브 로빈후드 CEO는 행사에서 "미국의 상장·비상장 주식을 토큰화해 유럽에서 거래할 수 있도록 하겠다"라고 말했다. '토큰화'란 특정 자산을 블록체인 기반으로 디지털화해 쉽게 사고팔 수 있게 만들었다는 뜻이다. 앞서 살펴본 RWA 코인의 일종이다. 로빈후드는 "200개 미국 주식을 토큰화해 유럽에서 매매 가능하게 했다"라고 발표했는데, 이 중에는 애플·엔비디아 같은 대표적인 상장주와 함께 오픈AI·스페이스X 같이 일반인이 거래하기 어려운 비상장 주식까지 포함되어 큰 화제가 됐다. 비용과 시간이 많이 걸리는 외국 주식 거래의 복잡한 절차가 블록체인상에서 이루어지면 훨씬 빠르고 싸진다고 로빈후드는 설명한다.

테네브 CEO는 이 행사 당시 한 인터뷰에서 "우리의 목표는 오프라인에 있는 모든 자산을 토큰화해 전 세계 개인 투자자들이 거래하기 쉽게 하는 것"이라고 했다. 전문가들은 이런 목표를 효율적으로 달성하려면 결국 스테이블코인이 필요하다고 본다. 지금은 미국 주식이 토큰화되어 있더라도 '돈'만큼은 법정화폐를 입금하고 기존의 환전 절차를 거쳐 달러를 확보해야 한다. 만약 스테이블코인을 이 서비스에 접목하면 투자자들이 비용이 많이 드는 기존 환전보다 훨씬 빠르게 '사실상의 달러' 혹은 '사실상의 유로'를 확보해 더 편하게 거래할 길이 열린다.

로빈후드가 꿈꾸는 '전 세계 모든 개인을 위한 싸고 빠른 자유 투자'는 스테이블코인과 접목될 때 한 단계 높은 차원으로 올라갈 수 있다. 법정화폐를 써야 하면 토큰화된 A자산을 팔고 역시 토큰화된 B자산을 살 때 'A(블록체인 내) → 법정화폐(블록체인 밖) → B(블록체인 내)'와 같은 식으로 블록체인 안팎을 오가야 하지만, 블록체인에서 가동되는 화폐인 스테이블코인을 활용한다면 이 모든 거래가 블록체인을 벗어날 필요 없이 물 흐르듯 이루어지게 된다. 로빈후드가 직접 발행 과정에 참여하는 스테이블코인이라면 효율성은 더 좋아진다. 비용이 줄면 이를 통해 벌 수 있는 수익 모델도 더 늘어날 가능성이 크다. 시장의 투자자들이 로빈후드의 미래를 밝게 보고 주식을 많이 사들인 이유다.

Part 4

스테이블코인, 위험과 경고

동전의 양면,
저무는 달러 패권과 스테이블코인

2022년 2월, 블라디미르 푸틴 러시아 대통령이 서방 국가의 압박과 회유에도 결국 우크라이나를 침공했을 때 미국 백악관 시추에이션룸(Situation Room, 비상상황실)에는 조 바이든 당시 대통령과 고위 당국자들이 모였다. 앞서 수개월에 걸쳐, 러시아가 우크라이나를 침공할 경우 강력한 금융 제재를 가하겠다고 경고했던 미국과 유럽 국가들은 자신들의 경고가 '공갈 협박'이 아니었다는 것을 보여주기 위해 즉시 행동에 나서야 하는 상황이었다.

앞서 미국은 이란의 핵 개발, 러시아의 크림반도 강제 병합 당시에도 금융 제재를 '무기'로 쓴 적이 있다. 이들 나라의 기업에 대한 글로벌 송금망 사용을 제한하고, 제3국 금융사들의 거래 또한 막는, 이른바 '세컨더리 보이콧'까지 동원했다.

하지만 이날 백악관은 러시아에 이전과는 차원이 다른 제재를 부과하고자 하고 있었다. 내부 의견도 엇갈릴 정도로, 미국조차 조심스러웠던 이 제재는 러시아 중앙은행을 직접 겨냥한 것으로 러시아가 외환보유고에 쌓아둔 달러와 유로를 글로벌 금융시장에 내다 팔지 못한다는 하는 내용을 담았다. 이는 2014년 러시아의 우크라이나 크림반도 강제 병합 후 이어져온 각종 금융 제재에도 러시아 경제를 방어해온 러시아 중앙은행을 무력화시키기 위한 조치였다.

미국은 이전에 베네수엘라, 시리아, 이란의 중앙은행을 제재한 적이 있었다. 하지만 러시아 중앙은행은 차원이 완전히 다르다. 외환보유액이 6,300억 달러에 달하는, 세계 5위권인 러시아 중앙은행의 외환보유액을 못 쓰게 만든다는 것은 달러 자체의 신뢰성을 위태롭게 할 수 있는 조치로 미국과 유럽의 동맹국 내부에서도 이견이 나왔다. 대부분의 외환보유액은 달러이기 때문이다. 달러에 대한 신뢰 하락을 우려한 재닛 옐런 당시 재무장관의 반대가 가장 컸다고 한다. 하지만 미국은 결국 이를 강행했고 러시아의 경제에 충격을 주는 데 어느 정도는 성공했다고 평가된다.

문제는 우려한 대로, 달러의 신뢰성에도 금이 가기 시작했다는 사실이다. 책『달러 이후의 질서』한국어판 출간을 계기로 케네스 로고프 하버드대 교수와 인터뷰를 했는데, 그는 당시 "달러의 패권이 2015년을 정점으로 저물고 있다"라면서 그 공백 중 일부를 스테이블코인이 채울 가능성이 크다고 전망했다. 왜 하필 2015년인지를 묻자

로고프는 "그즈음부터 이란과 러시아에 대한 금융 제재가 시작됐고 2022년 러시아 금융 제재가 쐐기를 박았다"라고 설명했다.

트럼프 정부는 스테이블코인이 달러 패권을 강화할 것이라고 기대한다. 하지만 스테이블코인의 확장성을 언급하는 학자 중에는 반대로 달러의 위상 약화가 오히려 스테이블코인의 '역할 강화'를 촉진하는 요인이 되리라고 전망하는 이들이 많다. 미국 달러가 지닌 기축통화로서의 장점은 국제 무역의 표준 통화이자 주요 상품 거래의 표시 단위이고, 위기 때도 가치가 무너져 내리지 않는다는 점이다. 하지만 한 나라의 달러에 대한 의존도가 너무 커지면 미국 정부나 중앙은행의 정책에 따라 자국 경제가 큰 영향을 받게 된다. 최악의 경우 미국에 의한 금융 제재를 받게 되면 외환보유액이 무용지물이 될 위험이 있다는 사실까지 러시아 사례가 깨닫게 해주었다.

'진짜 달러' 대신 스테이블코인을 보유하면 달러의 주요 장점을 활용하면서도 미국의 제재를 피해 여러 거래를 할 수 있게 된다. 금융 제재가 영향을 미치는 범위는 제도권 금융사로 한정되며, 블록체인을 쓰는 가상화폐의 세계까지 미 정부가 통제하기는 사실상 불가능하기 때문이다. 물론 비트코인 같은 다른 가상화폐를 활용할 수도 있겠지만 가격 변동성이 너무 크다는 점이 걸림돌이 된다. 결국 스테이블코인이 최적의 대안이라는 뜻이다.

이런 이유로 로고프뿐 아니라 다른 많은 전문가도 미국이 '무기'로 쓰는 금융 제재, 특히 2022년 러시아 중앙은행 제재가 달러의 위상에 흠집을 입혔고 결과적으로 스테이블코인에 대한 관심을 키웠다고 평가한다. 미국이 언제든 달러를 '무기'로 쓸 수 있다는 경계심이 확산하면 달러에 대한 '절대 믿음'은 금이 갈 수밖에 없다는 것이다.

실제 통계를 보면 세계 각국의 외환보유액 중 달러의 비중은 눈에 띄게 줄고 있다. 2015년 말 미국 달러의 비중은 65.8%였는데, 2025년 2분기 말은 56.3%로 감소했다.* 줄어든 부분은 유로, 엔, 위안화 등 다른 통화들로 고루 배분됐다. 미국과 무역 분쟁을 벌이는 중국은 달러를 특히 많이 줄였다. 2015년까지만 해도 1조 2,600억 달러(미 국채 기준)의 달러 자산을 보유했지만 2025년 7월 기준으로는 보유 규모가 7,300억 달러에 불과하다.

비슷한 이유로 러시아와 중국 등 미국과 대립해온 주요국들이 달러를 탈피한 무역 대금 결제 시스템 구축에 잇따라 나서면서 무역 대금 중 달러 비중도 계속 줄고 있다. 중국의 경우 이제 무역 대금의 50%를 위안화로 결제한다. 2010년까지 위안화 결제는 '제로'였고 달러가 90%(나머지는 유로)를 차지했었다. 하지만 이제 중국의 수입 대금 결제액 중 달러 비중은 30%에 불과하다. 달러 거래가 막힌 러시아와의 수출입 자금이 위안화로 이루어지고 있어서이기도 한데, 그중 일부를 스테이블코인이 가져가지 말라는 법도 없다.

통계에 잡히는 제도권 시장보다 다음 장에서 살펴볼 '지하경제' 세

---

* data.imf.org/en/datasets/IMF.STA:COFER

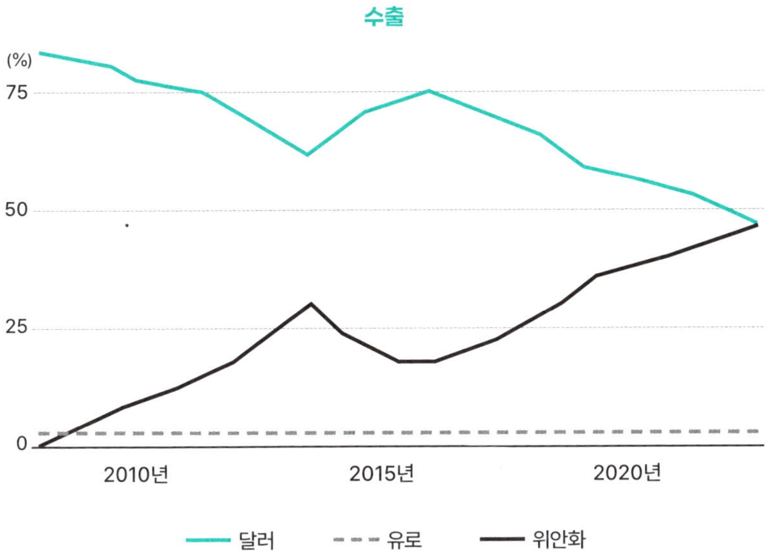

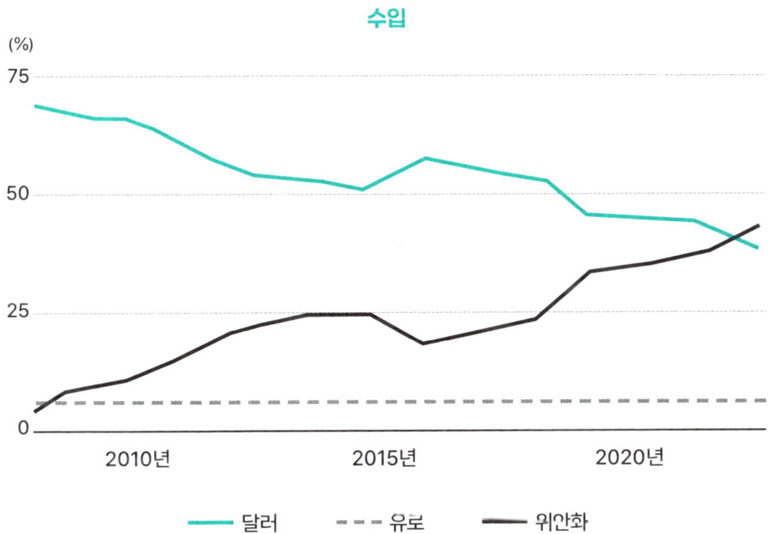

Part 4. 스테이블코인, 위험과 경고

상에서 달러 패권이 저물어가는 속도는 더욱 빠르다. 스테이블코인이 지하경제의 세계에서는 훨씬 강한 기세로 '영토'를 넓혀가고 있다.

외환보유액

외환보유액은 한 나라의 중앙은행이 보유한 대외 결제용 자산을 뜻한다. 외국 돈으로 언제든지 바꿔 쓸 수 있는 나라의 '비상금'이자 방어 수단이라 할 수 있다. 환율 급변에 대응하거나, 외채(해외에서 빌린 돈)나 수입 대금에 문제가 생겼을 때 급히 투입하거나, 외국 자본이 한꺼번에 빠져나가 기업·은행이 달러를 못 구하는 상황에 긴급히 쓸 수 있는 돈을 의미한다. 충분한 외환보유액은 한 국가의 국제적인 '체력'의 지표로도 활용된다. 미국·유럽 등 선진국 국채와 외화 예금, 금 등으로 주로 적립해둔다. 한국은 1990년대 말 외환 위기 때 외환보유액이 부족해 국가적 위기를 겪은 적이 있어 이후 외환보유액을 지속적으로 늘려왔다. 2005년 초 1,997억 달러였던 한국의 외환보유액은 2025년 4,300억 달러 정도를 기록 중이다.

통상적으로 무역을 통해 벌어들이는 경상수지 흑자가 늘어나면 외환보유액도 증가한다. 기업이 수출을 통해 벌어들인 외화가 한국으로 유입되면 원화 환전 수요가 증가해 보통 중앙은행이 달러를 사면서 원화를 풀어주게 되어 그 결과 외환보유액이 증가하는 효과가 나게 된다. 수출을 많이 하는 중국의 외환보유액이 그동안 많이 늘어난 이유다.

스테이블코인, '지하 제국'의
왕좌를 노리다

　최근까지 '지하경제'는 주류 경제학자들의 관심사가 아니었다. 지하경제란 정부의 규제나 과세를 피하기 위해 공식적인 통계 밖에서 이루어지는 모든 경제활동을 의미한다. '그림자 경제', '비공식 경제', '검은 경제'라고도 한다. 대부분이 탈세나 돈세탁, 범죄 대금 정산과 같은 불법 활동이다.

　지하경제는 그 정의상 계량화하기가 어렵고 제대로 된 통계도 만들어질 수가 없다. 하지만 최근 들어 지하경제를 깊이 있게 들여다보는 경제학자들이 늘었다. 이란과 북한의 핵 개발, 러시아의 우크라이나 침공 등으로 인한 미국과 동맹국의 금융 제재가 점점 광범위하게 퍼지면서 국가 차원의 지하경제가 생겨나고 그 규모가 커지기 시작한 게 계기가 됐다. 비트코인의 탄생 이후 정부나 국제기관의 감시 밖에서 금융거래를 하기 훨씬 수월해지고 무시할 수 없는 수준의 경제활동이 가상화폐 시장으로 흡수됐다는 점도 지하경제의 확대에 일조했다.

많은 경제학자는 스테이블코인이 비트코인 같은 다른 코인과는 비교할 수 없을 정도로 지하경제에 유용하게 쓰일 것이라고 우려한다. 이유는 간단하다. 범죄자 입장에서 생각하면 아주 쉽다. 불법적으로 총을 판다고 가정해보자. 자금 추적을 피하기 위해 비트코인으로 돈을 받을 수는 있을 것이다. 그러나 비트코인만으로는 실제 생활에서 할 수 있는 일이 거의 없기 때문에 언젠가는 법정화폐로 바꿔야 할 텐데, 비트코인 가격은 말 그대로 '널뛰기'를 하기 때문에 받고 나서 이익을 볼 때도 있지만 손해를 볼 위험도 크다.

스테이블코인은 달러에 가치가 연동되기 때문에 훨씬 마음이 놓인다. 콜롬비아 '마약왕'에 대한 드라마 〈나르코스〉를 보면 달러가 든 돈다발이나 돈가방을 주고받는 장면이 종종 등장한다. 마약 대금을 계좌 이체로 주고받을 수는 없고 실물로 주고받는 편이 안전하다고 보기 때문이다. 스테이블코인은 '현금 가방'과 달리 중간에 돈을 빼앗기거나 위조화폐로 사기를 당할 위험까지도 줄여준다. 총 하나 파는 단발성 거래라면 어느 정도의 변동성은 감당할 수 있을지 몰라도, 미국의 제재를 피해 원유와 천연가스를 다른 나라에 몰래 팔려는 러시아의 국영기업이라든지 멕시코의 마약상이라면 차원이 달라진다. 정리하자면 스테이블코인은 비트코인의 가격 변동성이나 '100달러 지폐'로 상징되는 실물 달러의 장점은 살리고 단점은 보완한, 지하경제가 기다려온 바로 그 '화폐' 역할을 할 잠재력이 다분하다.

케네스 로고프 하버드대 교수는 지하경제의 규모를 경제학적으로 분석하고 스테이블코인이 불러올 '나쁜 시너지'를 우려한 주류 경제학자 중 하나다. 한국에 스테이블코인 법제화 논의가 한창이던 2025년 9월 인터뷰 때 스테이블코인에 대해 물었더니 단호한 답이 돌아왔다.

"미국 정부는 스테이블코인 법제화로 국채 수요를 일부 충당할 수 있으리라고 추정하지만 부작용이 훨씬 클 겁니다. 스테이블코인이 '야생'으로 풀리면 규제 측면에선 비트코인과 다를 바 없습니다. 못 찾게 됩니다. '블록체인은 추적 가능하다'고들 하지만 그건 매우 순진한 생각입니다. 의도적으로 피하려 하는 자들이 있으면, 블록체인 기록 추적은 비용이 매우 많이 드는 작업입니다. 미국 정부는 스테이블코인 때문에 지하경제가 커지고 세금이 줄어드는 상황을 보게 될 겁니다. 미국의 조세 회피 규모는 이미 연간 1조 달러인데 더 늘어나겠죠. 스테이블코인 확산으로 1천 달러권, 1만 달러권 지폐를 발행하는 것과 비슷한 일이 일어날 것으로 예상합니다."

그는 뒤에서 보다 자세히 살펴볼 미국 스테이블코인 규제법인 「지니어스법」이 돈세탁 같은 범죄 행위에 대해 스테이블코인 발행사·유통사에 보완책을 요구하거나 더 큰 책임을 물을 수 있도록 하지 않았다는 점에서 '졸속 입법'이라고 비판했다.

세계은행은 방대한 데이터를 취합해 2021년 발표한 지하경제 규모 분석 보고서를 통해 선진국 지하경제의 평균 규모가 국민총소득의 약 17%, 저개발국의 경우 약 32%에 달한다고 추정한다. 로고프는 책『달러 이후의 세계 질서』에서 "지하경제는 애초에 추적하기 힘들도록 설계되었으므로 모든 정량화는 어림짐작"이라고 했다. 실제로는 추적되지 않는 지하경제의 규모가 훨씬 클 수 있음을 시사한다.

로고프가 자체적 모델로 분석한 일부 유럽 국가의 지하경제 규모는 실제로 더 크다. 이탈리아는 국내총생산 대비 31%, 그리스는 무려 36%가 지하경제이고 프랑스와 독일 같은 비교적 '탄탄한' 나라들도 지하경제 규모가 14%, 13%에 달한다. 스테이블코인을 통해 불법적 경제활동이 더 쉬워진다면 국가는 마땅히 걷어야 할 세금을 다 걷지 못하게 되거나 범죄 집단의 규모가 커져 안보 위험에 노출될 우려도 생긴다. 이런 이유로 BIS, 국제자금세탁방지기구 같은 국제 기관들도 반복해서 스테이블코인이 범죄에 악용될 위험이 있다는 경고를 내놓는다.

가상화폐를 통해 이루어지는 범죄 중에 스테이블코인이 차지하는 비중이 빠르게 늘고 있다는 분석 결과도 있다. 가상화폐 분석 업체 '체이널리시스'에 따르면 2020년까지만 해도 가상화폐를 통해 이루어지는 범죄 중 70% 이상이 유통량이 가장 많은 비트코인을 통해 이루어졌고 스테이블코인은 20%가 되지 않았다. 하지만 4년 사이 스테이블코인의 규모가 급격히 늘면서 2024년에는 스테이블코인이 가상화폐 범죄에서 차지하는 비중이 63%로 급증했다.

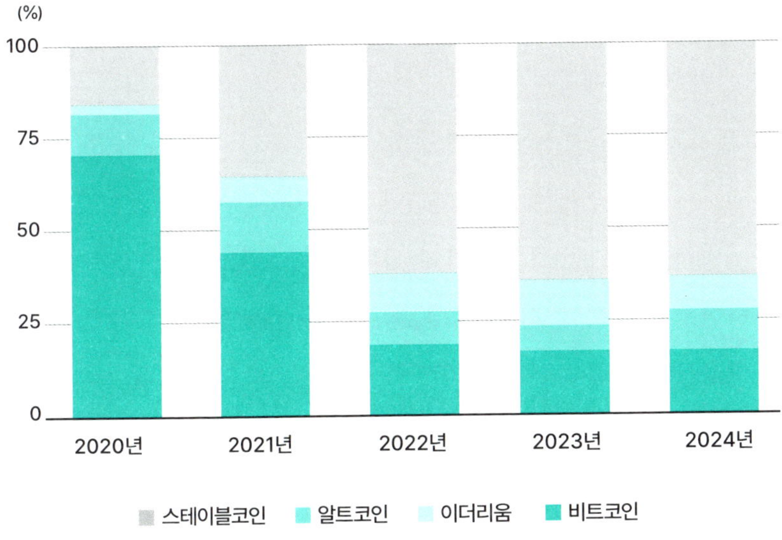

지하경제 및 범죄와 관련해 한국은 특히 더 신경 쓸 부분이 있다. 바로 가상화폐 범죄 면에서 특출나게 앞서가고 있는 북한이다. '라자루스' 등 북한의 가상화폐 탈취 집단은 과거 100달러 위조지폐를 국가 차원에서 만들었듯이, 일종의 국책 사업이자 외화벌이 차원에서 가상화폐를 빼돌리고 있다. 유엔의 대북 제재 이행을 위한 전문가 패널인 '다국적 제재 모니터링팀'이 2025년 10월 발간한 보고서에 따르면 가상화폐를 악용한 북한의 범죄에 스테이블코인은 적극적으로 사용되고 있다. 비교적 보안이 허술한 거래소에서 거래되는 비트코인이나 이더리움, 혹은 다른 코인들을 훔친 다음 스테이블코인으로 바꿔서 제재를 피하는 무기 거래 등에 사용하고 있다고 보고서는 적시하고 있다.

모니터링팀은 보고서에서 "2023년 이후 북한의 조직들은 상품과 서비스를 구매하기 위해서도 가상화폐를 활용하기 시작했다"라며 "스테이블코인 테더를 활용해 무기와 탄약, 구리 같은 원자재를 사고팔기도 하고 2025년에는 약 100만 달러어치의 테더를 통해 장갑차를 구매하려고도 시도했다"라고 적고 있다. 2024년에는 금을 3천만 달러어치 테더로 바꾸려 시도했고, 2025년 1월에는 대금 중 일부를 테더로 받고 군사용 위성 장치를 판매했다고 한다. 2024년 말 수단의 구매자에게 방공 미사일 시스템을 테더 1천만 달러를 받고 팔았다거나, 러시아로부터 연료를 받고 테더로 대금을 지불하려 시도했다는 기록도 있다. 일부는 성공했고 일부는 실패한 듯 보이지만, 확실한 것은 북한이 스테이블코인의 '쓸모'를 잘 알고 이미 적극적으로 활용하고 있다는 점이다. 스테이블코인의 다양한 장점과 함께 이런 위험 또한 반드시 고려해야 하는 이유다.

"금융 위기를 촉발할 뇌관"
섬찟하지만 경청해야 할 경고

　스테이블코인을 취재하면서 재미있게 생각한 패턴이 있다. 스테이블코인의 위험에 대해 경고하려는 사람들은 스테이블코인의 규모가 커지고 시스템 곳곳에 침투해 까딱하면 큰 위기를 불러올 수 있다고 우려한다. 반대로 스테이블코인을 옹호하는 사람 중에는 스테이블코인이 다른 디지털 포인트나 은행 온라인 예금과 큰 차이가 없는 '그다지 특별하지 않은 존재'로 과도한 걱정은 불필요하다고 이야기하는 사람이 적지 않다.

　이런 구도로 볼 때 스테이블코인이 일으킬 수 있는 가장 크고 무지막지한 재앙은 무엇일까? 다수의 경제학자와 중앙은행 관계자에게 비슷한 질문을 던졌을 때 돌아온 답은 일관성이 있었다. "금융과 통화 시스템 전체를 뒤흔들어 금융 위기를 유발할 가능성이 있습니다."

2008년 금융 위기를 기억하는 대부분의 사람은 이제 막 자라나기 시작하는 스테이블코인이 세계를 수년 동안 침체에 빠뜨렸던 금융 위기급 충격을 일으킨다고 보는 건 지나친 우려라고 생각하지만, 경고하는 목소리를 경청할 필요가 있다고 생각한다.

스테이블코인이 초래할 수 있는 금융 위기의 발생 과정을 가장 명징하게 정리해 보여준 보고서는 2025년 BIS에서 잇달아 나왔다. 마지막 장에 관련 인터뷰를 싣기도 한, 한국이 배출한 세계적인 경제학자인 신현송 BIS 이코노미스트가 이끌어 많은 학자가 전문적인 시뮬레이션을 통해 스테이블코인이 초래할 여러 위험을 분석했고 그 어떤 국제기구보다 면밀한 보고서를 차례로 발표했다. 그중 신현송 이코노미스트가 직접 집필해 2025년 6월에 나온 '다음 세대의 통화 및 금융 시스템'은 스테이블코인의 잠재력과 위험에 대해 공부하고 싶은 사람에게 일독을 권하고 싶은 보고서다. 쉬운 말로 명징하게, 그리고 경제 석학의 식견을 담아 스테이블코인의 장단점을 다뤘다.

BIS의 보고서들은 지금까지 우리가 책에서 살펴본 스테이블코인의 가능성과 위험을 두루 입체적으로 분석한 결과물이다. 미국 「지니어스법」은 달러 스테이블코인이 그 가치를 유지하기 위해 현금 혹은 단기 미 국채를 준비금으로 보유해야 한다고 정해두었다. 이를 통한 미국 국채의 수요 증진, 이에 따르는 미 국채의 이자 하락을 기대한다고 스콧 베선트 미 재무장관은 반복해서 밝혀 왔다. BIS 분석 결과 실

제로 스테이블코인의 규모가 불어나면 미 국채 금리가 하락하는 효
과가 있었다.

그런데 스테이블코인 규모가 무조건 증가하기만 한다는 법은 없
다. 스테이블코인 규모는 다른 자산(예를 들면 주식이나 비트코인)과 마
찬가지로 '시가총액'으로 표현되는데, 그 규모가 늘기도 하고 줄기
도 한다. 그런데 결정적 차이가 있다. 시가총액이란 주식 혹은 코인
의 '개당 가격'에 '유통되는 물량'을 곱한 수치로, (자사주 소각 같은) 아
주 특수한 경우를 제외하면 '개당 가격'이 변함으로써 시총이 늘었다
줄었다 한다. 하지만 스테이블코인은 그 특성상 '가격'이 변해서는 안
된다. 즉 시가총액의 변화는 유통되는 스테이블코인의 '개수'가 변한
다는 뜻이다. 개수가 늘어나면 미 국채에 대한 수요가 늘어나는 반면,
매도가 매수보다 많으면 유통되는 코인 개수가 줄면서 미 국채에 대
한 수요가 줄어들게 된다. 간단히 말해 매도가 몰리면 스테이블코인
발행사는 미 국채를 내다 팔아야 한다.

이런 상황이 되면 시중에 국채의 공급이 늘면서 국채 가격이 하락
하게 된다. '이런 상황'이 무엇인지 알 길은 없다. 지난번 '이런 상황'
은 뒤에 살펴볼 테라-루나 사태 때, 그리고 미국 실리콘밸리은행 파
산 때 발생했다. 두 사례에서 사람들이 너도나도 스테이블코인을 내
다 팔게 촉발한 기폭제는 달랐다. 하지만 일단 동시다발적인 매도 주
문이 쏟아지기 시작하니 이를 수습하기가 매우 어려웠다는 점은 차
이가 없었다. 투자자들이 일제히 코인을 내다 파는 상황을 은행예금

을 일제히 인출하는 '뱅크런'에 빗대 '코인런'이라고 부른다. BIS는 스테이블코인이라는 반(半)코인-반화폐의 특수한 존재가 일으키는 코인런은 매우 특이한 위험을 내포하고 있다고 경고한다.

BIS 분석 결과 스테이블코인으로 35억 달러가 유입되는 경우 단기 미국 국채 금리를 약 0.025~0.05%포인트 낮추는 효과가 있었다. 하지만 코인런 같은 사태가 발생해 발행사들이 미 단기 국채를 빠르게 내다 팔아야 하는 상황이 발생하면 자금이 유입될 때보다 국채 금리가 2~3배 더 빠르게 상승하는 것으로 분석됐다. 그 이유는 '떨이 세일'을 생각하면 쉽다. 많은 물량의 상품을 급히 처분해야 하는 일이 생겨 공급이 갑자기 쏟아지고 가격을 낮추지 않으면 상품을 '밀어내기' 어려워지는 상황 말이다.

미국 연방준비제도를 포함한 중앙은행들은 엄청난 심사숙고를 거쳐 기준금리를 조정할 때 굉장히 많은 사전 예고와 시장 안정 조치를 한 후 보통은 0.25%포인트씩 기준금리를 움직인다. 여러 시장 안정 장치에도 금융시장에 충격이 발생하고는 하는데, 아무런 경고 없이 발생하는 코인런으로 미 국채 금리가 흔들린다면 그 파장은 예상하지 못한 결과를 낳을 수 있다. 미 국채 금리는 전 세계 모든 국채 금리에 큰 영향을 끼친다. 또 한국을 비롯한 많은 나라에서 국채 금리는 예금과 대출 금리에 반영되는 매우 중요한 지표다. 스테이블코인 시장에서 촉발된 충격이 '내 예금', '내 대출'로도 번질 수 있다는 의미다.

국채 금리에만 충격이 머문다면 그나마 최악은 피하게 될지 모른다. 최악의 사태는 스테이블코인이 진짜 돈, 그리고 제도권 은행을 흔들게 되는 경우다. 스테이블코인은 국채와 함께 현금도 보유하고 있는데 이 현금은 은행에 예치돼 있다. 코인런이 발생하면 코인 하나가 아닌, 스테이블코인 전반에서 매도 주문이 쏟아질 가능성이 크기 때문에 은행들 또한 이들이 예치한 현금을 내줘야 하는 상황에 직면하게 된다. 은행 입장에서는 스테이블코인 발행사들이 일제히 예금 인출을 요청하는, 아주 새로운 형태의 '뱅크런' 위험에 직면할 수 있다는 뜻이다.

BIS에서 스테이블코인과 채권 금리에 관한 보고서를 쓴 아메드 라샤드 '앤더슨 금융경제연구소' 이코노미스트는 인터뷰에서 "스테이블코인 발행사들이 공격적으로 준비금을 인출하면 은행 및 금융시장의 시스템 붕괴가 초래될 위험도 크다. 이러한 혼란이 종합적으로 겹치면 금융 위기가 발생하여 정부의 개입이 불가피해질 수 있다"라고 했다. 과도한 걱정이라고? 우리는 불과 몇 년 전 정확히 이런 패턴으로 위기가 촉발되고, 결국 미국 정부가 성급히 손을 써서 수습할 수밖에 없었던 실제 사건을 목격했다. 다음 장에서 살펴볼 실리콘밸리 은행 파산 사태다.

스테이블코인의 위험을 보여준
실리콘밸리은행 사태

경제 기자를 꽤 오래 했다고 생각했지만 '실리콘밸리은행(Silicon Valley Bank, SVB)'이란 이름을 들은 것은 처음이었다. 2023년 3월 10일 극적으로 파산한 캘리포니아의 이 은행은 미국이라는 금융 강국에서는 보기 어렵다고 여겨졌던 뱅크런을 발생시키며 순식간에 무너졌다. 이 사건의 진행 과정과 원인을 두고는 많은 논란이 있고 앞으로도 여러 연구가 이루어질 전망이다. SVB 파산은 한편으로는 스테이블코인에 발생할 수 있는 위험을 적나라하게 드러낸 사건으로도 평가된다.

SVB 파산을 촉발한 기폭제는 코로나19 이후 과도하게 오른 물가를 잡기 위한 연방준비제도의 가파른 금리 인상이었다. SVB는 자산으로 장기 채권을 많이 보유하고 있었는데 금리가 오르면서 이 채권들의 평가 가격이 폭락했다. 이 사실이 발 빠른 실리콘밸리의 투자자들에게 순식간에 전파되면서 너도나도 돈을 빼는 대규모 뱅크런이 발생했다.

미국에서 은행이 파산하면 한국과 마찬가지로 예금자 보호 제도를 통해 예금자가 일정 금액을 돌려받을 수 있다. 한국은 얼마 전까지 이 금액이 5천만 원이었고 2025년 1억 원으로 올랐는데, 미국의 예금자 보호 제도는 비교적 많은 25만 달러(약 3억 5천만 원)까지 보호를 해준다. 그럼에도 이를 넘어가는 금액을 예금한 이들이 많았고, 기업 중에는 특히 더 많았다. 그 기업 중 하나가 USDC 발행사 서클이었다.

스테이블코인 가치를 '1USDC=1달러'로 유지하기 위한 방편으로 서클은 스테이블코인 규모에 맞춰 미 국채와 함께 현금도 다량 보유하고 있었다. 이 중 일부를 SVB에 예금으로 넣어두었다고 한다. SVB가 파산을 발표한 다음 날 서클은 "전체 준비금은 약 400억 달러였고

$ 서클의 SVB 관련 발표

Circle
@circle

1/ Following the confirmation at the end of today that the wires initiated on Thursday to remove balances were not yet processed, $3.3 billion of the ~$40 billion of USDC reserves remain at SVB.

오늘 마감 시점에 확인한 바로는 지난 목요일 인출 요청이 시행되지 못했습니다. 서클의 준비금 400억 달러 중 33억 달러가 SVB(실리콘밸리은행)에 묶여 있습니다.

12:11 PM · Mar 11, 2023 · **5.9M** Views

SVB에 예치한 돈은 약 33억 달러다. 예금 인출 요청은 처리되지 않은 상태”라고 발표했다. 예금자 보호로 25만 달러를 돌려받는다 해도 대부분은 공중으로 사라지게 됐다는 뜻이다.

이 발표 전부터 시장에서는 ‘서클의 준비금이 위험하다’라는 소문이 돌고 있었다. 원칙적으로 USDC를 투자자가 팔면 이를 예금에서 빼서 달러로 바꿔줘야 하는데, 돈을 넣어둔 은행이 파산하면 돈을 돌려받지 못할 위험이 커진다. 공포가 확산하면서 사람들은 USDC를 매도하기 시작했다. 보통 때라면 가격이 약간 내려가면 ‘1달러를 회복할 것이다’라는 믿음으로 매수가 몰리면서 스테이블코인 가격이 안정되어야 하는데 이 신뢰가 깨지면서 USDC 가격은 계속 내려갔다.

SVB가 파산한 10일 늦은 밤부터 하락하기 시작한 USDC 가격은 11일 새벽쯤 0.87달러로 곤두박질쳤다. 가격의 13%가 날아간 것이다. 서클이 11일 “회사 자산을 팔아서라도 스테이블코인 상환 약속을 이행하겠다”라고 발표한 후에도 불안은 사라지지 않았다. ‘디페깅(가격 이탈)’은 이틀 넘게 지속됐다. SVB 파산이 금융시장 전반의 혼란으로 확산할 조짐을 보여 미 재무부·연준·예금보험공사가 원칙을 깨고 “SVB의 모든 예금은 전액 보호된다”라고 발표하고 나서야 시장은 진정되고 USDC 가격이 회복됐다.

이 사건은 많은 투자자들이 안전자산이라 여겼던 스테이블코인이 사실은 안전하지 않다는 근거로 자주 언급된다. 아울러 스테이블코인이 가상화폐 시장, 혹은 블록체인 내에 분리된 존재가 아니라 전통적인 은행인 금융 시스템과 매우 밀접하게 연결되어 있다는 사실도 드러냈다고 평가된다. 은행 한 곳이 무너져도 스테이블코인 전체가 영향을 받게 된다는 현실도 투자자들이 자각하게 됐다. 앞으로 비슷한 일이 일어나도 미국 정부가 은행예금을 전부 구제해줄까? 유사한 사태를 방지하기 위해서는 어떤 장치가 필요할까? 이런 의문은 아직 불안한 물음표인 채로 남아 있다.

 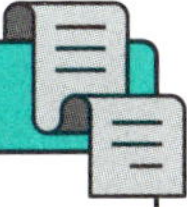

돈의 B사이드

야생고양이 화폐 시대

스테이블코인의 위험을 공격할 때 자주 등장하는 사례가 미국 19세기에 발생한 이른바 '야생고양이 화폐 시대(wildcat money era)'다. 1830~1860년대에 미국에는 중앙은행이 없어 수백 개의 민간 은행이 각자 지폐를 발행했다. 은행마다 가치가 다르고 상환도 불확실했던 이 화폐들로 인해 미국 경제는 통일된 화폐 질서가 없는 민간 화폐가 난립하는 상태로 치달았다. 즉 지폐에는 똑같이 '1달러'라고는 써있는데 실제 가치가 은행의 신용도에 따라 제각각인 상황이 발생한 것이다. 야생고양이가 여기저기 출몰하는 것처럼 혼란스러운 환경이었다. 스테이블코인 시장이 제대로 규제되지 않으면 민간 회사가 각자 사실상 화폐처럼 작동하는 수많은 스테이블코인을 만들어내고 이로 인해 19세기 '은행 지폐 난립'과 비슷한 일이 일어날 수 있다는 경고가 때때로 전문가들 사이에서 나온다. 「지니어스법」 같은 스테이블코인 규제법은 이런 혼란을 최소한으로 줄여 소비자를 보호하는 것이 중요한 목적 중 하나다.

스테이블코인 최악의 사고:
테라-루나 사태

"스타트업 업계에서 일하는 사람들 사이에 '테라 투자'가 엄청난 유행이었어요. 이자를 두 자릿수씩 줬거든요. 확정적으로 받을 수 있다고 생각했고 '이거 안 하면 바보'란 소리가 돌 정도니 참지 못했죠. 저는 1억 원 정도를 넣었는데… 결국 다 날렸습니다."

몇 년 전 만났던 한 성공한 스타트업 창업자는 처음으로 창업한 회사를 잘 매각해서 번 돈 중에 1억 원 정도를 테라와 연동된 투자 상품 '앵커 프로토콜'에 투자했다가 하루아침에 잃은 이야기를 울분에 차서 털어놓았다. 그는 "사실상 사기를 당했는데도 신고하거나 문제를 제기할 곳이 없다는 사실이 정말 당혹스럽더라. 주변에 같은 일을 겪은 이들이 많다는 것이 그나마 씁쓸한 위안이 됐다"라고 호소했다.

한국인 권도형(테라폼랩스 CEO)이 만든 스테이블코인 테라는 스테이블코인의 길지 않은 역사에서 세계를 통틀어 가장 큰 '흑역사'로 남았다. 권도형은 위조 여권까지 만들어 세계를 전전하다 몬테네그로로 도피하는 빽적지근한 추격전 끝에 결국 2024년 미국으로 보내져 연방수사국(FBI)에 인도되어 15년형을 선고받았다. FBI는 기소장에서 권도형이 투자자에게 입힌 피해 규모가 약 400억 달러에 달한다고 밝히면서 투자자 기만, 사기, 자금 세탁 등의 혐의가 있다고 적시했다. 이와 별도로 미 증권거래위원회는 사기 및 허위 공시 혐의 등으로 권도형에 민사 소송을 제기했다.*

'안전하다'는 스테이블코인에 무슨 일이 일어난 것일까? 사건의 전말을 되짚어보는 작업은 스테이블코인의 잠재적 위험에 대한 통찰을 주기에 가치가 있다고 생각한다.

스탠포드대 컴퓨터공학과를 졸업한 한국인 권도형(35)이 '테라폼랩스'라는 회사를 창업해 만든(혹은 만들었다고 주장한) 스테이블코인 이름은 '테라(UST)'였다. 2020년 12월 처음으로 발행했다. '테라'는 라틴어로 '지구'라는 뜻이다. 이 스테이블코인은 테더나 USDC처럼 '1코인=1달러'가 유지된다고 테라폼랩스는 설명했다.

---

* SEC의 민사 소송과 관련해 2024년 4월 뉴욕 남부지구 법원에서 배심원단은 권도형과 테라폼랩스가 SEC의 주장대로 투자자들을 오도했다고 판단해 민사 책임을 인정했다. 판결 이후 테라폼랩스는 미국 SEC와 약 44억 달러 수순의 환수금 및 벌금을 내기로 합의했다. 이는 민사 책임에 대한 합의일 뿐 FBI 기소에 대한 형사 책임까지 면제되는 것은 아니다.

결정적 차이는 있었다. 테더·USDC가 가치 유지를 위해 코인 규모에 상응하는 현금 혹은 현금에 비슷한 준비금을 쌓아둔 것과 달리 테라는 '알고리즘', 즉 일종의 프로그램을 통해 가치를 유지한다고 주장했다. 이 알고리즘이 권도형의 독창적 발상이었는데, 얼핏 들으면 말이 되는 듯했기에 사람들은 이를 믿었다. 사건이 끝난 후 뒤돌아보면, 많은 사람들이 권도형의 알고리즘을 믿을 때까지만 테라의 가치가 스테이블하게 유지되는 모델이었다고 하는 편이 더 정확하게 느껴진다.

권도형의 테라는 준비금이 있는 다른 스테이블코인과 구분하기 위해 '알고리즘 스테이블코인'이라 불렸는데, 작동 방식을 요약하면 이랬다. 테라폼랩스는 스테이블코인 '테라' 및 이와 쌍을 이루는 위성 코인 '루나'를 함께 만들었다. '루나'는 (지구의 위성인) '달'이란 뜻이다. 스테이블코인인 테라 한 개를 팔면 투자자는 법정화폐 '1달러' 대신 '1달러어치'의 루나를 받는다(루나는 스테이블코인이 아니라 가격이 수요·공급 등에 따라 변동하는 일반 코인이다). 프로그램을 통해서 이렇게 작동하도록 '약속'이 되어 있었다.

테라를 연필, 루나를 지우개에 비유해 "연필 한 자루를 주면 항상 지우개 1달러어치를 받을 수 있다"라고 약속했다고 해보자. 지우개의 시가가 1달러면 연필 하나 팔아서 지우개 하나를 받으면 되고, 지우개 시가가 50센트(0.5달러)로 떨어지면 두 개를 준다는 '약속'이 모종의 프로그램을 통해 체결되어 있다. '1달러어치 지우개'를 받을 수 있다는 약속을 통해 연필 가격이 항상 '1달러'로 유지된다는 믿음이 형성된다.

테라로 돌아가 다시 표현해보면, 몇 개가 됐건 테라 한 개에 '1달러어치 루나'를 받을 수 있다는 약속을 통해 1테라 가치가 항상 1달러로 유지된다는 믿음이 형성된다. 적어도 권도형은 그렇게 주장했다.

가격이 유지되는 또 하나의 작동 방식은 이른바 '차익 거래'였다. 만약 테라 가격이 순간적으로 1달러 아래로 내려가면, 사람들은 테라를 사서 루나 1달러어치와 바꿔 차익만큼 이득을 볼 수 있다고 생각해 테라를 더 사려고 한다. 수요가 늘면 가격이 올라가 결국 1달러에 수렴한다. 반대로 가격이 1달러 위로 올라가면? 테라 보유자들이 이득을 보고 코인을 팔고 싶어 하기 때문에 공급이 늘며 가격이 내려간다. 결국 테라 가격은 1달러로 수렴된다.* 적어도 그래야 했다.

권도형은 현금이나 채권을 쌓아둘 필요없는 기발한 스테이블코인을 만들었다고 자랑했다. 그리고 한 발 더 나갔다. 테라를 사서 예금처럼 예치해두면 연 20%에 달하는 이자를 주는 시스템 '앵커 프로토콜'을 만들어 자금을 유치했다. 앵커 프로토콜이 운영되기 시작하던 2021년은 코로나19 팬데믹 충격을 막기 위해 세계 각국이 경기 부양을 하던 때로 한국 기준금리는 연 1%, 은행예금 금리도 2%를 넘기 힘든 시절이었다. 그런 때에 달러와 가치가 연동되는 코인을 사서 예치하기만 하면 20%를 얹어준다 하니 엄청난 돈이 전 세계에서 밀려들었다.

앞서 언급한 스타트업 창업자가 돈을 넣은 곳이 바로 이 앵커 프

---

* 참고로 이런 '차익 거래' 방식은 알고리즘형 코인뿐 아니라 테디·USDC 같은 스테이블코인 시장에서도 작동한다. 차익 거래를 유인하는 자산이 진짜 달러냐, 위성 코인이냐가 다를 뿐이다.

로토콜이다. 앵커 프로토콜에 몰린 돈은 2022년 5월 초쯤 160억 달러(약 22조 9천억 원)까지 불어났다. 테라의 발행 물량 또한 급증하면서 이 가격을 유지하기 위해 만들어진 위성 코인 루나의 가격은 폭등했다. 한때 테라와 루나의 시가총액 합은 500억 달러에 달했다.

이즈음 전문가들 사이에서 '지속 가능하지 않다', '위험하다'라는 이야기가 돌았다. 아무리 '광풍'이 흔한 코인 세상이지만, 저렇게 많은 돈이 갑자기 몰리는데 20% 이자를 지급하기는 불가능하다는 지적이었다. 불안이 팽배한 가운데 2022년 5월 초쯤 누군지 모르는 한 '큰손'이 8,500만 달러 매도 주문을 넣었고, 그러자 그 직후 가격이 1테라=0.98달러로 내려가는 일이 있었다. 평소 같으면 여러 장치가 작동해 가격이 즉각 1달러에 수렴해야 했지만 그때는 달랐다. 불신이 부풀어가던 상황인지라 투자자들이 테라를 던지기 시작했고 가격 폭락이 유발됐다. 이른바 '코인런'이 일어난 것이다.

너무 많은 매도가 나오자 루나 발행 속도가 이를 따라가지 못했고, 발행을 늘리려다 보니 공급이 늘어난 루나 가격이 더 내려가는 악순환의 소용돌이가 발생했다. 테라와 루나 가격은 동반 추락해 '제로'에 가깝게 곤두박질쳤다. 2022년 5월, 약 일주일에 걸쳐 발생한 대혼란이었다. 테라와 루나 보유자는 물론 앵커 프로토콜 예치자까지 투자금을 사실상 모두 잃게 되었다.

＊ 한때 루나 가격은 약 120달러까지 올랐었다.

💲 테라와 루나 가격 추이

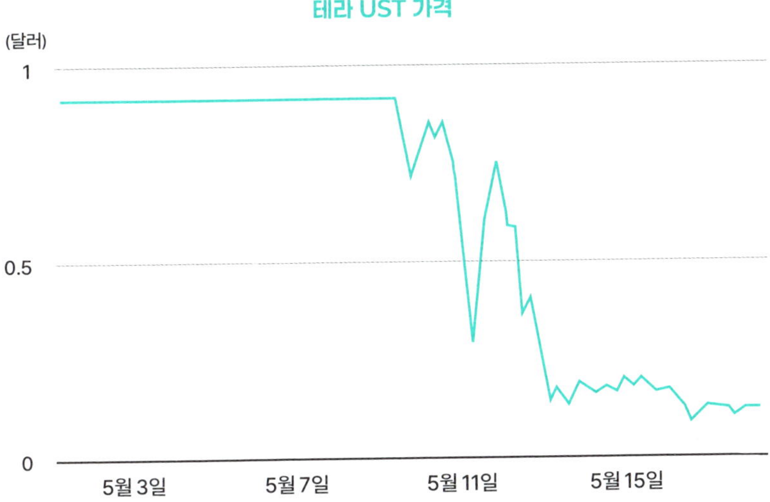

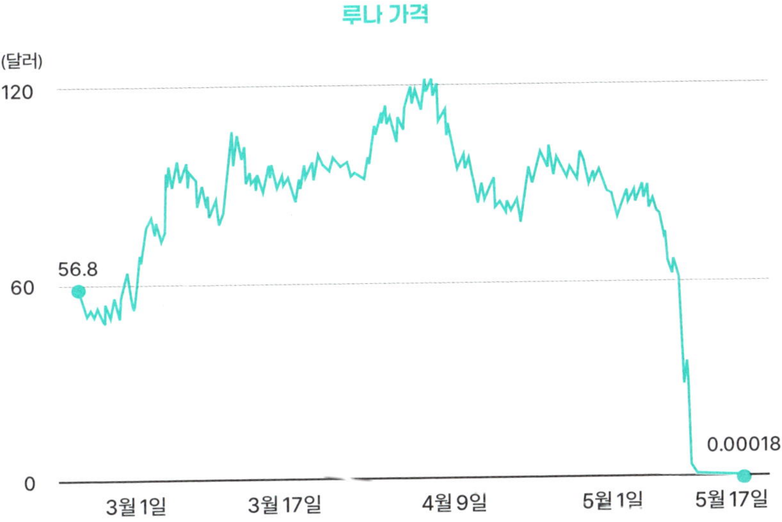

Part 4. 스테이블코인, 위험과 경고

테라-루나 사태가
깨닫게 해준 위험들

이른바 테라-루나 사태는 코로나19로 돈이 풀리며 코인 광풍이 불던 시기이자 스테이블코인의 확장 가능성이 계속 거론되던 시기에 발생했다. 알고리즘만으로 스테이블코인의 가치를 유지할 수 있다는 믿음은 완전히 부서졌고 스테이블코인 자체에 대한 의구심이 커지는 계기가 됐다.

하지만 달리 생각하면 이 사건을 통해 스테이블코인에 대한 규제 필요성이 각국에서 심각하게 대두하기 시작했고, 스테이블코인의 가치를 유지하기 위해서는 알고리즘만으로는 부족하며 결국 '준비금'이라는 장치가 필요하다는 생각이 자리 잡게 된 계기가 됐다고 평가된다. 만약 이 사태, 혹은 사고가 없었다면 스테이블코인은 무조건

이른바 '알고리즘 스테이블코인'이었던 테라가 폭락해 사실상 사라지기 몇 달 전인 2021년 말 테라 발행사 테라폼랩스의 권도형 대표가 코인 매체 코인데스크와 인터뷰하는 유튜브 동영상의 한 장면이다.

'안전하다'는 믿음이 더 오래 유지되고 피해의 규모가 더 큰 또 다른 사건이 일어났을지도 모를 일이다.

재닛 옐런 당시 미국 재무장관은 이 사건 이후 미국 하원 금융위원회 청문회에 출석해 "UST(테라)의 붕괴는 스테이블코인이 빠르게 성장하며 생기는 위험을 보여준다. 일관된 연방 규제 체계가 필요하다. 뱅크런과 비슷한 위험이 존재한다"라고 했다. 미국 라이스대 금융정책연구소인 '은행연구소(Bank Institute)'는 "스테이블코인 및 기타 가상화폐의 특성을 규제하기 위해 존재하는 법률들은 보다 확실한 정의와 투명성, 명확성 등을 확보하기 위해 업그레이드되어야 한다"라고 제안하는 보고서를 냈다.

79쪽짜리 미국 FBI의 기소장*은 테라폼랩스 그리고 권도형이 무엇을 잘못했고 그 과정에 무엇이 잘못됐는지를 일목요연하게 정리했다. 권도형이 미국으로 인도된 후인 2025년 1월 작성된 문서이기 때문에 그사이 밝혀진 사실들이 보다 정교하게 담겨 있기도 하다. 기소장을 읽다 보면 언젠가 테라와 권도형을 주인공으로 한 스릴러 영화가 만들어지지 않을까 하는 생각이 들 정도로 생생한 내용들이 적혀 있다. 스테이블코인의 가치와 위험에 대해 생각해볼 만한 포인트와 여전히 스테이블코인과 관련해 제기해봄 직한 질문이 적지 않다고 생각해 일부를 정리해 소개한다.

포인트 1: 테라 가치는 진작에 무너졌었다

권도형은 2020년쯤부터 알고리즘을 통해 테라 가치가 1달러로 유지된다고 홍보했다. 2021년 5월쯤 테라 가치가 92센트로 무너졌다가 바로 1달러로 회복된 사건을 '알고리즘이 작동한다'는 증거로 내세웠다. 하지만 조사 결과 당시 알고리즘이 작동해 가치가 1달러로 돌아간 것이 아니라, 한 투자회사와 모종의 협약을 맺고 이 회사가 총 1억 달러어치의 테라를 매수하게 해서 인위적으로 가치를 끌어올린 것으로 드러났다. 만약 이때 가격이 반등하지 않았다면 테라는 일찌

---

* UNITED STATES DISTRICT COURT SOUTHERN DISTRICT OF NEW YORK, S1 23 Cr.151 (JPC) (justice.gov/d9/2025-01/do_kwon_superseding_indictment.pdf)

새로운 돈의 시대, 스테이블코인

감치 무너지고 투자자 피해 규모는 줄었을지도 모른다. FBI는 언급하지 않았지만 이 투자회사에 권도형이 모종의 대가를 지급했을 가능성이 매우 크다. 한 해 후 다시 가격이 1달러 아래로 내려갔을 때는 이런 인위적 조작이 불가능했다. 규모가 너무 커진 상태였기 때문이다.

포인트 2: 준비금도 쌓았지만 관리가 부실했다

테라폼랩스는 테라의 규모가 빠르게 커지고 가치 붕괴 가능성이 슬슬 언급되자 테더·USDC 같은 다른 스테이블코인처럼 준비금을 쌓아두겠다고 했다. 다만 현금이나 채권이 아니라, 가상화폐의 세계에서는 달러나 금 같은 안전자산으로 취급되기도 하는 비트코인을 사서 준비해두는 방식이었다. '루나 파운데이션 가드(Luna Foundation Guard, LFG)'라는 이름을 붙인 준비금 관리 회사는 독립적으로 운영되어 테라폼랩스 관계자들이 이 자금(비트코인)에 자의적으로 손을 대지 못하게 하겠다고 주장했다. 2022년 5월 테라 가격의 폭락이 시작됐을 때 이 재단의 비트코인을 팔아 테라 가격을 방어하려는 시도가 있었지만 비트코인은 턱없이 부족했다. FBI는 권도형이 LFG의 의사 결정에 실은 막강한 영향력을 행사했고 실제로 재단의 돈을 끌어다 쓰기도 했다고 기소장에 밝혔다.

→ 준비금을 쌓아둔다고 하는 스테이블코인 발행사의 주장을 그대로 믿어도 될까? 준비금을 관리하는 별도의 독립적인 회사나 재단이 없다면 회사가 어려워질 때 스테이블코인 발행사의 경영진은 이 돈을 유용하자는 유혹에 쉽게 넘어가지 않을까?*

포인트 3: '테라가 실제 결제에 쓰였다'는 거짓말

테라는 설립 초기에 달러뿐 아니라 원화 스테이블코인도 발행했다. 이를 '차이'라는 한국 결제 앱을 통해 사용할 수 있다고 했다. '차이'는 결제에 테라를 사용하기 때문에 비용이 덜 들고 이를 통해 소비자에게 혜택을 돌려줄 수 있다는 점을 내세웠다. 실제로 결제가 되었고 혜택도 많았다. '테라는 오프라인에서도 활용처가 있다'라고 홍보하기 좋은 서비스였다. 그런데 FBI 조사 결과 '차이' 결제는 그냥 일반 카드사나 금융사와 같은 방식을 통해 이루어졌고 테라나 블록체인을 접목했다는 주장은 눈가림이었다.

→ 결제용 스테이블코인이 도입되어 휴대폰 결제 등에 활용될 경우, 소비자는 기존의 포인트 결제나 각종 '페이'와의 차이를 느끼지 못할 수도 있다는 뜻일까? 스테이블코인 결제가 실제로 이루어진다는 것을 확인할 방법이 있나?

---

* 예금자가 맡긴 돈을 금융사와 연관 있는 다른 사업에 끌어다 쓸 위험을 차단해야 한다는 것은 금산분리의 논리이기도 하다.

포인트 4: 자체 발행 코인, 제멋대로 썼다

코인을 새로 출시할 때 처음으로 발행하는 코인을 '제네시스 (Genesis, 시초) 코인'이라고 부른다. 초기 생태계를 활성화하는 데 쓰거나 투자자·개발자에 대한 보상으로 활용되기도 한다. 권도형의 테라폼랩스는 10억 개 정도의 제네시스 코인을 발행했는데, FBI는 권도형이 투자자에게 알린 것과 다른 용도로 이 코인들을 제멋대로 썼다고 적시했다. 예를 들어 '차이'가 블록체인 결제라고 속이기 위한 눈가림 거래, 테라가 운영하던 증권 플랫폼('미러'라고 불렀다)에서 가격 조작을 하기 위한 결제 대금 등으로 이를 쓰고 투자자에게 알리지 않았으니 사기라고 보았다.

→ 발행사나 발행사의 경영진이 자체적으로 스테이블코인을 발행해 보유하거나 쓴다면 이를 막을 방법은 있을까?

한때 스테이블코인의 새 지평을 열지 모른다는 기대감을 키웠던 테라는 투자자 약 100만 명에게 400억 달러에 달하는 피해를 입히고 사실상 사라졌다. 테라-루나 사태가 드러낸 스테이블코인의 위험은 이후 주요국이 관련 규제를 만들 때 중요한 근거로 여러 차례 언급됐지만, 많은 경제 전문가는 지금 거론되고 제정되는 법과 규제가 준비금을 쌓아두는 방식의 스테이블코인을 포함해 유사한 사건의 재발 가능성을 완전히 차단하기는 턱없이 부족하다고 경고한다.

Part 5

달러 패권 2.0:
미국어 스테이블코인을 선택한 이유

트럼프는 왜
가상화폐의 수호자가 되었나

대표적인 중동 부국인 아랍에미리트(UAE) 아부다비 정부가 설립한 인공지능(AI) 및 첨단 기술 전문 국영 투자회사 MGX는 2025년 3월 글로벌 가상자산 거래소 바이낸스(Binance)에 20억 달러를 투자하겠다고 발표했다. 투자금은 스테이블코인으로 냈다. 한 해 전쯤 설립된 이 회사의 첫 투자였다. 이 결정은 아랍에미리트와 가상화폐 업계의 밀착이 공고해진다는 신호라는 점, 그리고 투자가 스테이블코인으로 이루어졌다는 점에서 주목을 받았다.

이 거래가 특히나 더 특이했던 이유는 MGX가 투자 대금을 치른 스테이블코인이 도널드 트럼프 미 대통령과 아주 밀접한 연관이 있는 'USD1'이라는 사실이었다. 이를 두고 트럼프에 잘 보이기 위해 아부다비 정부가 일종의 로비를 했다고 보는 시각이 많다. 실제 이 거래로 USD1은 널리 홍보되었다. 그 덕에 존재감이 미미하고 역사가 짧은 이 스테이블코인은 시가총액 7위까지 치고 올라갔다.

공화당의 트럼프가 민주당 후보 카멀라 해리스를 꺾고 재집권한 이후, 미국은 스테이블코인을 포함한 가상화폐의 든든한 서포터 역할을 하고 있다. 트럼프는 1기(2017~2021년) 때만 해도 가상화폐에 매우 부정적이어서 "비트코인은 완전 사기 같다"라고 일갈했었는데, 태도가 180도 바뀐 것이다.

트럼프 정부의 가상화폐 친화적 행보는 너무 적나라해서 다소 비현실적으로 느껴지기도 한다. 상식의 눈으로 보면 이해 안 가는 면면이 한둘이 아니다. 이해 상충, 내부자 거래 같은 시장 교란 행위에 엄격한 미국에서 대통령이 특정 자산 업계와 이렇게 적나라하게 밀착해도 될까 싶을 정도다.

트럼프 일가와 가상화폐의 단단한 관계를 가장 잘 보여주는 회사가 '월드 리버티 파이낸셜(World Liberty Financial, WLF)'이라 불리는 가상화폐 기업이다. 2024년 가을 문을 열었다. WLF가 발행한 스테이블코인이 바로 아부다비 정부가 사용한 USD1이다.

이 회사 홈페이지에 들어가면 간략한 회사 소개가 되어 있고 그 아래 여느 스타트업과 마찬가지로 '우리의 팀'이란 코너를 통해 사내 주요 인물을 소개한다. 그중 1번은 트럼프 대통령이다. 그 옆에 나란히 그의 세 아들(에릭, 도널드 주니어, 배런)이 보인다. 트럼프 대통령 아

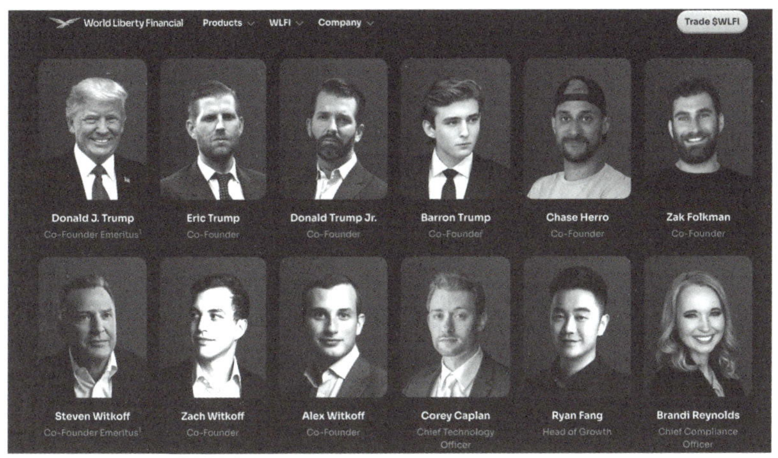

래 있는 사람도 낯이 익다. 트럼프와 친분이 두터운 뉴욕의 부동산 개발 업자이자 트럼프 2기 정부에서 '외교 실세'로 불리는 중동 특사로 임명된 스티븐 윗코프와 그의 아들들이다.

트럼프 대통령과 윗코프 대사의 직함은 '명예 공동 창업자(Co-founder Emeritus)'라고 적혀 있다. 한국어만큼이나 영어로도 좀 어색한 표현이다. 백악관 고위층이 코인 회사 공동 창업자라는 사실이 누가 보아도 이해 상충 소지가 있으니 피해 가려는 의도인 듯한데, 그러면서도 홍보 대사처럼 얼굴 사진을 걸어놓은 점이 흥미롭다.

트럼프 가족이 WLF를 통해 수익을 얻는 구조는 살펴볼 만한 가치가 있다. 트럼프가 왜 가상화폐 친화적으로 화끈하게 변신했는지를 이해할 수 있는 열쇠이기 때문이다.

이 회사는 미국 대통령 선거 캠페인이 한창 진행되며 트럼프 당선

월드 리버티 '골드 페이퍼'

가능성이 커지던 2024년 10월 WLFI(World Liberty Financial Inc.의 약자)라는 코인을 발행한다면서 '골드 페이퍼(gold paper)'라 이름 붙인 코인 백서를 발행한다. 트럼프가 금(金)을 좋아한다는 사실이야 널리 알려진 만큼 보통은 '화이트 페이퍼(white paper)'라고 영어로 표기하는 백서를 '골드 페이퍼'라고 이름 붙인 모양이다. 이 백서는 이 코인이 사실상 '트럼프 코인'이라는 사실을 전혀 숨기지 않는다. 일단 표지에 대문짝만하게 금빛으로 번쩍이는 트럼프 얼굴이 그려져 있다. 그다음 페이지, 또 그다음 페이지에도 트럼프의 얼굴은 빠지지 않고 등장한다.

이 코인의 목적은 기본적으로 WLF의 운영에 대한 제안 및 투표

권한을 부여하는 것으로, 주식과 달리 코인을 보유하더라도 배당금은 주지는 않는다. 이 회사가 무언가 사업을 해서 돈을 벌면 코인 소유자들이 아닌 트럼프 일가가 75%, 윗코프 일가가 25%를 가져간다고 백서 마지막에 명시되어 있다. 즉 트럼프 일가가 이 회사의 사실상의 소유주인 셈이다. 미국 언론들은 내부자들을 인용해 트럼프 일가의 지분이 75%에서 60%로, 이후 50% 아래로 내려갔다고 보도하고 있지만, 이 지분을 누구에게 넘겼는지는 알려진 바가 없다. 홈페이지의 면면을 보면 지금까지도 트럼프 일가가 사실상 소유한 회사라고 볼 수밖에는 없다.

앞에서 살펴본 대로 스테이블코인 발행사는 코인 규모가 커질수록 이익이 나는 구조다. WLF에서 2025년 3월부터 발행한 스테이블코인 USD1의 시가총액은 4월까지 1억 2천만 달러 수준이었다가 2025년 9월 27일 기준 27억 달러로 약 5개월 만에 22배 넘는 수준으로 불어났다.

정말 이래도 되나 싶지만 WLF와 별도로, 트럼프 일가가 발행하는 코인이 또 있다. '$TRUMP(트럼프)' 그리고 배우자 이름을 딴 '$MELANIA' 등이다. 트럼프는 이 코인을 발행한 주체가 자신과 밀접히 연관됐음을 전혀 숨기지 않는다. 2025년 1월, 심지어 트럼프가 대통령에 당선된 후에 출시한 이 코인들을 발행한 회사 이름이 '파이트, 파이트, 파이트', 'MKT 월드' 등이다. '파이트, 파이트, 파이트'는 트럼프가 선거 유세 때 총격을 당한 후 일어나며 외친 구호이고, MKT는 '멜라니아 크나우스 트럼프'라는 멜라니아 여사 이름의 약자다. 트럼프는 심지어 트럼프($TRUMP) 코인을 많이 산 투자자 220여 명을 불러다 2025년 5월에 백악관에서 파티까지 열었다. 미국 대통령이 대놓고 '코인 장사'를 하고 있다는 이야기다.

트럼프 코인의 가격은 출시 초기에 치솟았다가 폭락하는 등 극심한 변동성을 보여 많은 투자자에게 손실을 안기기도 했다. 하지만 그야말로 '무에서 (트럼프 코인이라는) 유를 창조'한 트럼프 일가는 이들 코인을 통해서 막대한 부를 손에 넣었다는 것이 정설이다. 트럼프 코인의 80%는 트럼프 가족과 연관된 법인들이 소유하고 있다고 알려졌는데 이 코인의 시가총액이 15억 달러, 즉 약 2조 1천억 원 수준이다. 미실현이익이라 해도 단순 계산하면 1조 6천억 원 정도의 부가 생겨났다는 이야기가 된다.

이 회사가 발행하는 스테이블코인을 구매하는 방식으로 사실상 트럼프에 로비하는 기업들까지 생기고 있다. 일례로 2025년 4월에 텍사스에 있는 'Fr8Tech(프레이테크)'라는 IT 기업은 2천만 달러를 빌려 트럼프 코인을 구매했고, 그 덕에 CEO인 재비어 셀가스는 트럼프가 트럼프 코인 고액 구매자들을 대상으로 연 백악관 만찬 파티에 참석할 수 있었다. 트럼프가 언제 가상화폐에 관심을 갖게 됐는지는 명확히 드러나지 않았지만, 트럼프와 트럼프 일가가 스테이블코인을 포함한 가상화폐에 매우 깊이 연루된 '플레이어'로 코인에 호의적일 수밖에 없다는 점은 부인할 수 없는 사실이다. 트럼프가 가상화폐 업계와 거리를 두기는 사실상 불가능해 보인다는 뜻이기도 하다.

「지니어스법」 뜯어 보기:
미국이 생각하는 스테이블코인

'지니어스(GENIUS)'를 그냥 읽으면 '천재'라고 해석되지만, 사실 이 법의 이름은 'Guiding and Establishing National Innovation for US Stablecoins Act'라는 긴 문구의 앞 글자를 딴 약자다. 한국어로는 '미국 스테이블코인 혁신을 가이드하고 수립하기 위한 법'이란 의미다. 2025년 7월 이 법이 통과되면서 스테이블코인이 가상화폐의 중심 이슈로 부상했고, 한국을 포함한 세계 각국에서도 법제화 논의에 속도가 붙기 시작했다.

한국에서는 규제가 민간 기업의 사업을 제한하는 걸림돌로 여겨지기 때문에 규제를 나열한 법 제정을 그다지 긍정적 의미로 받아들이지 않는 경향이 있다. 하지만 특정 자산에 대한 법이 제정됐다는 것은 그 자산을 정부가 공식적으로 인정했고 그 자산(이 경우 스테이블코인)이 '법 울타리' 안으로 들어와 제도권으로 편입된다는 의미다. 그렇기 때문에 자산의 '지위'가 한층 높아진다는 일종의 인증으로 작용하는 경우가 많다.

트럼프가 반대하거나 의심쩍어하는 의원들을 직접 불러 설득하면서까지 통과시키려고 힘을 썼던 「지니어스법」은 결국 몇 군데 수정을 거쳐 제정됐다. 미 의회에서 스테이블코인 관련 논의가 시작되고 법제화 필요성이 거론된 것은 2021년경이었지만 찬반 의견이 워낙 첨예하게 갈려 진행이 더뎠다가 트럼프 2기 행정부 출범 6개월 만에 일사천리로 법이 완성됐다. 일본과 유럽에서 스테이블코인 관련 법이 제정된 적이 있기는 하지만, 세계에서 유통되는 스테이블코인의 99%가 달러 스테이블코인이기 때문에 이 법의 제정은 전 세계적으로 큰 관심을 끌었다.

34쪽짜리 「지니어스법」은 스테이블코인을 어떻게 규제할 것인지를 담았다. 법을 제정하려는 움직임이 있는 한국에서도 이 법을 관심 있게 들여다보고 연구하고 있다. 한국에서 법이 만들어진다면 비슷한 부분이 적지 않을 가능성이 크다. 주요 내용을 간추려 소개한다.

스테이블코인의 정의: '지불용'으로만 한정

법에서는 스테이블코인의 명칭을 '지불용 스테이블코인(payment stablecoin)'이라고 못 박았다. 지불이란 재화나 서비스의 대가로 돈이나 그에 상응하는 가치를 넘겨주는 행위를 뜻한다. 물건이나 서비스를 사고팔면서 돈을 주고받는 일이란 의미다. 2조22항에서 법이 적용되는 대상을 "지급·결제용으로 쓰이도록 설계됐고 정해진 통화 가치로 바꾸거나 상환하거나 환매할 수 있는 디지털 자산"이라고 정의해두었다.

스테이블코인이 송금, 결제 같은 지불 기능에 쓰이면서 소비자의 비용과 시간을 절감해줄 것으로 많은 사람들이 기대하고 있기는 하다. 그렇다고는 해도 법에 '지불용'이라고 용처를 못 박은 이유는 무엇일까. 전문가들은 미 정부가 이렇게 '좁은 틀' 안에 스테이블코인을 가둠으로써 증권·예금·투자상품·통화정책 영역으로 스테이블코인의 영향력이 확장될 가능성을 사전에 차단하려 했다고 해석한다. 스테이블코인이 이자를 지급하거나 수익을 분배하는 행위를 막고 '스테이블코인을 통해 민간 화폐를 합법화한다'는 논쟁으로부터도 자유롭기 위한 조치라는 의미다.

파생 상품 거래와 이른바 디파이(DeFi, Decentralized Finance, 탈중앙 금융)를 통해 코인으로 수익을 내는 스테이블코인은 「지니어스법」의 대상에서 빠졌다. '규제를 안 받으니 좋은 것 아닌가?'라고 생각할 수도 있지만, 소비자 입장에서는 규제의 울타리 밖에 있는 코인은 국가의 보호를 받지 못한다는 뜻이기 때문에 일반 대중에게 확장되기에는 한계가 있다. 「지니어스법」이 지목한 '결제'에는 대금 결제, 송금, 무역 대금 결제, 급여 지급, 콘텐츠 대금 납부, 국가 간 정산 등 광범위한 영역이 들어가 있다. 스테이블코인이 혁신의 영역이라고 주장하는 사안에 대해서만 규제를 성립해도 활용할 분야가 충분히 크다고 미 정부와 정치권은 판단한 듯 보인다.

한편 스테이블코인을 지불용으로만 한정한 것을 두고 은행권의 로비가 먹힌 결과라고 해석하는 전문가들도 있다. 스테이블코인을 둔 큰 논쟁 중 하나가 '스테이블코인에 이자 지급을 허용해주어도 되는가' 하는 문제다. 스테이블코인에 이자를 지급하기 시작하면 은행 예금과 기술적으로는 아주 비슷해지는데 이런 '가상화폐 은행'이 생길 경우의 위험이 무엇인지 명확히 검증되지 않았다고 은행들은 주장한다. 물론 기존 은행은 소비자가 더 편하게 이용할 수 있는 첨단 은행이 껄끄러울 수밖에 없으므로 강한 반대 목소리를 낸다고 볼 소지가 다분하다. 적어도 「지니어스법」에서는 스테이블코인의 용도를 지불용으로만 한정한 데 더해, "스테이블코인에 이자를 지급해서는 안 된다"(4조)라고 적시함으로써 '이자 벌기용 스테이블코인'을 원천적으로 막았다고 볼 수 있다.

스테이블코인을 발행할 수 있는 회사

스테이블코인을 누가 만들어서 관리하고 유통할 수 있는지는 한국에서도 큰 논란거리다. 보수적으로 접근해야 한다는 쪽(주로 한국은행 관련자나 정통 경제학자들)은 오랫동안 '돈'을 다뤄왔고 돈세탁 방지 방법 등을 잘 숙지한 기존 은행으로 발행 주체를 한정해야 한다고 말한다. 반면 코인 업계 쪽에서는 혁신을 촉진하기 위해 비(非)은행 테크 기업 및 가상화폐 관련사에도 문을 열어야 한다는 목소리를 낸다.

미국의 선택은 전자 쪽에 약간 가깝다. 다만 많은 여지를 열어놓았다. 우선 '예금자 보호 적용 대상인 은행의 자회사'로서 연방 규제 기관에 승인을 받으면 스테이블코인을 발행할 수 있다고 해두었다. 그렇다고 은행 자회사가 아닌 곳은 절대 스테이블코인을 발행하지 못한다고 규정하지는 않았다. 은행이 아니지만 법에 명시된 돈세탁 방지책이나 준비금 규정 등의 자격 요건을 갖춘 곳이라면 규모에 따라 연방 혹은 주(州)의 관할 조직의 허가를 받아 스테이블코인을 발행할 수 있도록 했다. 발행액이 100억 달러 이상이면 연방, 100억 달러보다 적으면 주 규제를 적용받는다.

준비금은 현금성 자산으로만

「지니어스법」이 마련되는 과정에서 가장 큰 관심을 끈 조항 중 하나가 '준비금 요건'이었다. 스테이블코인의 가치를 유지하기 위해 적립해두는 준비금에 어떤 자산을 포함할지에 따라 해당 자산의 가격이 영향을 받을 가능성이 크기 때문이다. 앞서 스테이블코인 관련 법을 제정한 일본과 유럽은 준비금으로 '현금'만을 인정한다고 까다롭게 정해두었다.

미국의 선택은 다르다. 현금(미국 달러) 및 예금과 함께 만기 93일 이내의 미 국채, 미 국채를 담보로 하는 환매조건부채권(Repurchase agreements, RP 또는 Repo) 관련 상품 등을 준비금으로 인정하기로 했다. 달러 스테이블코인의 규모가 커지면 미 국채에 대한 수요가 함께 불어날 수밖에 없는 환경이 조성된 셈이다. 스콧 베선트 미 재무장관을 포함한 미국의 당국자들은 스테이블코인을 통해 미 국채의 수요를 키우려 한다는 의도를 적나라하게 밝혀 왔는데, 그 이유에 대해선 다음 장에서 살펴볼 예정이다.

스테이블코인, 중앙은행은 손 떼라

스테이블코인을 정의한 2조22항에서 '스테이블코인이 아닌 것'을 명시해둔 점도 눈에 띈다. "법정화폐(national currency), 예금[분산 원장(블록체인)으로 기록된 예금 포함], 증권은 스테이블코인에 포함되지 않는다"라고 명시해두었다. 중앙은행이나 기존의 금융사가 원래부터 보유하고 있던 자산을 블록체인으로 관리한다고 해서 이 법이 정하는 스테이블코인으로 인정받을 수는 없다는 뜻이다.

이 중 '법정화폐'를 배제 대상에서 군이 명시한 것과 관련해서는 미국 중앙은행인 연방준비제도가 바이든 정부 당시 추진했던 '중앙은행 디지털 화폐(CBDC)'에 대한 트럼프의 극심한 혐오가 반영됐다는 평가도 나온다. 트럼프는 중앙은행이 발행하는 CBDC가 결국 국민 감시 수단으로 쓰일 위험이 있다며 강력한 반대 의사를 반복해서 표명해왔다. 취임 직후인 2025년 1월에는 "미국 관할권 내에서 CBDC를 발행하거나 촉진하는 어떤 조치도 금지한다"라는 내용을 담은 행정명령에 서명까지 했다.

미국 국채 시장의 큰손이 된
스테이블코인

　트럼프와 미 정부가 가상화폐 친화적이라는 것이 기정사실이라 해도 스테이블코인에 유난히 적극적인 이유는 무엇일까. 그 이유 중 하나로는 막대하게 불어난 미국의 국가 부채가 꼽힌다. 스테이블코인과 미국 국가 부채, 이 둘은 멀어 보이지만 사실 매우 밀접하게 연관되어 있다. 스콧 베선트 재무장관이 여러 차례 노골적으로 그 의도를 드러내면서, 이것이 유일한 이유는 아닐지 몰라도 중요한 이유 중 하나라는 점은 분명해졌다. 그 고리를 찬찬히 뜯어보기 전에 우선 베선트 장관의 발언을 살펴보자.

　그가 X(구 트위터)에 2025년 6월 18일에 직접 올린 글이다.

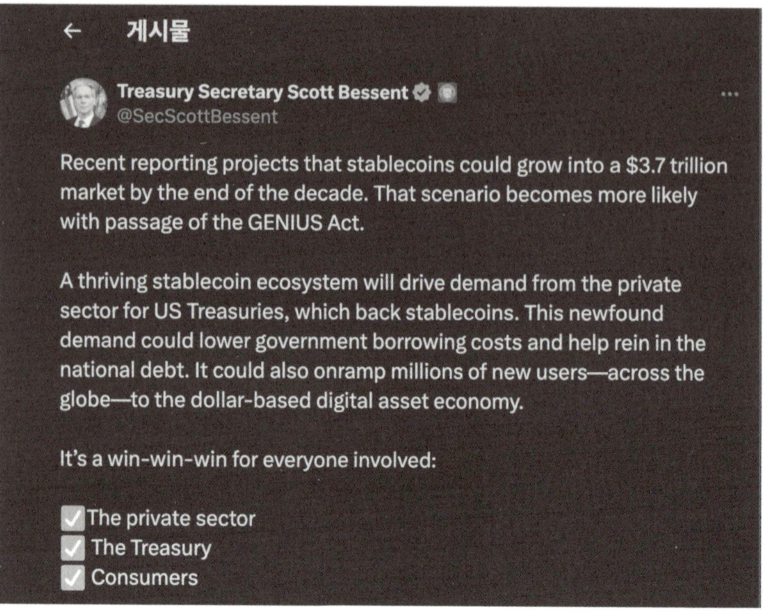

"최근 보도에 따르면 스테이블코인 시장 규모는 2020년대 말 즈음 3조 7천억 달러 수준으로 늘어날 전망입니다. 지니어스법 통과와 함께 이 시나리오는 실현 가능성이 더 커졌습니다. 성장하는 스테이블코인 생태계는 스테이블코인을 지지하는 미 국채에 대한 민간 수요를 끌어올릴 것입니다. 이렇게 새로 창출되는 수요는 정부의 차입 비용을 줄이고 국가 부채를 통제하는 데 도움이 될 것입니다. 아울러 세계 각지에서 수백만 명의 신규 사용자를 달러에 기반한 디지털 경제에 끌어들이는 역할도 할 겁니다. 민간 업계, 재무부, 소비자 모두를 위한 윈-윈입니다. 현명하고 혁신 친화적인 입법에 따른 성과입니다."

미국 재무 장관이 스테이블코인이 미 국채 금리를 낮추고 국가 부채 문제를 완화해줄 것이라고 공식적으로 천명한 셈이다.

스테이블코인과 미 국채 그리고 재정 적자는 어떻게 연결될까? 베선트가 암시한 대로 「지니어스법」에 '열쇠'가 있다. 「지니어스법」은 달러 스테이블코인을 발행할 때 발행 물량과 같거나 많은 수준으로 현금 혹은 현금성 자산을 갖추도록 했다. 대표적인 현금성 자산이 미국 단기 국채다. 발행사 입장에서는 현금보다는 국채로 준비금을 마련해놓기를 선호할 수밖에 없다. 이자가 거의 붙지 않는 현금에 돈을 넣어놓느니(이자가 연 0.1% 붙을까 말까 하는 수시입출식 통장을 생각하면 쉽다) 안정적이면서도 이자를 꽤 주는 미 국채를 사는 편이 훨씬 이익이기 때문이다.

앞서 살펴보았듯이 코인 투자금을 받아서 국채를 산 후 얻는 이자는 사실상 스테이블코인 발행사의 유일한 수입원이다. 스테이블코인 시장이 커지면 그만큼 국채를 많이 쌓아놓아야 하기 때문에 국채 수요가 올라가고, 국채 수요가 몰리면 국채 가격은 상승한다. 국채를 포함한 채권의 금리는 가격과 반대로 움직이므로 미국 입장에서는 국채 이자가 낮아져 이자 비용이 줄어드는 효과를 스테이블코인을 통해 얻을 수 있게 된다.

불어나는 미 국가 부채만큼 미국 정부 입장에서 껄끄러운 것이 또 하나 있다. 미 국채의 다량을 보유한 중국이 미 국채를 자꾸 내다 팔고 있는 정황이 감지된다는 점이다. 미 재무부 데이터베이스에 따르면 트럼프 1기가 출범했던 2017년 1월까지만 해도 중국은 미 국채를

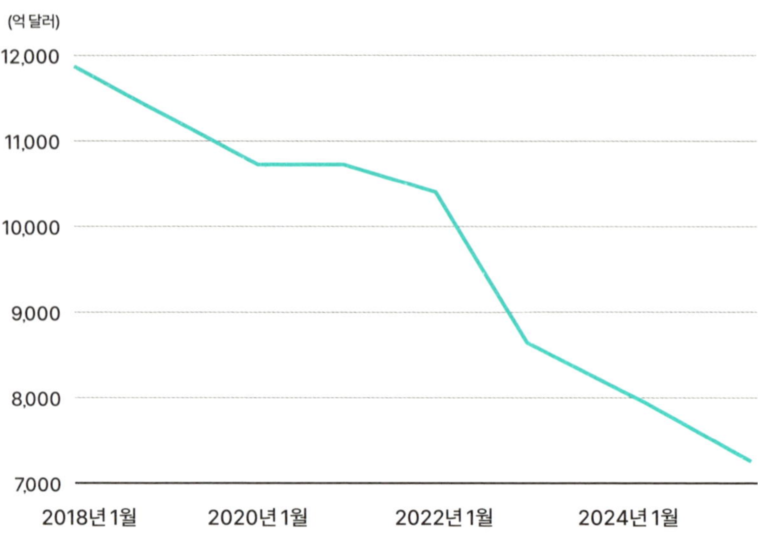

1조 511억 달러어치 쌓아둔 최다 보유국이었다. 이후 트럼프가 중국과 무역 전쟁을 벌이고 후임 바이든도 이 기조를 이어가는 과정에 중국의 미 국채 보유 규모는 계속 줄어 7,037억 달러로 내려앉았다. 중국은 일본에 이어 한동안 2위를 유지하다가, 2025년 3월부로 2위 자리마저 영국에 내줬다. 중국이 "우리는 미 국채를 내다 팔고 있다"라고 공식적으로 발표한 적은 없으나, 데이터를 보면 중국의 미 국채 보유량이 8년 만에 3분의 2 수준으로 줄어든 사실은 명확해 보인다.

미국은 재정 적자로 인해 국채를 계속 더 발행할 수밖에 없고, 중국은 보유하던 미 국채를 매도하는 것으로 보이는 상황이라 미국 입장에서는 새로운 수요를 만들어낼 수밖에 없다. 그렇다고는 해도 신생 디지털 자산인 스테이블코인의 규모가 세계 최강 대국이자 최대 국채 발행국인 미국의 국채 금리를 끌어내릴 정도로 거대할까? 이에 대해서는 '모든 문제를 해결할 정도는 아니지만, 어느 정도는 해결할 수준은 된다'라는 쪽으로 전문가들의 의견이 모이고 있다.

베선트는 앞에 언급한 X에 2030년쯤 스테이블코인 시장 규모가 3조 7천억 달러로 성장할 것이라고 예상했다. BIS 등 글로벌 기관에서는 현재 스테이블코인 규모를 보통 1, 2위 스테이블코인인 테더와 USDC를 합쳐서 집계하는데, 현재 둘을 합친 시가총액은 2,400억 달러에 불과하다. 베선트가 언급한 전망치가 정확한지는 알 길이 없지만, 그가 희망하는 대로 스테이블코인 시장 규모가 불어난다면 3조 달러가 넘는 미국 국채 수요가 생겨날 수 있다는 뜻이 된다. 미 전체 국가 부채의 약 10% 정도로, 국채 수요가 이 정도 늘어난다면 이자 부담은 어느 정도라도 확실히 줄어들 가능성이 있다.

여기서 하나 잠시 짚고 넘어가야 할 점이 있다. 아무리 트럼프와 미 정부가 전폭적으로 지원한다고 해도 스테이블코인 규모가 계속 불어난다고 어떻게 보장할 수 있을까. 만약 스테이블코인 규모가 지금보다 줄거나, 규모가 한동안 늘다가 뭔가 충격이 발생해 사람들이 내다 팔기 시작하면 어떻게 될까. 그렇게 되면 반대로 미 국채 수요가 감소하지 않을까. 많은 전문가(주로 중앙은행 관계자들과 경제학자들)는 이런 상황이 발생할 경우 오히려 미 국채 금리가 급등할 위험도 고려해야 한다고 경고하고 있다.

「지니어스법」 의외의 패자,
빅테크사

　「지니어스법」은 논의 과정에 여러 차례 수정을 거쳤는데, 막바지 (법 제정 약 한 달 전)에 흥미로운 조항이 하나 추가됐다. 스테이블코인 발행사의 자격 요건을 명시한 4조에 '비금융 상장사'에 관한 항목을 따로 떼어 허가를 매우 어렵게 만든 것이다. 이를 두고 '사실상 금지 시켰다(flat prohibition)'라는 해석이 나올 정도로, 이들에 대한 스테 이블코인 발행 허가를 까다롭게 규정했다. 구체적으로는 "금융업을

• GENIUS Act Signed into Law US Enacts Federal Stablecoin Legislation. 18 July 2025(mayer brown.com/en/insights/publications/2025/07/genius-act-signed-into-law-us-enacts-federal-stablecoin-legislation?utm)

주력으로 하지 않는 상장사가 스테이블코인을 발행하기 위해서는 스테이블코인 인증 검토 위원회로부터 이 행위가 미국의 은행 시스템과 금융 안정성, 연방 예금자보험에 해를 끼치지 않고 소비자 데이터 사용 제한 및 지니어스법의 다른 규제를 지킨다는 만장일치 동의를 얻어내야 한다"라고 되어 있다. 글로벌 로펌 '레이섬 앤 왓킨스'의 분석에 따르면 '스테이블코인 인증 검토 위원회'는 미 재무부, 연방준비제도, 예금보험공사로 구성된다.[*] 매우 까다로운 각 기관 모두를 '우리가 스테이블코인을 발행해도 문제가 없다'라고 설득해야 발행이 가능해진다는 뜻이다. 불가능하지는 않을지언정, 절차가 까다롭고 오래 걸릴 가능성은 매우 커졌다.

'비금융 상장사' 중에 스테이블코인 발행을 할 만한 대표적인 후보 기업은 대부분 테크 기업들이다. 그 때문에 「지니어스법」에 추가된 이 규정이 테크 기업들을 견제하기 위해서라고 해석하는 전문가들도 있다.

페이스북[**]이 2019년 '리브라'라는 스테이블코인 발행을 계획했다가 '민간이 통화를 대체하려 한다'라는 미국 등의 규제 당국에 막혀 접은 적이 있을 정도로, 많은 빅테크 기업이 스테이블코인에 관심을 보여왔다는 점을 감안하면 거의 언급되지 않는 이 조항도 간과해서

---

[*] The GENIUS Act of 2025: Stablecoin Legislation Adopted in the US, July 24, 2025(lw.com/en/insights/the-genius-act-of-2025-stablecoin-legislation-adopted-in-the-us?utm)

[**] 지금은 운영사 이름을 서비스명과 분리해 '메타'로 바꾸었다.

는 안 된다. 무엇보다 한국은 네이버, 카카오 같은 기업이 당연하다는 듯이 스테이블코인 발행사로 거론되고 있기에 이 부분을 좀 더 자세히 살펴볼 필요가 있을 듯하다.

빅테크 회사들이 스테이블코인 발행에 관심을 보이는 이유는 제각각이다. '빅테크'라고 하더라도 업종과 수익 모델이 다르기 때문에 스테이블코인을 통해 얻으려는 이득도 조금씩 차이가 있다.

가장 요란하게 스테이블코인 발행 계획을 공개했다가 정부의 압박에 한발 물러선 페이스북의 경우 자체적인 금융 생태계 구축이 목표였다. 페이스북이 계획했던 '리브라'에 대한 당시의 백서를 보면 이 스테이블코인은 미국 달러, 유로 같은 단일 통화가 아니라 여러 주요 통화를 한 '바구니'에 담아 그 가치와 연동되게 하는 방식이었다. '바구니'는 미 달러 50%, 유로 18%, 일본 엔 14%, 영국 파운드 11%, 싱가포르 달러 7%로 구성한다고 되어 있었다. 백서는 리브라의 목표를 "수십억 명의 사람들에게 도움이 될 간편한 글로벌 통화 및 금융 기반 시설을 구축하는 것"이라고 적시하고 있다. 페이스북 주도로 마스터카드·비자 같은 카드사들과 페이팔·스트라이프 등 결제 회사, 안드리센 호로위츠 등 벤처 캐피탈, 보다폰 등 통신사, 코인베이스 등 가상화폐 거래소 등이 두루 참여했다.

백서에 '페이스북의 생태계 안에서'라고 적시하지는 않았지만, 마크 저커버그 CEO 및 내부 관계자들은 페이스북 및 페이스북이 인수한 왓츠앱과 인스타그램 등의 사용자들이 그 안에서 사용할 수 있는

'통화'를 발행함으로써 비용과 시간을 줄이고 싶다는 뜻을 반복해서 밝혔다. 소셜미디어로 출발한 페이스북과 관련사들은 전 세계 수십억 명이 사용하고 있지만 광고 수익을 뺀 다른 수익원이 마땅치 않은 실정이다. 페이스북은 2024년 기준 매출*이 1,645억 달러인데, 이 중 광고가 1,606억 달러로 97.6%나 될 정도로 광고 의존도가 지나치게 높다. 스테이블코인을 결합하면 생태계를 유통이나 금융 분야로 확대할 수 있으리라고 페이스북은 기대한 모양인데, 민간 기업이 통화를 발행하고 유통한다는 데 대한 거부감이 워낙 심해 결국 이 계획은 좌초됐다. 페이스북이 주도해 리브라 발행을 위해 설립한 '리브라 연합'의 본사를 스위스에 설립한 것도 미 정치권을 불편하게 했다. 하지만 페이스북이 다른 금융사와 협업하는 등의 방식으로 다시 스테이블코인에 도전할 가능성은 여전히 살아 있다.

스테이블코인 발행 의지를 표명했다고 알려진 또 다른 빅테크 기업은 미국 최대 전자상거래 기업 아마존이다. 지금까지 만난 다수의 전문가가 "아마존이야말로 스테이블코인을 도입할 만하다"라고 인정할 정도로, 한때 아마존표 스테이블코인 발행이 기정사실화되기도 했었다. 아마존은 직접 물건을 만들어 팔지 않고 수많은 판매상과 소비자를 연결하는 유통 플랫폼이기 때문에 스테이블코인을 사용한 결

---

* sec.gov/Archives/edgar/data/1326801/000132680125000017/meta-20241231.htm

제를 활성화하면 여러 참여 주체가 송금·카드 수수료 같은 비용을 절약할 수 있으리라는 긍정적 평가가 적잖이 나왔다. 페이스북이 스테이블코인을 통해 유통으로 영역을 넓히려 했다면, 아마존은 이미 그 누구도 넘어서기 어려운 유통 강자로 굳어져 있고 그래서 스테이블코인을 즉각 접목하기 쉬우리라는 예상이었다. 예를 들어 100달러짜리를 매매하는 과정에 카드 수수료로 2%인 2달러가 나갔다면, 스테이블코인을 통한 거래로 이를 아껴 소비자에게 1달러를 돌려주고 상인도 1달러를 추가로 벌 수 있다는 식이다(이런 '원-윈' 모델은 한국의 빅테크 기업들이 강조하는 스테이블코인의 강점이기도 하다).

2025년 6월 13일 나온 〈월스트리트저널〉의 특종 기사[*]는 아마존과 함께 월마트[**]가 스테이블코인 발행을 적극적으로 검토 중이라며 이렇게 보도했다.

"일부 대형 유통사가 스테이블코인을 발행하거나 사용할 방법을 모색하고 있다. 이들은 이를 통해 현금과 카드 거래를 전통적인 금융 시스템 밖에서 처리함으로써 수수료로 나가는 수십억 달러를 절약할 수 있다고 기대한다. 월마트나 아마존이 기존 결제 시스템을 우회하여 가상화폐 기반 결제를 시작하려는 움직임은 거대 은행과 카드사를 경악하게 할 것이다."

---

[*] Walmart and Amazon Are Exploring Issuing Their Own Stablecoins, June 13, 2025(wsj.com/finance/banking/walmart-amazon-stablecoin-07de2fdd)

[**] 월마트는 1962년 설립된 미국의 전통적인 유통 기업으로 다수의 오프라인 마트를 운영해왔지만, 디지털 경제가 확산하면서 아마존에 맞설 유통 플랫폼이 되기 위해 공격적인 사업 모델 전환을 시도 중이다.

경악한 은행과 카드사들의 로비 때문인지, 「지니어스법」 제정으로 아마존이 스테이블코인을 직접 발행하기 위해 허가를 따내기까지의 과정은 험난할 가능성이 커졌다. 다만 아마존 등이 스테이블코인 인가를 보다 쉽게 받을 수 있는 다른 금융사 등과 손을 잡는 방식으로 스테이블코인을 접목할 가능성은 있다.

이미 아이폰 같은 애플 기기에서 가동되는 '애플페이'라는 결제 시스템을 가동 중인 애플도 스테이블코인에 관심이 있을 수밖에 없다. 애플페이는 현재 신용카드를 등록해 온·오프라인 매장에서 결제하는 방식으로 구동이 되는데, 그 과정에는 신용카드 수수료가 여러 단계에서 부과된다. 이미 애플페이 결제망이 적잖이 확산되어 있는 환경에 스테이블코인을 접목하기만 하면 수수료가 절약될 수 있다. 하지만 「지니어스법」의 해당 조항으로 애플의 스테이블코인 진출도 험난해졌다.

Part 6

원화 스테이블코인: 가능성과 우려

가시권에 들어온
원화 스테이블코인

"위험이 발생하면 큰 충격을 줄 수 있는 반면 시급한 용처는 없어 보입니다. 그렇다면 좀 더 천천히, 신중하게 가도 되지 않을까요?"

_경제학과 교수 A씨

"스테이블코인을 너무 거창하게 생각해 두려워할 필요는 없습니다. 원화 스테이블코인은 '디지털 예금'과 큰 차이가 없어요."

_데이비드 안돌파토 마이애미대 경영대학원 교수

1년 전까지만 해도 언급되는 일이 드물었던 원화 스테이블코인은 지금 한국 금융의 가장 뜨거운 주제 중 하나로 떠올랐다. 이재명 대통령 취임과 함께 스테이블코인 테마주가 급등했다가 이후 급락하는 등 투자자 관심도 크다. 은행과 테크 기업들은 앞다퉈 스테이블코인 상표 등록에 나서면서 원화 스테이블코인 시대에 대비하는 듯한 모습을 보인다. 하지만 앞에 몇몇 발언을 인용했듯이 전문가들의 의견은 엇갈리고 있고, 한국은행과 금융 당국, 그리고 스테이블코인 관련 법을 추진하는 여러 정치인의 의견 또한 입장이 제각각인 상황이다.

더불어민주당 대선 공약집에 '스테이블코인'이 적시돼 있지는 않다. 하지만 '가상자산 활성화'를 추진하겠다는 내용이 다수 있다. 또 이 대통령은 후보 시절 여러 차례 스테이블코인 도입 필요성을 시사하는 발언을 해왔다. 예를 들어 대선 한 달 전 유튜브에서 생중계된 토론회에서는 스테이블코인에 대해 "달러 기반, 미국 국채 기반 스테이블코인은 미국의 핵심적인 정책 중 하나인데 우리는 가상자산에 대해서 아직 입장이 명확하지 않고 적대시하는 측면이 있다"라고 하면서 "원화 기반 스테이블코인 시장도 만들어놔야 소외되지 않고 국부 유출도 막을 수 있다"라고 밝혔다.

이재명 정부 출범 직후 미국에서 스테이블코인 법제화가 이루어지면서 한때 스테이블코인 테마주 광풍이 부는 일도 발생했다. 제도에 대한 밑그림도 나오지 않았는데 정권 출범 후 3주 만에 네 배 가까이 뛴 종목까지 생겼다. 그 기간 주가 상승률이 높은 상위 종목 중 절반 가까이가 원화 스테이블코인 테마주였다는 보도도 나왔다. 당시 주가 상승률 1위 종목인 게임 업체 '미투온'은 주가가 300% 가까이 치솟아 한때 주가 급등으로 인한 거래 정지까지 당했는데, 자회사가 달러 스테이블코인과 연동된 카지노 게임 플랫폼을 출시했다는 것이 투자금이 몰린 이유였다.

원화 스테이블코인에 대한 논란은 책이 나온 지금까지도 여전히 진행 중이다. 논의의 주제는 크게 둘이다. 첫째는 '원화 스테이블코인이 왜 필요한가'이고 둘째는 '원화 스테이블코인의 위험은 무엇인가'이다. 첫 질문에 대해서는 스테이블코인이라는 새로운 디지털 기술의 '물결'에 늦기 전에 올라타야 한다는 주장과 한국은 이미 디지털 금융이 과도하다 싶을 정도로 촘촘하게 구축된 나라여서 스테이블코인까지 나올 필요성은 없다는 의견이 맞서고 있다. 두 번째 질문은 금융 안정 및 자금 유출 가능성과 연관된다. 바로 앞 장에서 살펴본 스테이블코인의 위험, 즉 채권시장 교란이나 돈세탁 및 탈세 우려가 한국도 다르지 않은 데다 한국이라는 특수성이 가져올 추가적인 위험도 있다는 경고가 여러 곳에서 나오는 상황이다.

지금부터 원화 스테이블코인과 관련한 논란을 짚어보고 현재 추진되고 있는 여러 법안의 특징과 장단점에 대해 살펴보려 한다. 첫 포인트는 스테이블코인에 대해 독자들에게 가장 많이 들었던 질문과 연관된다. "원화 스테이블코인이 각종 페이와 뭐가 다르죠?"라는 의문이다.

■ [단독] 새정부 출범 3주…4배 뛴 '원화 코인주', 〈한국경제신문〉
2025.06.24(hankyung.com/article/2025062472601)

스테이블코인,
네이버 포인트와 뭐가 다를까?

　지금은 중단됐지만 한때 선풍적 인기를 끌었던 '페이코인'이라는 앱이 있다. 핀테크 회사 '다날'이 자회사를 통해 내놓은 서비스다. 재테크에 대해 해박한 친구가 소개해줘서 써본 적이 있다. 대부분의 편의점과 많은 프랜차이즈에서 사용 가능했던 이 앱은 '페이코인'이라는 가상화폐를 구입한 후 이를 통해 결제하는 방식으로 작동했다. 소비자 입장에서는 은행 계좌나 신용카드를 연동해 놓고 페이코인을 '충전'해두는 방식으로 쓸 수 있었다.

　장점과 단점이 다 있었다. 장점은 일단 포인트를 엄청 쌓아주었고 이벤트도 많아 소비자로서 이득이 쏠쏠했다. 당시 페이코인 경영진 중 한 명을 만날 일이 있었는데 이런 소비자 혜택을 만들어낼 수 있는 배경에 대해 "신용카드 결제 때 여러 중간 단계에서 나가는 수수료를 절약해 이 중 일부를 소비자에게 돌려주는 것"이라고 설명했다. 블록체인 기반 코인을 활용한 결제는 신용카드 수수료 등이 필요 없기 때문에 이를 소비자와 가맹점에게 나누어 돌려준다는 이야기였다. 사용자가 늘어나면서 편의점 같은 가맹점과의 이벤트도 점점 풍성해져, 한때는 "페이코인이 아이스크림 이벤트를 하면 편의점 냉장고에 아이스크림이 동난다"라는 이야기까지 나왔다(실제로 동났다).

그런데 소비자 입장에서 단점이 너무 명확했다. 페이코인은 앱 결제용으로만 쓰이는 코인이 아니었다. 가상화폐 거래소에 상장되어 다른 여느 코인처럼 매매되고 있었고, 역시 다른 여느 코인처럼 가격 변동이 극심했다. 페이코인 앱의 인기가 올라가면서 코인 가격이 급등하기도 했다가 차익 실현 매물이 나오며 급락하는 일도 빈번했다. 그래서 어느 날은 3만 원어치를 사 놓은 페이코인이 코인 가격 상승 덕에 써도 써도 자꾸 불어나 6만 원이 되기도 했고, 반대로 일주일 전 분명 5만 원이 있었는데 3만 원으로 줄어 있는 일도 발생했다. 이런 위험을 줄이려면 충전 즉시 바로 쓰는 방법도 있었지만 그러기에는 너무 귀찮았다. 코인 가격이 오를지 내릴지 모르니 무엇이 득이 될지도 파악하기 어려웠다. 페이코인은 금융 당국의 실명 확인 규제 등이 강화되면서 2023년 서비스를 중단했다.

최근 원화 스테이블코인과 관련해 진행되는 논의들을 보면서 페이코인을 떠올렸다. 만약 페이코인처럼 거래 비용을 줄여주면서도 '미친' 가격 등락이 없는 뭔가가 있다면 소비자에게 좋은 일이 아닐까 하는 생각이 들었다. 그렇다면 그 답은 원화 스테이블코인 아닌가 하는 의문 말이다.

문제는 이미 그와 비슷한 역할을 하는 서비스들이 한국에 있다는 점이다. 가상화폐나 코인, 블록체인 기술과 접목이 되어 있지 않더라도 소비자 입장에서는 '안정적이고 편하며 혜택이 많은' 서비스가 적지 않다. 일단 온라인 결제를 하면 가맹점에 따라 포인트 적립이나 할인을 해주는 네이버페이, 카카오페이, 토스페이 등 여러 '페이' 서비스들이 널리 쓰이고 있다. 판매점이 직접 운영하는 스타벅스페이, 이디야페이, 매머드페이, SSG페이 등등도 열거할 수 없을 정도로 많다.

이들 앱은 대부분 미리 포인트를 쌓아두고 결제하면 혜택을 준다. 게다가 이에 맞서 일반 신용카드사들도 앱 결제를 점점 편하게 만들면서 포인트를 적립해주고 이 포인트는 현금처럼 쓸 수가 있다. 이런 페이들이 '포인트'라고 부르는 그 적립금은 원화와 '1포인트 =1원'으로 연동이 되고, 비용과 시간을 줄여준다. 이런 포인트가 스테이블코인과 무엇이 다른지 궁금해하는 질문이 나오는 게 어찌 보면 당연하다.

전문가들에게 두루 물었을 때 답은 하나로 수렴했다. "소매점에서 쓰는 것은 소비자 입장에서 별 차이가 없다." 기술적으로는 블록체인을 활용해 거래할 경우 발행사나 결제사의 비용과 시간이 절약될 수 있지만 이를 한국에서 쓰는 한국 소비자 입장에서는 큰 차이가 없을 수 있다는 의미다. 원화 스테이블코인 발행의 필요성을 역설하는 사람들은 그래서 외국인 소비자를 앞세운다. 한국 소비자에게는 그다지 필요가 없을지 몰라도 최근 K-문화 열풍으로 한국에 대해 많은 관심을 가지고 한국 상품과 서비스를 더 많이 소비하고자 하는 외국인들에게 원화 스테이블코인이 쓸모가 있을지 모른다는 이야기다.

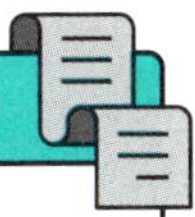

스테이블코인과 '페이'의 차이

2025년 8월 서울에서 열린 대형 글로벌 콘퍼런스인 '세계 경제학자 대회(World Congress of the Econometric Society)'에서 가장 관심을 많이 끈 세션은 신현송 BIS 이코노미스트 등이 참여한 디지털 화폐 관련 토론이었다. 이 책을 쓰면서도 당시 들었던 이야기가 많은 도움이 됐는데, 세션 중에 '페이 서비스'와 스테이블코인의 기술적 차이를 비교하는 내용이 나와 소개한다. 윤성관 한국은행 디지털화폐실장의 발표 내용이었다.

스테이블코인과 '페이'는 모두 디지털 거래에 특화된 빠르고 저렴한 결제 방식이다. 다만 네이버, 카카오 같은 특정 서비스에서만 쓸 수 있는 페이와 달리 스테이블코인은 여러 플랫폼에서 사용이 가능하기 때문에 확장성이 크고 국경을 넘나드는 거래에도 유리하다. 스테이블코인은 아울러 다른 가상자산 거래를 위한 관문 역할을 할 잠재력이 있다. 이런 스테이블코인의 특징은 가상자산이 아닌 다른 금융 시스템에는 악재가 될 수 있다는 의미이기도 하다. 아울러 페이 서비스가 혹시 망하면 그 서비스를 사용했던 사람들로 피해가 한정되지만 스테이블코인이 무너지거나 갑자기 서비스를 중단할 경우 준비금으로 쌓아둔 국채 등에도 영향을 미치며 위험이 금융 시스템 전반으로도 번질 가능성이 있다.

K-문화와
스테이블코인

우크라이나인 친구인 나탈리야는 한국 밴드, 그중에서도 '잔나비' 팬이다. 어려움을 뚫고 잔나비 콘서트나 음악 페스티벌을 보러 오는데 그때마다 나를 괴롭힌다. 예약하고 싶은데 우크라이나 신용카드 결제가 잘 되지 않는다고 도움을 요청한다. 어쩔 수 없이 내가 예약을 대신해주고 나탈리야가 한국에 오면 현금으로 돈을 정산받는 경우가 종종 있다.

최근 몇 년 사이 한국 문화 상품을 뜻하는, 이른바 'K-문화'가 세계적인 인기를 끌면서 관련 상품도 많이 팔려나가고 공연도 큰 인기를 끌고 있다. 넷플릭스의 애니메이션 〈케이팝 데몬 헌터스(케데헌)〉에 힘입은 국립중앙박물관의 '굿즈(기념 상품)' 판매 급증이 대표적인 예시다. 해외에서 지인이 방문하면 무엇을 기념품으로 선물할까 고민이 많았는데 이제는 〈케데헌〉 캐릭터 '더피'의 열쇠고리를 사서 주면 되니 마음이 편하다. 그런데 K-문화의 인기 가운데 나탈리야처럼, 결제 과정에 불편함을 호소하는 외국인들이 여전히 적지 않다고 한다.

디지털 결제에 이미 너무 익숙한 한국인에게 원화 스테이블코인이 그다지 쓸모가 없다는 지적이 나올 때 자주 듣는 이야기가 "K-문화 상품을 사려는 외국인들에게는 필요하다"라는 반박이다. 외국인들이 한국 문화 상품을 결제할 때 불편함이 많으니 원화 스테이블코인을 발행해서 이 불편함을 줄여주자는 주장이다.

일단 외국인들의 한국 관광 및 한국 온라인 쇼핑몰 구매는 실제로 늘어나고 있다. 방한한 외국인 관광객이 한국에서 소비한 금액은 2023년 6,917억 달러, 2024년 9,255억 달러로 급증했고, 2025년에는 더 늘어났을 것으로 추정된다. 국가데이터처에 따르면 한국 온라인 쇼핑몰을 통해 '직구'를 한 외국인의 구매액 또한 2023년 6,815억 달러에서 2024년 8,086억 달러로 증가했다. 그만큼 '한국'에 대한 소비가 늘었다는 의미다. K-문화 관련 상품에 대한 소비도 계속 증가하고 있다. 한국콘텐츠진흥원에 따르면 글로벌 K-문화(한류) 상품 시장은 이미 132억 달러 규모로 성장했고 2030년에는 1,430억 달러로 더 불어날 전망이다.

한국인이 해외 관광을 하거나 해외 직구를 할 때처럼, 한국에 돈을 쓰는 외국인들도 대부분 신용카드를 쓴다. 과거 현금을 환전해서 들고 다닐 때에 비하면 신용카드 결제는 많은 불편함을 해소해주었

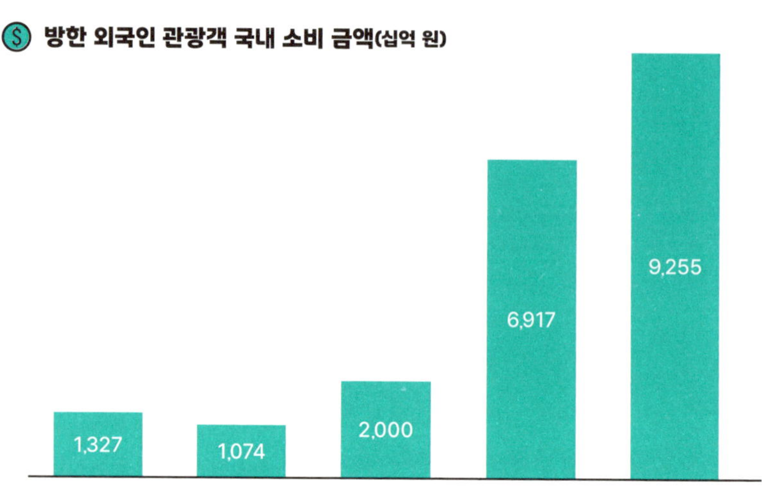

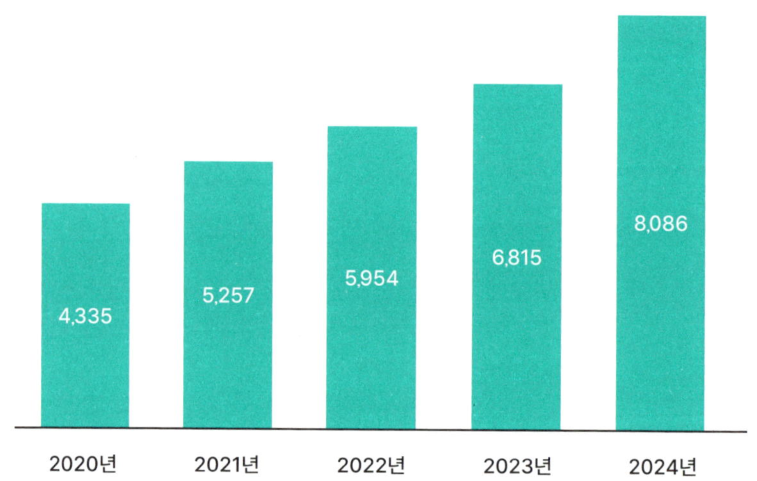

새로운 돈의 시대, 스테이블코인

지만 문제도 있다. 중간 정산 과정에 많은 금융기관이 연관되어 있기 때문에 수수료가 많이 발생하고 가맹점이 돈을 받기까지 걸리는 시간도 길다. 카드 수수료만으로도 1~3% 정도가 나가고, 별도로 환전 비용이 드는 경우도 있어 많게는 총 수수료가 13%에 달하기도 한다. 스테이블코인을 활용해 여행객이나 해외 직구 소비자가 결제를 할 경우 수수료가 약 0.1% 수준으로 낮아질 수 있다고 옹호론자들은 주장한다. 길게는 2주까지도 걸리는 가맹점 입금 시간 또한 스테이블코인을 활용할 경우, 심지어 수 분 이내로 줄어들 가능성이 있다.

K-문화 팬들 중에는 좋아하는 가수, 배우 등 아티스트에게 직접 후원을 하고 싶어 하는 이들도 많다. 원화 스테이블코인이 활성화할 경우 기획사나 팬덤 플랫폼을 거치지 않고 좋아하는 아티스트에게 바로 '후원금'을 송금할 길이 열려 한국의 아티스트에게 도움이 될 것이라는 주장도 있다. 아티스트의 가상화폐 '지갑' 주소만 공개해두면 누구나 쉽게 한국인 아티스트가 쓰기 편한 원화 스테이블코인을 사서 후원금을 보낼 수 있지 않겠느냐는 논리다.

물론 원화가 아닌 달러 스테이블코인을 써도 된다. 하지만 바로 그렇기 때문에 원화 스테이블코인을 빨리 만들어 시장을 지켜야 한다는 목소리도 나온다. 예를 들어 BTS 등의 소속사인 하이브가 운영하는 글로벌 팬덤 플랫폼 '위버스'는 해외 사용자가 달러, 엔화 결제를 할 때 신용카드와 함께 미국 디지털 결제 서비스인 '페이팔'을 이용할 수 있도록 하고 있다. 페이팔은 신용카드 번호를 넣는 것보다 에러가 날 확률도 낮고 사용법도 편하기 때문에 사용하려는 이들이 많

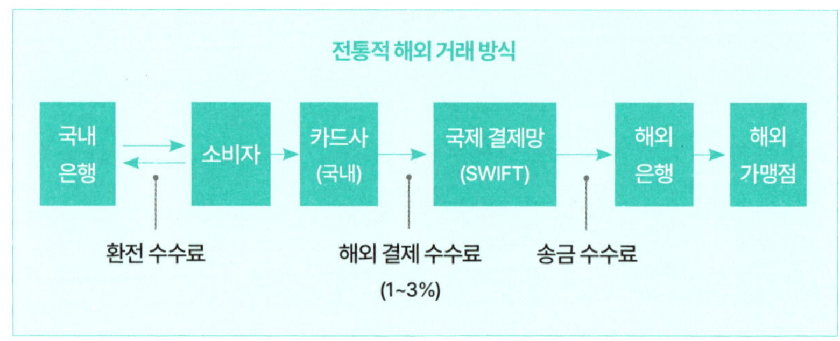

구분	전통 결제	코인 결제
결제 네트워크	해외 결제망 필요	블록체인 네트워크
수수료 구조	중개 수수료 높음	네트워크 수수료 낮음
거래 승인 방식	은행 승인 필요	탈중앙화 거래 가능
환전 필요 여부	환전 필수	환전 불필요

을 텐데, 앞서 살펴본 대로 페이팔 자체가 이미 USDC를 활용한 스테이블코인 결제를 도입한 상태이기 때문에 사실상 USDC를 통한 결제가 가능한 상태라고 보아도 무방하다. 마스터카드 같은 글로벌 카드사들이 속속 도입하고 있는 스테이블코인 결제의 경우도 마찬

가지다.

 K-문화 팬덤을 활성화하기 위한 원화 스테이블코인 도입을 주장하는 이들은 만약 한국이 원화 스테이블코인을 빨리 허용해주지 않을 경우 테더·USDC 같은 달러 스테이블코인이 그 역할을 대신하고, 한국 상점이 원화가 아닌 달러 스테이블코인을 대금으로 받는 사례가 늘어날 수 있다고 우려한다. 이는 시장에서 물품 대금을 달러로 받는 경우처럼, 달러 가치가 올라가면 이득이지만 내려가면 손실이 생길 수 있는, 이른바 '환 리스크(위험)'를 상인이 지게 만든다. 게다가 혹시라도 달러 결제 규모가 너무 커질 경우 달러가 한국의 경제에 사실상 침투하면서 이른바 '원화 주권'이 손상될 위험까지 제기하는 이들도 있다.

 반면 집필 과정에서 만난 경제학자 중에는 K-문화와 원화 스테이블코인을 연결하는 것은 무리한 주장이라고 지적하는 이도 많았다. 만약 신용카드의 높은 수수료와 긴 거래 시간이 문제라면, 여러 위험 가능성을 내포한 원화 스테이블코인이 아니어도 해결할 방법이 있다는 설명이었다. 예를 들어 기존의 카드사가 자체적으로 추진하고 있는 블록체인 활용 결제 시스템이 잘 구축되면 신용카드 수수료가 싸질 수 있다.

 아울러 BIS가 주축이 되어 여러 나라의 결제망을 디지털로 연결해 송금·결제를 편하고 싸게 만드는 여러 프로젝트가 추진되는 중인데 이 중에는 심지어 블록체인을 쓰지 않고도 싸고 빠르게 송금이 가능하게 만든 시스템도 여럿 있다. 한국에서 다른 사람에게 돈을 보내면 실시간이고 수수료도 대부분 없는데, 이런 '나라 안' 송금 시스템을 연결함으로써 국제 거래가 국내 거래처럼 편해지게 만들려는 시도다. 인도와 싱가포르의 시스템을 연결한 UPI-페이나우 연동 프로젝트가 대표적이다. 이를 통해 양국의 금융 소비자들은 상대국에 전화번호만으로 5초 내 송금할 수 있게 되었다. 중앙은행과 금융 서비스 제공 업체가 협력하는 방식으로 송금 수수료는 몇백 원 수준이라

⑤ 스테이블코인 송금 및 결제 방식

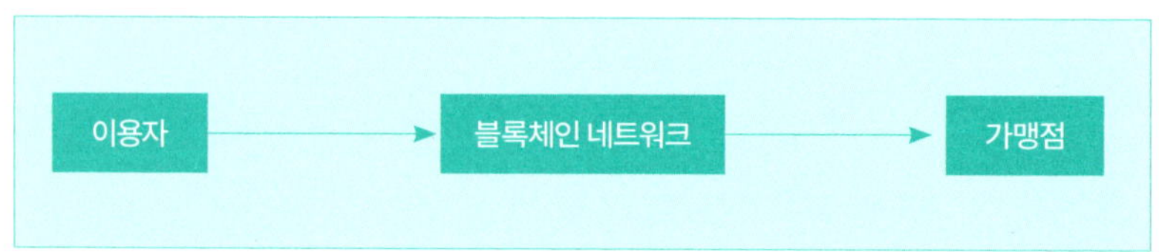

자료: 언론보도, 그로쓰리서치

⑤ 해외 송금 방식 비교

구분	SWIFT	스테이블 코인
송금시간	최장 3~7일	사실상 실시간
수수료	1~5%	0.01~0.7%
환율	팔 때 살 때 다른 환율 적용	실시간 환율
수령방식	수취인 계좌	디지털 지갑

자료: 그로쓰리서치

고 한다. 블록체인도, CBDC도, 스테이블코인도 쓰지 않고 양국 간 협력과 결제망 연결만을 통해 비슷한 효과를 낸 경우다.

결국 K-문화 확산을 위한 원화 스테이블코인 도입은 스테이블코인과 관련한 많은 논의가 그러하듯, 위험과 효용 중 어느 쪽에 더 무게를 실을지가 관건이 될 전망이다. 최근에는 K-문화가 관심사가 되기는 했지만 K-문화 팬들이 느끼는 국제 결제의 불편함과 고비용 문제는 사실 모든 글로벌 소비자가 느끼는 '페인 포인트'이기도 하다. K-문화 팬들은 원화 스테이블코인이 나와서 비용과 시간이 줄면 당연히 좋아하겠지만, 이들의 불편을 해결할 방법이 소매용(일반인이 모두 쓸 수 있는) 원화 스테이블코인 도입뿐이라고는 보기 어렵다. 도매용(금융사와 중앙은행 등만 쓰는) 원화 스테이블코인, 금융사가 활용할 수 있는 다양한 블록체인 기술, 혹은 인도-싱가포르 사례와 같은 국가 간 결제망 연결 등 다른 대안이 두루 발전하면서 시장이 선택하는 최적점을 찾아가지 않을까 한다.

스테이블코인과
통화 주권

극단적이기는 하지만, 이런 경우를 상상해보자. 달러 스테이블코인이 아르헨티나나 베네수엘라에서 보편적으로 쓰이듯 한국에서도 어느새 많이 쓰이게 되는 상황 말이다. 가능성이 아주 낮기는 하지만 원화 가치가 아르헨티나처럼 폭락하는 일이 생기거나 혹은 또 다른 이유로 국민이 '원화보다는 역시 달러'라고 생각할 경우에 그런 일이 일어날 수 있다.

이렇게 되면 소비자들은 휴대폰 앱을 통해 달러 스테이블코인으로 상품과 서비스를 사고, 상인들도 달러 스테이블코인을 받을 것이다. 지금이야 환차익을 노리고 달러 스테이블코인을 사면 결국 이를 원화로 바꿔야 하지만 모두 달러 스테이블코인을 쓰는 세상이라면 굳이 환전할 필요가 없어진다. 원화를 쓸 일은 세금을 내거나 정부 지원금을 받는 등 아주 제한적인 경우에 한정될 것이다.

원화 스테이블코인 도입을 서둘러야 한다는 이들은 이런 상황을 우려해야 한다고 주장한다. 한국은 엄격한 「외국환거래법」을 통해 실물 달러를 특정 규모 이상 환전해 보유하면 신고해야 하는 등 복잡한 절차를 거치도록 하고 있다. 하지만 이런 규제를 열린 디지털 공간인 블록체인상에서 거래되는 스테이블코인에 적용할 수는 없다. 달러 스테이블코인이 세계 각국에서 점점 더 많이 쓰이고 결국 한국까지 침투한다면 어떻게 될까. 이런 가정하에 제기되는 화두가 '통화 주권' 문제다.

IMF는 '통화 주권'이 한 국가가 다음의 세 가지를 수행할 배타적 권한을 가졌다는 뜻이라고 정의한다. ① 자국 내에서 법정 화폐를 발행할 권리, ② 통화의 가치를 결정하고 변동시킬 권리, ③ 영토 내에서 자국 통화 및 다른 통화의 사용을 규제할 권리 등이다. 가능성은 낮지만 만에 하나 달러 스테이블코인이 한국에 깊이 침투하고 국민이 이를 많이 쓰면 이 세 권리가 정도는 다르지만 침해될 우려가 있다. 원화 수요가 달러 스테이블코인 때문에 축소되면 이는 사실상 원화를 달러 스테이블코인이 대체하는 셈이 되므로 원화 발행의 독점적 지위는 약화된다. 가장 큰 문제가 되는 권리는 두 번째, 즉 통화의 가치를 결정하고 변동시킬 권리다.

한국의 중앙은행인 한국은행은 기준 금리를 통해 물가를 통제하

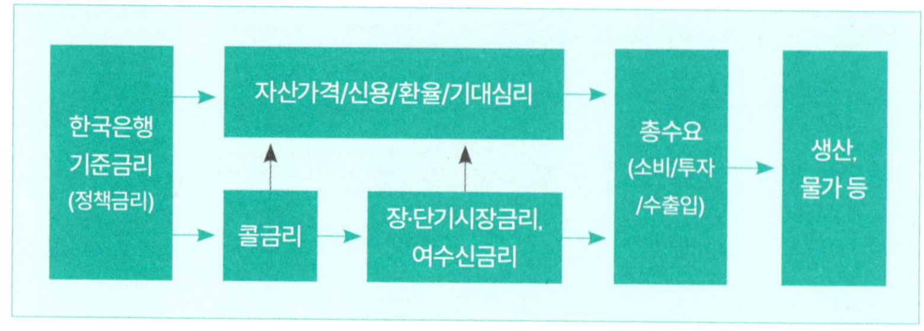

고 경제 전반에 영향을 미친다. 통화 정책이 파급되는 경로는 다양하고 복잡하다. 일단 기준 금리를 변경하면 은행 예금 및 대출 금리 같은 시장 금리가 따라 변하게 된다. 금리가 올라가면 대출 부담은 커지고 예금할 인센티브는 늘어나기 때문에 가계의 소비가 줄고 기업은 투자를 축소한다. 물가는 내려갈 가능성이 크다. 금리를 내리면 반대의 일이 일어난다.

반면 한국인이 원화가 아닌 달러를 쓰면 어떻게 될까. 극단적으로 생각해 한국인 그 누구도 원화를 쓰지 않는다고 가정하면, 한국은행이 기준 금리를 조정해도 시장 금리나 물가에 아무 영향을 미칠 수 없게 된다. 모두 달러 스테이블코인을 쓰지 않고 일부만 쓴다 해도 그만큼 금리 조정의 효과가 낮아질 수밖에 없다.

원화 스테이블코인 도입이 필요하다고 생각하는 이들은 이런 일이 생기는 것을 막기 위해서, 즉 달러 스테이블코인의 침투를 막기 위해서라도 원화 스테이블코인을 '방패'로 세워야 한다고 말한다. 이런 주장에는 '달러 스테이블코인이 혹시 한국을 침공한다면 그 이유는 원화 스테이블코인이 없어서일 것이다'라는 전제가 깔렸다. 즉 비용이 덜 들고 쓰기 편한 스테이블코인을 사람들이 많이 쓰고 싶은데 원화 스테이블코인이 없으니 어쩔 수 없이 달러 스테이블코인을 가져다 쓴다는 가정이다.

반면 많은 경제학자는 통화 주권과 스테이블코인은 아무 관련이 없기 때문에 통화 주권을 지키기 위해서 원화 스테이블코인을 서둘러 도입할 이유는 없다고 강조한다. 달러 스테이블코인 사용이 보편화된 아르헨티나나 베네수엘라를 보더라도, 스테이블코인이 없을 때부터 이미 암시장 등을 통해 달러가 거래됐고 소비 현장에서는 가치가 널뛰기하는 자국 화폐 대신 미국 달러를 주고받는 일이 흔했다. 즉 통화 주권이란 법정화폐의 지위와 견고함 자체, 아울러 특정 국가의 국력과 연결된 것이지 스테이블코인과는 아무 상관이 없다는 설명이다.

한국에서 달러 스테이블코인이 보편적으로 쓰이는 상황이 발생할 수 있을까. 혹은 한국에서 원화 대신 달러가 쓰이게 되는 경우가 있을까. 한국의 안정적인 통화 체계와 원화로 잘 돌아가는 급여, 금융, 과세, 소비 생태계를 생각하면 상상하기 어려운 일이기는 하다. 아마도 이런 일이 발생할 유일한 상황이라면 전쟁이 아닐까 한다. 원화 스테이블코인 도입을 검토할 때 북한이라는, 한국의 특수한 변수를 감안하지 않을 수 없는 이유다.

'나라 밖 원화'
감당할 수 있을까?

한국의 외환시장은 세계에서 가장 철저하게 통제되는 시장 중 하나다. 한국의 원화와 다른 통화를 거래하는 공식적인 외환 거래는 한국 내에서만 이루어진다. 이른바 '역외 시장'이 없다. 해외 유학·연수·근무를 해본 사람이라면 경험했을 텐데, 한국에서 해외로 외화를 10만 달러 이상 보내려면 국세청에 그 목적을 명시하고 증빙 자료를 제출해 사전 신고를 해야 한다. 미국·유럽·일본 등에서는 대부분 이렇게까지 목적 증빙을 요구하지 않는다.

자본을 해외에 투자·예치하거나 자산을 이전하는 경우에는 한국은행에 별도로 신고해야 한다. 해외에 집을 산다거나 해외에 증권 계좌를 개설해 송금하거나 해외 기업의 지분 취득을 하거나 해외에서 돈을 빌리거나 돈을 빌려주는 경우 등이 여기에 해당한다. 일본은 대부분 은행 신고로 끝나고, 미국은 신고 의무가 없다. 여러 대통령을 거쳐 한국 정부는 'MSCI 선진국 지수' 편입을 추진했다가 실패하고는 했는데, 그때마다 지목되는 탈락 이유 중 하나가 자유롭지 못한 외환시장이었다.

요즘 은행에 가면 쉽게 달러나 엔화 요금에 가입할 수 있다. 반면 해외 은행에서는 원화 예금에 가입할 수가 없다. 「한국은행법」·「외국환거래법」·「외국환거래규정」 등을 통해 원화 결제는 한국은행 시스템에서만 가능하게 되어 있다. 한국 원화는 한 마디로 '국제화'가 안 된 돈이다. 한국 정부가 의도적으로 만들어낸 정책적 결과다.

이유는 다양하다. 한국 경제는 대외 의존도가 높고 자본시장의 규모가 비교적 크지 않아 투기 세력에게 공격당하기가 쉽다. 1990년대 말 외환 위기를 겪은 뼈아픈 경험이 있고 역외 외환시장에서 발생한 큰 충격이 국내 환율을 흔드는 상황을 감당하기 어렵다는 등 다양한 명분이 있다. 다른 중요한 원인은 한국만의 특징인 '북한 리스크'다.

얼마 전 만난, 외환 정책에 경험이 많은 한국은행 관계자는 "원화 스테이블코인을 섣불리 도입하기 어려운 이유 중에 북한 리스크가 있다. 한국의 외환시장 규제가 매우 까다로운데 그것과 비슷한 이유"라고 했다. 만에 하나 북한의 무력 도발 같은 위험이 발생한다면 사람들은 어떻게 행동할까. 러시아의 침공으로 전쟁이 일어난 우크라이나에서 일어난 일을 돌아보면 어느 정도 가늠이 가능하다. 2022년 3월 전쟁이 발발하자 우크라이나 국민은 일단 은행으로 달려갔다. 우

크라이나 통화인 흐리우냐(UAH)를 인출해 달러·유로로 환전을 하려
는 사람들로 은행 지점 앞에는 긴 줄이 늘어섰고 달러가 부족해 일시
적으로 환전이 중단될 정도로 큰 혼란이 일었다. 우크라이나 중앙은
행은 결국 예금 인출, 환전, 해외 송금 제한을 긴급하게 시행해 자금
유출을 막아야 했다.

한국에서 비슷한 일이 일어난다면 한국은행과 정부도 비슷한 조
치를 취해야 할 것이다. 전쟁의 공포 앞에 금융시장마저 무너진다면
피해가 걷잡을 수 없이 커질 수 있기 때문이다. '나라 밖 원화'를 철저
하게 막아놓은 지금의 환경에서 한국 정부는 은행에 예금 인출을 제
한하고 환전을 중단하는 식으로 자금 유출을 통제할 수 있다.

하지만 원화 스테이블코인이 보편화된 상태라면 상황이 완전히
달라진다. 스테이블코인은 그 특성상 나라 안에 억지로 묶어둘 수가
없다. 은행 통장에서 가상화폐 거래소로 이체할 때는 신원 확인 등이
필요하지만 거래소에서 산 스테이블코인은 다른 가상화폐와 마찬가
지로 블록체인을 통해 어디로든 순식간에 이동이 가능하다. 그나마
한국의 가상화폐 거래소라면 금융 당국이 거래소를 닫아버리는 식으
로 극단적 조치를 할 수 있겠지만, 이런 일이 생기기 전에 이미 원화
스테이블코인이 역외 거래소나 가상화폐 지갑으로 이동한 상태라면
한국 정부의 통제권은 '제로'다. 한국 밖에서 원화 스테이블코인을 달
러 스테이블코인으로 바꾸거나, 스테이블코인이 아닌 다른 코인으로
바꾸거나 혹은 그 무슨 행동을 하더라도 정부가 막을 길은 없다.

전쟁이 일어날 가능성이 높지도 않은데, 가상의 위험을 생각해 지

레 겁먹고 혁신적 디지털 상품을 막아서야 되겠냐는 지적이 나옴 직도 하다. 하지만 조금만 더 생각해보면, 전쟁이 일어나지 않더라도 원화 스테이블코인을 사서 나라 밖 거래소나 지갑에 쌓아두려는 수요는 언제든 생길 수 있다. 이는 곧 나라 밖에 정부의 영향력이 미치지 못하는 '원화 시장'이 사실상 생겨난다는 의미가 된다. 그동안 한국 정부와 한국은행이 그토록 막으려고 노력해온 '역외 시장'과 '자금 유출' 문제가 스테이블코인 탓에 한국 경제의 골칫거리로 떠오를 수 있다는 의미다.

나라 밖에 생기는 원화 시장이 투기 세력에 취약할 수밖에 없다는 점도 문제다. 한국은행과 기획재정부는 투기 세력이 한국의 외환 시장을 공략해 이득을 취하려 할 경우 시장을 방어하고 투기 세력에 철퇴를 내릴 여러 수단을 가지고 있다. 하지만 나라 밖 가상자산 거래소에서 투기 세력이 원화 스테이블코인을 가지고 '장난'을 칠 경우 한국 정부가 영향을 끼치기 어렵고, 이 때문에 한국의 실제 외환시장으로 불안이 번질 가능성도 있다. 한국은행 총재와 기획재정부 등 정부 당국자들이 원화 스테이블코인에 대해 신중, 또 신중을 강조하는 이유다.

한국은행 총재의
원화 스테이블코인에 관한 생각

"스테이블코인이 문제가 많은데, 굉장히 오해가 많은 것 같아요. 진짜 오해가 굉장히 많은 것 같아 좀 자세하게 말씀을 드리겠습니다."

이창용 한국은행 총재가 2025년 7월 기준 금리를 결정한 금융통화위원회 회의 후 기자회견에서 스테이블코인에 대한 생각을 상세히 밝히기 시작하며 한 말이다. 이재명 대통령 취임 후 열린 첫 금통위이자 한은 총재 기자회견이었기 때문에, 이 대통령이 긍정적 의사를 밝힌 스테이블코인에 관한 질문이 자연스럽게 나왔다. 스테이블코인에 대한 한은과 한은 총재의 생각을 잘 읽을 수 있는 발언이라 생각해 전문(全文)을 소개한다.

(발언 중 나오는 '프로젝트 한강'은 한은이 한국 금융사, 기술·블록체인 기업, BIS 등과 진행한 디지털 화폐 실험이었다. 한은은 이를 스테이블코인 이라 부르지 않고 '예금 토큰'이라고 지칭했다. 2025년 3월 사용자를 모집해 4~6월 1차 테스트를 진행했는데, 이후 스테이블코인 법제화 논의가 진행되 면서 추가 진행은 하지 않고 있다.)

어떻게 규제해야 하는가의 문제인데, 저희 얘기는 원화 스테이블코인을 도입할 때 비은행 금융기관에 허용을 해주면 여러 문제가 생길 수 있다는 겁니다.

첫째로, 다수의 비은행 금융기관이 원화 스테이블코인을 많이 만들면 다수의 민간 화폐가 만들어지는 것입니다. '민간'이라는 말은 좀 다르게 해석될 수 있지만, 은행이든 비은행이든 다수의 민간 화폐가 만들어지면 이 화폐의 가치가 조금씩 다를 수 있는 겁니다. (발행사의) 신용 등에 따라서 말이죠. 자본금 10억 원 되는 회사가 발행하는 것과 은행이 발행하는 스테이블코인의 가치가 같다고 얘기하기는 어렵잖아요. 그래서 화폐마다 가치가 달라지고, 그러면 19세기에 (미국에서) 민간 화폐를 발행해서 많은 혼선이 있었을 때 그런 가능성이 생기고 또 그런 환경 아래서는 통화정책을 하기도 굉장히 어렵고 그래서 그런 혼선을 겪다 보면 다시 중앙은행, 지금의 시스템으로 돌아오는 그런 과정을 다시 한번 쭉 거쳐야 되는 그런 부작용이 있을 수 있기 때문에 믿을 만한 데서 해야 된다… 그래서 저희가 그것을 준비하는 단계에서 한국은행이 '은행들 중심으로 가야 된다'라고 처음에 시작했던 것입니다.

둘째 문제는 은행들만 허용하더라도 원화 스테이블코인이 생기면 외환 자유화 정책과 충돌할 수 있습니다. 이것은 사실은 원화 스테이블코인이 없어도 달러 스테이블코인이 굉장히 많아짐으로써 이 문제가 벌써 현실화되고 있거든요. 우리가 가지고 있는 외환 자유화 정책하고 충돌이 될 수 있는 문제는 원화 스테이블코인이 없어도 이미 현실화되는 문제가 있어서 어떻게 규제해야 될지 이런 얘기를 해야 됩니다. 그것은 지금 원화 스테이블코인이 생기면 저희는 그 문제가 더 심화될 수 있다고 생각하는 그런 상황입니다.

셋째 문제는 비은행 금융기관한테 스테이블코인을 만들어준다는 얘기는 지급결제 업무를 비은행 기관들이 하게끔 허용해준다는 것이 될 수 있습니다. 은행 산업의 구조, 은행 사업의 수익 구조 이런 것들이 많이 바뀌게 됩니다. 비은행 기관이 예금도 가져가게 하고 그러면 은행들의 수익 구조가 어떻게 되느냐 하는 문제입니다. 그리고 반대로 또 얘기하면 같은 업무에는 같은 리스크가 적용되고 같은 규제가 적용되어야 하는데 그렇게 해서 비은행 금융기관이 은행이 하듯이 화폐에 해당하는 스테이블코인도 발행하고 예금에 해당하는 것도 자기들이 갖고 있고 그렇게 되면, 동일한 업무에 대해서 동일한 규제를 해야 되는데 은행에 해당하는 (엄격한) 규제를 우리가 다 해야 하는가 하는 문제가 있습니다. 은행의 규제는 굉장히 강한 겁니다. 오너(소유주)도 다 체크하고요. 그런데 비은행들이 발행하게는 해달라고 하면서 그런 규제는 안 받겠다고 하면 그건 또 이상하잖아요.

이런 복잡한 문제가 있는데 이 문제는 한국은행이 혼자서 할 수 있는 문제가 아닙니다. 기재부나 금융위가 다 관련된 문제이기 때문에 이 복잡한 문제를 다 얘기해서 방향을 잡아보겠다라는 게 저희의 입장입니다. 그런데 자꾸 언론에서 '한은이 왜 이것(스테이블코인 규제)을 하려고 하냐. 한국은행이 감독권을 가지려고 하는 것이고 저쪽(다른 금융 당국)에서는 안 주려고 그런다는 쪽으로 해석하는데, 전혀 아닙니다. 이 문제는 한국은행의 인허가권이 간접적으로 관련되어 있지만 같은 리스크에는 같은 관리를 해야 한다는 차원입니다.

우리나라 국민경제 전체와 금융 산업 발전을 위해서 자본 자유화를 할 것인가 하는 문제도 생각해야 합니다. 스테이블코인 발행을 허락해주면 이를 발행하는 회사 주가가 많이 올라가고 금융 산업이 발전하는 것은 사실입니다. 외환 자유화를 완전히 해버리면 MSCI도 들어갈 수도 있고 주가도 막 올라갑니다. 그런데 우리가 지금 외환 자유화를 안 하는 이유는 금융시장 발전만 보는 것이 아니라 외환 자유화를 했을 때 생기는 여러 부작용을 걱정하는 거잖아요.

금융 산업만 보는 것이 아니라 국민경제 전체에 생기는 영향을 감안한다면 원화 스테이블코인이 필요하다는 점은 공감하되 그것을 은행권 중심으로 점진적으로 가는 게 좋은지 아니면 비은행권까지 다 하는 게 좋은지, 그리고 은행권만 하더라도 한국은행이 관찰할 수 있고 믿을 만한 네트워크에서 하는 게 좋은지 아니면 은행권이 바깥에 나가서 이더리움 그런 플랫폼에서 자체적으로 발행하게끔 하는 게 좋은지 그런 것에 대한 문제를 저희는 천천히 테스트해보려고 했습니다. 그러다 지금 얘기(원화 스테이블코인 논의)가 갑자기 확 다 터졌으니까 어떤 것들을 해야 되는지 이런 걸 신중히 보면서 해야 되겠다 하는 것이 저희 입장입니다.

'한국은행의 CBDC 프로젝트 보류·중단·포기' 이런 제목의 보도가 많이 나오더라고요. 첫째는 이것(프로젝트 한강)이 CBDC 프로젝트가 아니고 예금 토큰에 관한 것이라는 말씀을 드리고 싶습니다. 중국처럼 리테일(소매) CBDC는 아예 처음부터 저희는 생각하지도 않았었어요. 그래서 저희는 저희가 만들고 있는 안전한 네트워크에서 규제되는 은행들로 하여금 스테이블코인을 발행하게 하려는 것이었고 그것을 '예금 토큰'이라고 부른 겁니다. 이를 테스트하다가 일시 정지를 한 것이라고 저는 생각합니다. 일시 정지 이유는 저희가 이 파일럿(시범 도입) 1과 2를 하고 파일럿 3쯤에는 상용화를 하겠다고까지 한 로드맵이 쭉 있었어요. 그런데 파일럿 1이 끝나는 시점에 갑자기 우리나라에서 비은행에 대한 스테이블코인 발행 논의가 퍼진 것입니다. 그러니까 은행권에서 비용도 들어서 했는데 한국은행이 확실하게 할 수 있는 것인지, 법적으로 확실히 예금 토큰 중심으로 가는 것인지, 비은행이 아니라 은행 중심으로 가는 방향이 맞는지 확답이 있어야 2차도 투자도 하고 그럴 것 아닌가 하는 견해가 굉장히 많아졌습니다. 그런데 저희가 그 답을 주기가 어려운 것이, 저희는 뭐가 제일 좋은지에 대한 의견은 있는데 이것을 법으로 정하려면 금융위와 기재부가 다 나서서 부작용도 같이 얘기를 해야 합니다. 제가 법으로 이걸 확정해 달라고 그러면 권한 바깥이지요.

제가 은행장님들 만나서 설명하는 것 정도면 굉장히 저희 커미트먼트(약속)를 보였다고 생각했지만 아무래도 은행 입장에서는 불확실성이 좀 더 가셨으면 좋겠다는 의견이 많은 것 같습니다. 그래서 은행들의 의견을 받아들여서 '그럼 기재부하고 금융위하고 정치권하고도 얘기도 해서 방향이 확실히 잡히면 그다음에 다시 하자'라고 정리가 된 겁니다. 저는 예금토큰은 이래저래 필요할 것이라고 생각합니다.

위 발언을 기자회견 현장에서 들었다. 생중계까지 되는 공식적인 자리여서 표현은 상당히 정제되어 있었다. 하지만 이 총재의 발언을 보면서 원화 스테이블코인의 필요성에 대해서는 공감하면서도 지금 논의가 너무 서둘러 진행되는 상황에 대한 답답한 심정을 다소 토로한 느낌을 받았다.

이 총재는 이 회견뿐 아니라 이후 여러 자리를 통해 그동안 한국이 열심히 관리해온 외환시장의 안정성 유지 및 자본 유출에 대한 통제 등이 무분별한 원화 스테이블코인으로 무너질지 모른다는 우려를 표명했다. 예를 들어 2025년 10월 국정감사 때 관련 질문을 받은 이 총재는 "원화 스테이블코인을 만들면 많은 사람이 해외로 가져나갈 것 같아 걱정된다", "외환시장 변동성과 자본 유출이 우려된다", "아직은 안정성을 훼손하지 않는 범위에서 제한적으로 접근해야 한다" 등의 답변을 했다. 이제까지 살펴본, 원화 스테이블코인이 초래할 외환시장의 혼돈과 자본 유출의 위험을 걱정한 발언들이다.

한은의 원화 스테이블코인에 대한 입장은 명확해 보인다. 아래와 같이 정리된다.

- 미래의 금융을 생각하면 프로그램이 가능한 화폐인 원화 스테이블코인은 반드시 필요하다.
- 그런데 원화 스테이블코인에는 위험이 있다. 역외 원화가 생길 길을 열어주는 셈이어서 자본 유출과 외환시장 혼란 가능성이 등이 우려된다.
- 은행이 아닌 여러 회사가 무분별하게 원화 스테이블코인을 발행하면 금

한은뿐 아니라 대부분의 중앙은행과 국제 금융 기관이 최근 내는 스테이블코인 관련 의견도 이와 비슷하게 수렴되고 있다. 앞서 살펴본 대로 미국의 「지니어스법」은 비은행 기업에게도 길은 열어놓았지만 비은행 상장사에 대해서는 불가능에 가까운 까다로운 '울타리'를 쳐두었고, 유럽·일본의 스테이블코인 규제법은 금융회사만 스테이블코인을 발행하도록 정해두고 있다. 그 어느 나라보다도 금산분리(금융과 산업 자본의 분리) 규제가 철저한 한국에서만 비은행 금융 기관의 스테이블코인 발행을 허락하는 게 옳은지도 깊이 생각해볼 문제다.

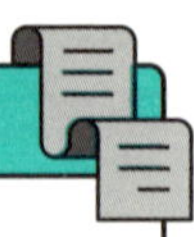

프로젝트 한강

'프로젝트 한강'은 한국은행이 시중은행과 진행해온 '예금 기반 스테이블코인' 프로젝트다. 토큰화 예금·증권과 연계해 결제 및 은행 간 청산을 시험하고 있다. 은행을 통해서 결제가 이루어지지 한국은행이 개인에게 '디지털 화폐'를 꽂아주는 것은 아니기 때문에 일반 소비자가 쓸 수 있는 '소매 CBDC'와는 구별된다.

이 시범 프로젝트를 통해 한국은행은 금융사 전용 디지털 중앙은행 화폐를 발행하고 시중은행은 예금을 블록체인 상에서 결제 가능한 디지털 코인으로 만드는 작업을 했다. 이렇게 예금을 코인화하면 돈을 프로그램화할 수 있어 특정 업종에만 돈이 쓰이게 한다든지 이 돈을 사용할 기간을 설정하는 일 등이 가능하다. 한은은 서점, 편의점, K-팝 관련 상품 판매점 등 온·오프라인 가맹점을 모집한 후 미리 모은 일반 사용자들이 특정 앱을 통해 이를 쓸 수 있도록 하는 실험도 2025년 4~6월 진행했다. 한은은 이에 대해 "분산원장(블록체인) 기반의 디지털 화폐 시스템에서 민간 디지털 통화인 예금 토큰을 발행하고 일반 국민이 이를 실제로 사용해본 세계 최초의 사례"라고 자평한다.

이 프로젝트를 통해 전자지갑을 개설한 이용자 2만 2,206명을 대상으로 한 설문에 따르면 이런 디지털 화폐가 실제 도입될 경우 '다른 지급수단에 비해 혜택이 크면 쓰겠다'는 비중이 51.8%로 절반 정도였다. 디지털 화폐 사용에 '인센티브'가 필요하다는 의미이기도 하다. 새로운 기술에 관심이 많아 인센티브와 무관하게 쓰겠다는 응답이 34.6%, 많은 사람이 사용하는지 일단 보고 쓰겠다는 응답이 12.9% 였고 '절대 안 쓴다'는 사람은 0.7%에 그쳤다.

한국의
스테이블코인 관련 입법 현황

얼마 전 한 민간 은행의 대관 담당자가 전화를 해왔다. "스테이블코인 입법이 다소 지연되고 있다고 하는데, 혹시 한국은행이 최근 낸 백서 때문일까요?"

언급된 '한국은행이 최근 낸 백서'란 한은이 2025년 10월 낸 보고서 '디지털 시대의 화폐, 혁신과 신뢰의 조화: 원화 스테이블코인의 주요 이슈와 대응 방안'을 가리킨다. 한은이 작심하고 낸 듯 보이는 보고서는 무려 159쪽으로, 한은이 생각하는 원화 스테이블코인의 쟁점을 정리했다. 한은이 생각하는 원화 스테이블코인의 잠재력과 위험이 담겨 있다. '잠재적 발전 가능성'은 8쪽인데 반해 한계와 위험에 관한 내용이 36쪽인 데서 볼 수 있듯이, 보고서는 원화 스테이블코인의 위험을 체계적으로 경고하는 쪽에 무게가 실려 있다.

위험에 대한 경각심이 전보다 커지고 법제화 속도가 느려지고 있지만 원화 스테이블코인 도입 논의는 중단되지 않고 계속 진행되고 있다. 2025년 12월 기준 국회에 발의된 스테이블코인 관련 법안은 총 넷이다. 금융위원회를 중심으로한 정부안도 틀을 잡아가는 중이다. 현재 발의된 법안의 요지와 차이점을 살펴보면서 이번 장을 마무리하려 한다. 민병덕 의원의 법안은 스테이블코인을 포함한 전체 디지털자산에 관한 것이고 나머지 셋은 스테이블코인만을 위한 법안이다.

디지털자산기본법안:

민병덕 의원(더불어민주당) 대표 발의, 2025년 6월

스테이블코인뿐 아니라 이를 포함한 디지털자산을 포괄적으로 규제하는 법안이다 보니 내용이 방대하다. 법안은 디지털자산을 스테이블코인과 나머지 자산으로 나누어두었다. 스테이블코인을 '자산연동형 디지털자산'으로 칭하고 이를 '원화 또는 외국 통화의 가치와 연동되면서, 환불이 보장되어 있는 것'이라고 정의했다.

스테이블코인에 관련한 규제는 103조에 명시되어 있다. 발행사는 금융위 인가를 받아야 하며 대한민국 내 설립된 법인, 5억 원 이상의 자기자본 등이 기본 조건이다. '5억 원 이상'에 대해서는 지나치게 기준이 낮다는 지적이 나오는 상황이다. 법안에는 디지털자산위원회를 만들어 매년 스테이블코인의 환불 준비금 현황을 조사해 공시하도록 하는 내용도 포함되어 있는데, 이 역시 매월 준비금을 공시하게 한 미국 법과 비교할 때 다소 느슨해 보인다.

다만 이 법안은 준비금 조건 등 세부 사항은 "대통령령으로 한다"라고만 해두어 법안이 통과되더라도 많은 후속 작업을 거쳐야 '디테일'이 확정될 전망이다. 예를 들어 환불 준비금에 대해서는 "대통령령에서 정하는 사항을 포함한 환불 방법 및 환불준비금 등에 관한 계획이 타당하고 적절할 것"이라고 해두었는데, 준비금을 일본이나 유럽처럼 현금만으로 제한할지 혹은 미국처럼 국채도 허용할지에 대한 추가 논의가 필요한 상황이다.

가치고정형 디지털자산을 활용한 지급 혁신에 관한 법률안: 김은혜 의원(국민의힘) 대표 발의, 2025년 7월

이 법안은 스테이블코인을 '가치고정형 디지털자산'이라고 지칭한다. 민병덕 의원안보다는 스테이블코인을 보다 구체적으로 정의했다. 법정통화 또는 가치가 안정된 자산으로서 대통령령으로 정하는 자산의 가치에 연동되고, 분산원장(블록체인)을 기반으로 발행되고 그 연동된 자산의 가치로 상환이 보장되어야 한다는 점을 명시했다. 스테이블코인이 가치를 연동하는 자산으로 법정통화뿐 아니라 다른 '안정된 자산'까지 인정했다는 점이 특이하다. 대표적으로는 최근 연동형 코인이 많이 나오는 금이나 채권 등을 떠올릴 수 있다.

스테이블코인 발행은 인가제로 하되 주식회사 혹은 대통령령으로 정하는 금융기관, 심지어 외국 디지털자산업자도 인가 신청을 할 수 있다. 진입장벽이 매우 낮은 편이어서 비은행 테크 기업들이 이 법안을 선호한다고 알려졌다. 다만 자기자본 요건은 민병덕 의원안보다 까다로운 '50억 원 이상'이다.

이 법안의 가장 큰 특징은 스테이블코인이 이자를 지급할 수 있는 길을 열어놓았다는 점이다. 스테이블코인이 이자 지급을 하게 되면 은행 등 허가된 금융사 외에는 이자 지급을 약속하고 돈을 모을 수 없도록 한 「유사수신행위의 규제에 관한 법률」에 저촉될 가능성이 크다. 즉, 법안에 "이자 지급을 금지한다"라고 별도로 쓰지 않아도 한국에서는 스테이블코인의 이자 지급은 막히게 되어 있는 셈이다.

그런데 김은혜 의원의 법안에는 "스테이블코인 발행사에는 「유사수신행위의 규제에 관한 법률」을 적용하지 않는다"라는 내용이 포함됐다. 「지니어스법」 등이 스테이블코인의 이자 지급을 금지하고 있음에도 USDC 같은 스테이블코인이 '리워드'라는 우회책을 써서 사실상 이자를 주고 있다는 현실을 반영했다고 한다. 아울러 여러 디지털 결제 수단이 존재하는 한국에서 일종의 '인센티브'를 주지 않을 경우 원화 스테이블코인이 활성화되기 어려울 수 있다는 점도 고려됐다. 여기서 살펴볼 네 법 중에 스테이블코인의 이자 지급 가능성을 이렇게 명확히 열어둔 법은 김은혜 의원안이 유일하다.

준비금은 100% 이상을 적립해두어야 하되 스테이블코인의 가치가 연동된 통화, 예금, 만기 1년 이내의 국채 혹은 외국채 및 '안전한 자산'으로서 대통령령으로 정하는 자산 등이다. 공시는 매월 해야 한다는 내용도 포함되어 있다.

가치안정형 디지털자산의 발행 및 유통에 관한 법률안:
안도걸 의원(더불어민주당) 대표 발의, 2025년 7월

스테이블코인을 '가치안정형 디지털자산'이라고 지칭하면서 '대한민국 또는 외국의 단일한 종류의 법정통화에 가치가 연동되어 안정적 가치를 유지하고 불특정 다수인 간에 지급을 위하여 사용할 것을 목적으로 설계된 것'이라고 정의한다. 역시 금융위 인가를 의무화했고 인가 신청 자격, 자기자본 요건 등은 김은혜 의원안과 같다.

준비금에 대해서는 100% 이상을 마련해두도록 하고 화폐, 예금, 만기 1년 이내의 국채, 지방채, 특수채 및 '안전한 자산으로 대통령으로 정하는 자산'까지도 가능성을 열어두었다. 테더처럼 금 또는 비트코인을 준비금으로 활용할 여지를 남겨둔 셈이다.

이자 지급에 대해서는 엄격하게 막아두었다. "스테이블코인 보유와 관련한 이자를 지급해서는 안 된다", "할인금·적립금, 그 밖의 어떠한 명칭이든 상관없이 스테이블코인의 보유와 관련해 받은 것은 이자로 본다" 등의 내용을 포함해 이자는 물론 그 어떤 보상도 주어서는 안된다는 점을 확실히 했다. 이는 원화 스테이블코인이 난립할 경우 과도한 이자나 리워드 지급으로 발행사가 부실해지고 수익성이 악화해 결국 소비자 피해가 발생할 수 있다는 점을 감안한 조치로 보인다.

가치안정형 디지털자산 발행업 등에 관한 법률안:
김현정 의원(더불어민주당) 대표 발의, 2025년 8월

이 법안은 스테이블코인을 안도걸 의원안과 마찬가지로 '가치안정형 디지털자산'이라고 지칭한다. '한국 혹은 외국의 단일한 법정통화 가치에 준거해 해당 통화로 액면을 표시해 발행하고 이 통화로 상환이 보장된 가상화폐'를 스테이블코인이라고 정의한다.

금융위 인가를 받아야 한다는 점과 인가 신청을 할 수 있는 조건, 자기자본 등은 김은혜·안도걸 의원과 동일하다. 준비자산으로 화폐 및 만기 1년 내의 국채·지방채·특수채를 비롯해 만기 3개월 이내의 펀드까지 포함한 것이 특징이다. 이 밖에도 '손실 발생 가능성이 낮은 자산으로서 대통령령으로 정하는 자산'까지도 명시해두어 다른 자산을 준비금으로 활용할 길을 열어두었다. 아울러 이자 지급에 대해서는 안도걸 의원안과 마찬가지로 금지하도록 했다.

이 법안의 가장 큰 차별점은 예금보험 제도를 통해 스테이블코인을 상환할 수 있도록 했다는 점이다. 은행이 파산할 경우 예금보험공사를 통해 일정 금액(은행당 1억 원)을 돌려받도록 국가가 보장하는 것처럼, 스테이블코인 또한 예금보험 제도를 통해 국가가 지급을 보장해준다는 내용이 포함되어 있다. 이를 위해 발행사는 발행 금액의 최대 1천분의 1을 예금보험공사에 보험료로 납부해야 한다고 명시했다. 다만 현재 증권사에도 적용되지 않고 있는 예금자 보호 제도를 어쨌거나 가상화폐인 스테이블코인에까지 적용하는 데 대해서는 많은 논란이 일 전망이다.

스테이블코인과 관련해 발의된 법안들은 발행사가 금융위의 인가를 받도록 하고, 현금이나 현금에 상응하는 준비금을 적립해두어야 한다는 내용을 포함하고 있지만 세부 사항에서는 차이가 크다. 그 어느 법도 은행이나 금융회사로 인가 요건을 제한하지 않았고, 자기자본 요건 또한 최대 50억 원으로 그다지 까다롭지 않기 때문에 한국은행과 경제학자들 사이에서는 미국·유럽·일본과 비교할 때 규제가 비교적 느슨하다는 지적이 나온다.

다행히 광풍 수준의 열기가 달아올랐던 때와 달리, 마지막 파트에서 소개할 인사들을 포함해 국내외 전문가들의 분석과 의견이 나오면서 원화 스테이블코인의 위험에 대해서도 면밀히 살펴야 한다는 여론이 형성되고 있다. 각계각층의 충분한 논의와 토론을 통해 스테이블코인이 열어줄 다양한 디지털 금융의 기회를 막지 않으면서도 한국의 금융과 경제에 위험이 초래되지 않도록 대비할 탄탄한 안전망을 갖춘 제도가 도출되길 희망한다.

달러가 아닌
여러 형식의 스테이블코인

CBDC에 집중된
중국의 코인 정책

　냉전 종식과 옛 소련의 붕괴 이후 세계의 유일한 패권국으로 세계 질서를 유지해온 미국은 자국의 소비를 전 세계에 개방하면서 자유무역의 시대를 설계하고 이끌었다. 미국 달러는 미국이 사주고(소비), 미국이 지켜주면서(안보) 유지됐던 자유무역의 성장기를 돌아가게 만든 윤활유 역할을 했다. 미국이 구축한 자유무역 중심의 세계 질서는 여러 나라에 부(富)를 불려주었는데, 가장 수혜를 많이 본 나라 중 하나가 중국이었다. 중국의 국내총생산(GDP)은 2000년대 초까지만 해도 미국의 10분의 1 수준이었지만 2025년에는 미국의 63%까지 올라왔다.

　지키려는 미국과 따라잡으려는 중국이 벌이는 패권 전쟁은 통화 및 신기술 전쟁으로도 번졌는데, 이 두 분야가 겹치는 곳에 코인, 그리고 스테이블코인이 자리 잡고 있다. 기본적으로 중국 지도부는 민간 가상화폐에 대해 그다지 호의적이지 않다. 코인을 통해 해외로 돈을 빼돌리는 자본 유출을 경계하고 부정부패 척결에 열을 올리는 중국 지도부는 2021년 민간 가상화폐와 관련한 모든 활동을 '불법'으로 규정했다. 거래와 채굴이 모두 금지됐다. 자본 유출에 유용하게 쓰일 것으로 여겨진 달러 스테이블코인에 대해서는 특히 더 엄정하게 대응하겠다는 방침을 밝혔다. 중국 규제 당국은 이후 스테이블코인이 사기 및 불법 자금 조달에 악용될 위험이 있다는 점을 반복적으로 언급하면서 기업들이 스테이블코인 연구 결과를 발표하거나 해당 주제에 대한 세미나를 개최하지 않도록 경고하는 등 견제를 강화하고 있다.

중국 지도부가 달러 스테이블코인의 확산을 경계하는 이유는 명확하다. 달러 스테이블코인은 달러의 강점인 풍부한 유동성에 블록체인 기반 거래의 특징인 익명성을 결합한 형태다. 실제 달러와 달리 중국 지도부의 자본 통제와 감시의 영역을 벗어난 스테이블코인은 중국 지도부의 '무기' 중 하나인 엄격한 자본 통제를 무력화시킬 잠재력이 있다. 해외로 돈을 빼돌리려는 중국 부유층에게도 스테이블코인은 매력적인 도구가 된다. 무역 의존도가 높은 중국 경제 체질의 특징도 달러 스테이블코인 의존도를 높일 위험이 있는 요인이다. 수출·수입 기업은 국제 거래 비용을 낮출 수 있다는 이점 때문에 달러 스테이블코인을 수용할 가능성이 큰데, 무역 결제 대금 중 위안화 비중을 늘리려고 애쓰고 있는 중국에 이런 현상은 악재다. 미 정책연구소인 외교관계위원회는 "달러 스테이블코인이 전 세계적으로 유통되는 세상에서 중국 정부는 통화적 기반뿐만 아니라 정치적 영향력까지 잃을 위험이 있다"라고 분석했다.

이런 이유에서인지 중국 법원은 스테이블코인 관련 처벌도 강화하는 조짐이다. 2025년 10월 베이징 법원은 테더를 사용해 약 1억 2천만 위안(약 1,746억 원)을 해외 송금한 혐의로 다섯 명에 대해 최대 징역 4년 6개월이라는 중형을 선고했다. 기소문에는 "가상자산을 통한 불법 외환거래"라는 표현이 등장했다.

달러 스테이블코인에 중국이 대응할 방법으로는 위안화 스테이블코인을 생각할 수 있다. 일단 중국은 민간 위안화 스테이블코인 대신 정부와 중앙은행이 관장하는 위안화 CBDC를 훨씬 적극적으로 밀어붙이고 있다. 세계 주요국 중 CBDC(소매와 도매 모두)에 이처럼 적극적인 나라를 찾기 어려울 정도다. 중국은 2019년에 중앙은행(중국인민은행)이 발행하는 디지털 위안화인 e-CNY를 시범 출시하고 사용을 장려하고 있다. 중국은 이미 전자 결제가 보편화되어 있기 때문에 중국 본토에서 e-CNY 사용은 빠르게 확산했다. 일부 도시에서는 공무원 급여를 e-CNY로 지급하기도 한다. 중국 관영 언론에 따르면 2024년 7월 기준 e-CNY가 시범 운영되는 지역에서 e-CNY를 이용한 거래 규모는 7조 3천억 위안(약 1,396조 원)에 달한다.

중국은 미국과 무역 경쟁을 벌이며 아프리카 국가들과의 무역이나 개발 사업을 확대하고 있는데, 아프리카에서도 이 전자 위안화의 사용을 장려하고 있다고 한다.

반면 민간 위완화 스테이블코인에 대해서는 여전히 부정적인 모습이다. 중국 지도부는 일단 홍콩에서 스테이블코인 시범 사업을 착수할 길을 열어놓기는 했다. 2024년 홍콩 규제 당국은 법정화폐와 연동되는 스테이블코인 발행 가이드라인을 제정했는데, 요건은 매우 엄격하지만 스테이블코인을 실험할 '숨통'을 틔워줬다는 점에서 의미가 있다.

홍콩에서 이루어질 스테이블코인 시범 사업에 중국 본토 기업의 참여를 금지한다는 조항은 없다. 그러나 지도부는 기업이 실제로 홍콩에서 스테이블코인 사업을 추진하려고 하면 '보이는 손'을 가동해 제동을 건다. 예를 들어 〈파이낸셜타임스〉는 최근 "중국의 대표적인 빅테크 기업인 알리바바와 징둥닷컴(JD.com) 등이 홍콩에서 시범 스테이블코인 프로그램에 참여하려 했을 때 중국인민은행과 사이버 공간관리국 같은 중국 규제 기관이 스테이블코인 개발을 중단하라고 했고 이후 실제로 개발이 보류됐다"라고 보도했다. 〈파이낸셜타임스〉가 취재한 한 중앙은행 관계자는 "민간 스테이블코인은 중국인민은행의 e-CNY에 대한 도전으로 여겨진다"라고 증언했다.

글로벌하게 경쟁하는 중국의 기업들은 '틈새'를 찾아 스테이블코인 사업에 부분적으로나마 참여하려 노력하는 모습이다. 예를 들어 알리바바는 지난 10월 사업 전략을 발표하면서 유로와 미국 달러의 토큰화된 버전을 사용해 국제적인 B2B(기업 간) 정산을 보다 효율적으로 처리할 준비를 하고 있다고 밝혔다. 미국의 대형 은행인 JP모건-체이스 등 금융사와 손을 잡고 추진하는 서비스다. 그러면서 (알리바바가 아닌) 규제를 받는 은행에서 발행하고 (알리바바를 거치지 않고) 거래자의 계좌를 통해 결제가 이루어진다는 점을 강조했다. 고객사의 편의를 위한 서비스일 뿐이지 알리바바가 직접적으로 스테이블코인 사업을 벌이는 것은 아니라고 강조하는 모습이다.

홍콩에서의 스테이블코인 시범 사업 또한 매우 조심스럽게 진행되고 있다. 스탠다드차터드 홍콩, 홍콩의 블록체인 기업 애니모카브랜즈, 통신 대기업 HKT 홍콩이 손을 잡고 홍콩달러 연동 스테이블코인 발행을 위한 조인트벤처를 설립했다는 정도의 뉴스가 보일 뿐이다. 한국에서 한때 스테이블코인 테마주 열풍이 불어 관련주 가격이 급등했듯이 홍콩에서도 비슷한 일이 2025년 8월 일어났는데, 홍콩 규제 당국은 성명을 내고 "면허 신청 단계에서 과도한 기대와 투기적 움직임이 나타나고 있다"라며 투자자에 '각별한 주의'를 당부하기도 했다.

중국인민은행은 한편 2025년 11월 "스테이블코인이 사기, 자금 세탁, 불법적인 국가 간 자본 이동 등의 위험을 초래한다"라는 경고 메시지를 발표했다. 그러면서 스테이블코인을 포함한 가상자산 거래를 불법 금융 활동으로 지목했다. 홍콩 〈사우스차이나모닝포스트〉는 중국 정부가 스테이블코인을 명확히 불법화한 첫 공식 조치라고 이 발표를 분석했다. '중국 본토에서 스테이블코인은 안 된다'는 '쐐기'를 박았다고 평가된다.

유럽과 일본의
스테이블코인

유로와 엔이라는, 달러 다음 가는 기축통화를 법정화폐로 보유하고 있는 유럽연합(EU)과 일본은 미국보다 앞서 스테이블코인을 법제화했다. 하지만 달러 스테이블코인이 여전히 전체의 99% 이상을 차지하는 현실을 보면, 여전히 유로와 엔화 스테이블코인의 규모는 미미함을 알 수 있다.

그 이유는 크게 두 가지다. 일단 달러 스테이블코인의 규모가 압도적으로 커지면서 다른 통화와 연동된 스테이블코인이 시장에서 쓰이는 사례가 거의 없다는 '달러 승자 독식' 문제가 있다. 또 하나 이유는 EU와 일본의 규제가 미국에 비해 매우 까다로워 발행사가 스테이블코인을 발행할 유인이 거의 없다는 데서 기인한다.

EU의 스테이블코인 규제는 가상자산을 포괄적으로 규제하는 MiCA(Markets in Crypto-Assets Regulation)에 포함되어 있다. 스테이블코인과 관련한 발행자·이용자 보호, 금융 안정 리스크 관리 등을 MiCA에 담았다. 2024년 6월부터 법이 적용되었다.

MiCA와 미국 「지니어스법」에는 여러 차이가 있다. 「지니어스법」은 '달러 스테이블코인'에 초점을 맞춘 반면, MiCA는 유로 스테이블코인과 함께 다른 통화 혹은 여러 통화를 섞어 만든 스테이블코인도 규제에 담았다. 단일 법정화폐에 가치가 연동된 스테이블코인은 EMT(E-money Token, 전자 화폐 토큰), 그 밖의 것은 ART(Asset Referenced Token, 자산 연동 토큰)로 구분한다.

EMT의 경우 규제는 대부분 가치 유지를 위한 준비금 준비 및 돈세탁 등 불법 활동 방지에 맞춰져 있다. 다만 「지니어스법」이 준비금으로 현금뿐 아니라 미국 단기 국채 등 '사실상 현금과 비슷한 자산'을 인정하는 반면, 유럽의 MiCA는 '오로지 현금'만을 준비금으로 인정한다. 스테이블코인 발행사의 수익 중 90% 이상이 국채같이 수익이 나는 준비금에서 나온다는 점을 감안하면 이자가 거의 붙지 않는 현금만 쌓아두어야 할 경우 발행사가 돈을 벌기 매우 어려워진다. 게다가 MiCA를 따르려면 준비금을 매일 공개해야 한다. 유로 스테이블코인에 적극적으로 나서는 민간 기업이 거의 보이지 않는 것도 이해가 간다. MiCA 시행에 따라 이런 조건을 충족하지 못했다는 판정을 받은 테더는 2025년 7월부터 유럽 거래소에서 거래가 금지됐고 실제로 상장폐지가 이루어졌다(다른 글로벌 거래소에서의 거래는 여전히 가능하다).

이런 이유로 유로 기반 스테이블코인은 자연스럽게 서클 같은 전업 발행사가 아니라, 스테이블코인을 통해 기존 사업에서 시너지를 낼 수 있는 기업이 발행하도록 유도했다는 평가가 나온다. 예를 들면 은행 말이다. 실제로 유로 기반 스테이블코인을 발행하기 위해 준비 중이라는 뉴스가 2025년 9월 나왔는데, 유럽의 주요 은행 9곳이 유로 스테이블코인 발행을 위한 컨소시엄을 구성했다는 내용이었다.

MiCA에 명시된 자산 연동 토큰 ART는 통상적인 의미의 스테이블코인과는 거리가 멀다. 페이스북을 운영하는 메타가 한때 추진했다가 무산된 '리브라'와 가까운 개념으로, 단일 법정통화뿐 아니라 다양한 자산을 합쳐 제3의 코인을 만들어낸다는 개념을 담고 있다. EU는 메타가 추진했던 스테이블코인 '리브라'를 극렬히 반대했는데, MiCA에도 이런 통화가 만들어질 경우 자산 꾸러미(바스켓)에 담을 자산의 종류와 비율까지 규제 당국이 통제하겠다는 내용을 담아 사실상 발행을 거의 불가능하게 만들어두었다.

일본도 미국보다 스테이블코인 규제가 까다롭다. 2023년 「자금결제법」을 개정해 여기에 스테이블코인 관련 규정을 담았다. 일단 발행주체를 은행, 자금이체서비스 제공자, 신탁회사 등 등록된 금융회사로 제한했다. 법 개정 초기에는 엔화 준비금이 '전액 현금'이어야 한다고 했다가, 이렇게 할 경우 발행에 실익이 없어 아무도 발행하지 않을 것이란 반발이 일자(실제로 아무도 발행을 안 했다) 규제를 다소 완화했다. 지금은 만기 3개월 이내 단기 국채, 조기 해지 가능한 정기예금도 준비금 자산으로 허용하기로 했다.

일본의 엔화 스테이블코인은 여전히 규모가 미미하다. 다만 최근에는 유럽처럼 주요 은행들이 공동 참여하는 방식으로 엔화 스테이블코인을 추진한다는 뉴스가 나오고 있다. 일본의 특이한 점은 은행과 핀테크 회사 간의 협업이 많이 이루어진다는 사실이다. 예를 들어 한때 선불 결제 핀테크 스타트업인 'JPYC'는 스테이블코인 발행 자격이 있는 일본 대형 은행 미츠비시UFJ와 손잡는 형태로 JPYC 사업을 공동 추진하고 2025년 7월 실제로 엔화 스테이블코인을 내놓았다. 그러면서 JPYC가 '발행사'는 아니고 '보관사'이자 '플랫폼 운영사'라는 점을 내세우고 있다.

유럽과 일본의 스테이블코인 관련 법 마련은 미국보다 앞서 이루어졌지만 미국의 「지니어스법」에 비해 규제가 까다로워 우후죽순으로 발행사가 나오지는 않고 있다. 어쩌면 지금처럼 유로, 엔화 스테이블코인의 발행이 미미한 현실이 두 규제 당국이 바라는 바인지도 모른다.

유럽과 일본의 스테이블코인 규제는 사실상 비(非)은행에도 발행할 길을 열어둔 미국과 달리 은행으로 발행사를 제한했다는 특징도 있다. 한국도 한국은행을 중심으로, 은행 중심의 스테이블코인 생태계가 보다 안정적일 것이라는 의견이 나오는데 유럽과 일본의 앞선 사례들이 좋은 참고 자료가 되리라 생각한다.

다크호스로 떠오른
'금 코인'

금(金)은 경제학자들에게 많은 숙제를 안겨주는 자산이다. 지금의 기축통화인 미국 달러가 존재하기 훨씬 전부터, 사실 훨씬이란 말이 무색할 정도로 아주 오래전부터 화폐가 보편화되기 전까지 금은 가치의 저장 수단이자 교환의 매개, 가치의 척도로 기능하며 사실상 화폐로 사용되어 왔기 때문이다.

1971년 리처드 닉슨 미국 대통령의 일방적 결정으로 달러의 금 태환 제도가 사라지기는 했지만, 미국의 달러가 애초에 '중앙은행에 들고 가면 정해진 양의 금을 준다'라는 약속을 담은 증표였다는 점을 감안하면 달러와 금은 태생부터 깊은 인연이 있음을 부정하기 어렵다.

스테이블코인은 법정화폐에 가치가 연동되도록 설계된 가상화폐기 때문에 금과의 관계는 그다지 신경 쓰는 이가 없었다. 금의 특정 단위(보통은 온스)에 가치가 연동된다는 코인이 있기는 했지만 이를 스테이블코인과 연동해서 생각하는 경우는 많지 않았다.

그런데 2025년 들어 금값이 급등하고 금 코인의 존재가 부각되면서 금 코인을 일종의 스테이블코인으로 보아야 하지 않느냐는 의견이 나오기 시작했다. 이런 질문은 '금은 화폐인가, 아닌가'라는 근본적 질문을 담고 있기도 하다. 가장 흔한 설명은 금은 법정화폐는 확실히 아니지만 화폐의 기능 중 특히 '가치 저장'을 여전히 잘 수행하기에 '준(準)화폐적 성격'을 가진 자산이라는 정도다. 역시 결론이 열려 있다.

코인, 금, 스테이블코인의 관계가 흥미로운 또 하나의 이유는 금 코인을 통해 금이 화폐의 성격에 더 다가가게 되었고 이를 통해 금 코인이 스테이블코인의 자격을 얻어가고 있다는 사실이다. 다소 헷갈리는 설명일 수 있는데 이해를 위해서는 화폐의 세 가지 조건(가치의 저장, 교환의 매개, 가치의 척도)을 잠시 짚어보면 도움이 된다. 금이 그 어느 자산보다 '가치의 저장'을 잘 한다는 사실은 이의를 제기하기 어려우므로 논쟁거리가 아니다. 지금 상태의 금으로서는 다만 교환의 매개나 가치의 척도라고 하기는 어려운 것이 사실이었다. 금을 주고 물건을 사기는 극히 어렵고, 특정 물건의 가치를 '금 한 돈' 같은 금의 단위로 매기는 경우도 사실상 없기 때문이다.

하지만 금을 자산으로 하는 코인이 보편화되고 여기에 신기술이 접목되면 이론적으론 금 코인으로 물건을 사고 '금 한 돈'이나 '금 1온스' 같은 금의 단위로 물건의 가격을 매기지 못하란 법도 없다. 법정화폐와 신용카드 등으로 모든 경제활동이 물 흐르듯 이루어지는 한국 같은 나라에서라면 도대체 왜 그런 방식까지 써야 하는지 이해가 안 될 수 있지만, 마약상이나 서방국의 금융 제재를 받는 국가의 정부라면 금 코인을 이용한 거래가 상당히 매력적이지 않을까?

한편에서는 다른 자산, 예를 들어 커피나 철광석 같은 자산으로 만든 코인도 비슷하지 않냐는 질문이 나올 수 있다. 하지만 이런 자산은 금처럼 '가치의 저장' 기능이 없다. 단적으로 말하면 가격이 너무 크게 오르내린다. 이 같은 금의 특수성은 금 코인이 사실상 화폐처럼 쓰일 수 있다는 가능성에 경제학자들이 눈을 뜨는 계기가 됐고 관련된 논문도 잇따라 나오고 있다.

현재 규모가 큰 금 코인은 테더가 발행하는 XAUT로 '1XAUT=1온스의 금'에 가격이 연동되도록 설계됐다. 준비금인 금은 스위스 금고에 보관되어 있다고 한다. 시가총액은 15억 2천만 달러 정도 된다. 그밖에 런던 금시장 인증 금고에 금을 보관하는 팍스골드(PAXG), 호주퍼스의 금 사업자들이 만든 퍼스 민트 골드 토큰(PMGT) 등이 대표적인 금 코인이다.

금 코인이 스테이블코인 혹은 스테이블코인과 비슷한 특수한 코인으로 인정받게 된다면 이를 위한 규제가 새로 만들어질 가능성도 있다. 달러 스테이블코인 관련 법과 마찬가지로 준비금과 관련한 규제가 기본이 될 것이다. 지금도 거래되는 금 스테이블코인은 코인 규모에 맞는 실물 금을 준비금으로 보유 중이라고 주장하지만 이를 확인할 방법은 없다.

만약 금 스테이블코인 규제가 만들어져 금이 투명하게 관리된다면, 이 코인은 사실상 과거 금본위제 시대의 달러와 비슷한 '금 태환 코인'이 되지 않을까? 그럼 옛 금 태환 달러의 디지털 버전이라 하지 못할 이유가 무엇일까? 금 스테이블코인 규모가 너무 커지면 준비금 수요로 금값이 더 오르지 않을까? 아직은 초기 단계이기는 하지만 생각할수록 재밌고 따져볼수록 중요한, 스테이블코인의 또 다른 화두인 것만큼은 확실하다.

Part 8

스테이블코인 전문가 인터뷰

신현송

국제결제은행(BIS) 수석 이코노미스트(경제보좌관), 통화경제국장

한국 출신의 세계적인 금융·통화경제학자다. 프린스턴대·런던정경대·옥스포드대 교수 등을 거쳐 현재 BIS에서 수석 이코노미스트(경제보좌관·통화정책국장)로 활동하고 있다. 2025년 6월 BIS를 통해 낸 보고서 '다음 세대의 통화 및 금융 시스템'은 스테이블코인을 경제학자이자 통화 당국자의 시각으로 가장 면밀하고 정확하게 분석한 문서로 꼽힌다.

Q. 스테이블코인은 무엇이며, 전통적인 화폐와의 차이점은 무엇입니까?

스테이블코인이란 국경을 자유자재로 넘나들 수 있게 설계된 무허가(permissionless) 블록체인에서 유통되는 가상자산의 일종입니다. 단, 다른 가상자산과는 달리 담보를 통해 일정한 법정통화 가치를 약속하는 코인(가상화폐)입니다. '약속'이란 발행자의 약속을 뜻합니다. 예금 보호와 같은 국가의 뒷받침이 있다는 뜻은 아닙니다. 지금으로선 지급·결제 목적보다는 주로 가상자산 거래를 위한 관문의 역할을 합니다.

스테이블코인은 (제도권 내의) 거래소를 통해 이동할 때 한 번 신원 확인을 합니다. 하지만 일단 개인 지갑(self-hosted wallet)을 거쳐 무허가 블록체인에서 통용된다면 익명으로 국경을 넘어 자유롭게 사용될 수 있어요. 「외환거래법」 우회, 금융 범죄 및 테러 자금 조달에 악용될 위험이 큽니다. 금융실명제를 통해 금융거래의 투명성과 신뢰성을 보장한다는 취지에 어긋납니다.

Q. 스테이블코인 발행사들은 법정화폐, 예를 들면 미국 달러에 가치가 고정되어 비슷하게 쓸 수 있다고 주장하는데 어떻게 생각하시는지요.

법정화폐는 중앙은행의 역할을 통해 화폐의 단일성(singleness)을 보장합니다. 즉 지급 수단과는 무관하게 현금을 쓰든, 은행 창구를 통해 송금하든, 스마트폰 앱을 통해 결제하든 지급·결제 시 통화의 가치에 대해서는 '불문(no questions asked)의 원칙*'이 성립됩니다. 이는 중앙은행에 예치된 지급준비금을 통해 금융기관 간의 최종 결제가 이루어져서 가능한 일입니다.

스테이블코인은 다릅니다. 단일성[**]을 보장하지 못하고 항상 '교환 비율'이란 꼬리표가 따르게 됩니다. 평소 법정화폐와의 교환 비율이 1대1에 가깝지만 완벽한 1대1은 아닙니다. 때로는 2023년 실리콘밸리은행 사태 때와 같이, 교환 비율이 1대1에서 크게 벗어날 수도 있습니다. 스테이블코인은 화폐의 단일 가치에 대한 사회적 공통 인식을 기반으로 경제활동을 뒷받침한다는, 통화제도의 원칙에 위배됩니다.

Q. 스테이블코인 발행사는 준비금을 통해 가치를 유지한다고 주장하는데요.

스테이블코인은 가치를 1대1로 고정하겠다는 약속을 뒷받침하기 위한 준비금이 필요합니다. 따라서 사용자는 유동성 부족에 취약합니다. (필자 주: 법정화폐와 달리 발행량이 매우 경직적이란 뜻이다.) 무역 자금과 같이 자본 대비 거래 액수가 커지면 사전에 필요한 현금 전액을 확보한다는 것은 몇몇 기업을 제외하고는 불가능합니다. 이런 경우 기업은 대차대조표를 탄력적으로 확장할 수 있는 금융기관을 통해 유동성(무역 자금 대출 등)을 공급받지요. 실제로 2025년 미국의 관세 인상 등으로 불확실성이 증대되는 상황에 은행이 제공한 대출 약

---

[*] 국가가 발행한 화폐는 질문이나 의심할 필요 없이 통화로서 기능한다는 원칙을 말한다.

[**] 영어로 'singleness of money'라 부르는 개념이다. 법정화폐가 지갑에 있는 지폐건 통장에 있는예금이건 혹은 다른 어디에서 쓰이건 같은 가치를 반드시 유지한다는 뜻이다.

정은 선진국과 신흥국을 막론하고 비(非)금융 기업에게 중요한 자금 조달 수단으로 작용했습니다. 하지만 스테이블코인은 이러한 유동성 제공 역할을 할 수 없습니다. 또한 스테이블코인은 은행과 달리 중앙은행으로부터 일중당좌대출*과 같은 유동성 공급도 받지 못합니다. 실시간으로 대규모 금액을 결제하는 자금 수요에 적절히 대응하기가 불가능합니다.

결론적으로 스테이블코인은 화폐의 역할을 하기에는 여러 한계가 있을 뿐 아니라, 불법적인 행위에 악용될 가능성까지 있기 때문에 금융 질서와 안정에 위험을 초래할 수 있습니다. 가상자산 거래를 가능하게 한다는 '순기능'은 있을지 몰라도 통화제도의 주축이 되기에는 역부족입니다.

Q. 스테이블코인 사용이 확산하면 어떤 위험이 발생할까요.

크게 세 가지 효과에 유념할 필요가 있습니다.

우선 통화 주권에 미치는 영향이 있습니다. 전 세계 스테이블코인의 98.9%는 미국 달러화 스테이블코인으로, 다양한 목적으로 국경을 넘어 널리 확산되고 있습니다. 특히 환율 변동성이 높고 자본 유출에 취약한 국가에서는 스테이블코인이 달러화 선호 현상을 더욱 부추길

---

* 일중당좌대출은 당일 영업시간 중 발생하는 금융사의 일시적인 지급·결제 부족 자금을 중앙은행이 지원해주는 초단기 대출 제도다. 한국은 2000년 9월 도입했다. 금융사는 원칙적으로 영업시간 종료 시점까지 대출을 갚아야 한다.

수 있습니다. 이는 곧 통화정책 실행을 어렵게 만들고, 물가 안정과 금융 질서에 악영향을 미칠 수 있습니다. 「외환거래법」이나 해당 규정에 근거한 제도적 장치가 있어도 불법 스테이블코인 거래를 차단하기에는 역부족입니다. 때로는 당국의 요청에 따라 거래소나 발행자는 잔액 동결 등의 조치를 하기도 하지만 수십억 건에 달하는 일상적인 결제를 감시·통제한다는 것은 사실상 불가능합니다. 무허가 블록체인에서 개인 지갑을 통해 이루어지는 거래는 사실상 아무 제재 없이 이루어진다는 것이 현실입니다.

다음은 금융시장에 미치는 영향입니다. 달러 스테이블코인의 경우 발행자들은 주로 단기 미국 국채에 투자하고 있기 때문에 스테이블코인의 발행과 매각은 시장 금리에 실질적인 영향을 통해 통화정책에 미치는 파급효과가 있습니다. BIS 연구에 따르면, 스테이블코인으로의 35억 달러가 유입되면 단기 미국 국채 수익률을 약 2.5~5bp(0.025~0.05%포인트, 1bp=0.01%포인트) 낮추지만, 발행자들이 보유 자산을 빠르게 매각하면서 발생하는 자금 유출 시에는 유입 때보다 2~3배 더 큰 폭으로 시장 금리를 끌어올립니다. 우선 통화정책 이행에 있어 변수로 떠오르고, 나아가 금융 여건이 불안한 시장 상황에서는 대규모 매각을 야기하기 때문에 금융 안정을 위협할 우려도 있습니다. 스테이블코인이 확산될 경우 유동성 관리와 충격 대응 역량 강화에 관한 대책이 시급합니다.

마지막으로 기존 금융 시스템과의 연계에 따른 위험입니다. 스테이블코인이 기존 금융 시스템과 밀접하게 연결되면서 새로운 위험

전이 채널을 형성하고 있습니다. 예를 들어 일부 스테이블코인 발행자들은 추가 수익을 창출하기 위해 역환매조건부채권(reverse repo)*에 의존합니다. 시장 스트레스 상황에서는 이러한 행태가 환매조건부채권 시장의 유동성을 악화시키고, 다른 단기 달러 자금 조달 시장으로 파급효과를 미칠 수 있습니다. 또한 스테이블코인 발행자는 일부 준비금을 은행예금으로 보유하며 이는 여러 국가에서 규제에 따라 의무화되고 있는데, 이는 스테이블코인 발행사가 분산된 개인(가계) 예금을 모아 이를 예금보험 한도를 초과하는 대규모 금액으로 전환해 예치하거나 환매조건부채권에 투자하는 효과를 내는 셈이 됩니다. 이런 특성은 기존 금융 시스템을 가상화폐의 변동성과 전염 위험에 노출시킵니다. 실리콘밸리은행에 준비금이 있었던 USDC의 가치는 2023년 문제가 발생했을 당시 1대1이 아닌 1대 0.88까지 떨어졌습니다.

Q. 그렇다면 스테이블코인을 어떻게 규제해야 할까요.

최근까지 '동일위험, 동일규제'(same risk, same regulation)의 원칙이 정책의 출발점이 되었습니다. 이는 유사한 금융 상품이 있다면 유사한 규제를 적용한다는 원칙입니다. 하지만 '동일위험'이란 전제

---

* 금융기관에 돈을 빌려주고 단기채권을 담보로 받는 거래. 반대로 채권을 맡기고 돈을 빌려오는 거래를 환매조건부채권이라고 한다. 스테이블코인 발행사가 이렇게 담보 격으로 보유한 채권을 갑자기 대량으로 내다 팔면 시장 자체에 문제가 생길 수 있다.

조건이 성립되지 않을 경우 '동일규제'라는 처방도 의미를 상실합니다. 무허가 블록체인에서 개인 지갑을 통해 익명으로 거래하면서 자유자재로 국경을 넘나든다는 특성은 다른 기존의 금융 상품에는 찾을 수 없기 때문에 '동일위험, 동일규제'라는 구호를 정책의 원칙으로 삼기에는 부족합니다.

대신 무허가 블록체인의 특징에 걸맞은 '맞춤형 규제'가 시급합니다. 이는 스테이블코인의 특유한 기능을 분석하고, 블록체인 거래 기록을 활용해 자금 세탁 및 불법 활동을 방지하는 규제 방안을 설계하는 접근 방법입니다. 특히 기존 금융 시스템과의 접점에서 거래 내역과 출처를 추적해 의심스러운 거래를 식별하고 필요한 경우 자금을 동결할 수 있는 체계를 마련할 필요가 있습니다. 이는 스테이블코인뿐만 아니라 가상자산 전체에 적용할 수 있는 제도가 되어야 합니다.

Q. 스테이블코인 맞춤형 규제에는 어떤 방식이 있을까요.

예를 들어 스테이블코인의 자금세탁방지(AML, Anti-Money Laundering) 규제 준수를 위한 방안으로, '토큰 기반 방식'을 적용하는 방법이 가장 유망합니다. 스테이블코인은 무허가 블록체인에서 유통되며, 무기명 증서(bearer instrument)로서의 특성 때문에 기존 계좌 기반 규제 접근법을 그대로 적용할 수 없습니다. 예를 들어 은행 간 송금은 계좌 기록을 변경하는 방식에 의존하며, 이 계좌 기록 변경 과정에 각 은행이 KYC(Know Your Customer, 고객 신원 확인)와 AML

검사를 수행합니다. 반면 스테이블코인은 중계기관이 없는 블록체인에 기록되기 때문에 계좌가 아닌 토큰 자체의 이력과 출처에 초점을 맞춘 접근이 필요합니다. 이와 관련해 BIS는 스테이블코인이 거쳐 간 지갑의 이력을 바탕으로 AML 점수를 부여하는 '토큰 기반 AML 접근법'을 개발하고 있습니다. 특히 이 접근법은 가상자산 거래소나 은행이 자금을 기존 은행 시스템으로 옮길 때 사용하는 오프램프(off-ramp, 스테이블코인을 법정화폐로 전환하는 과정)에서 적용될 때 가장 효과적일 것으로 기대됩니다.

맞춤형 규제란 단순히 규제의 엄격성을 완화하는 것을 의미하지 않습니다. 스테이블코인이 국경 구분 없이 자유롭게 유통되는 특성을 감안할 때 국제적 협력을 강화하여 규제 공백을 해소하고 국가 간 지급 거래에서 발생할 수 있는 위험을 효과적으로 완화할 필요가 있음을 뜻합니다. 또한 국제 공조가 어려운 시기인 만큼 개별 국가들이 즉시 사용할 수 있는 제도 개발이 시급합니다. 무허가 블록체인의 제어는 불가능하지만 각 국가의 기존 통화제도와 연결되는 오프램프에서는 충분히 적용 가능한 효과를 누릴 수 있다고 봅니다.

Q. 달러 스테이블코인 확산에 대한 우려가 높아지는 상황에서 원화 스테이블코인은 어떤 역할을 할 수 있을까요.

(BIS 방침에 따라 개별 국가 정책에 대해서는 언급을 피하겠습니다. 다만 일반적인 원칙에 기반한 답변을 하겠습니다.)

환율 변동성이 높고 자본 유출에 취약한 신흥국들은 외국인들의 자국 통화나 자국 금융자산에 대한 접근을 주어진 범위 내에서 통제합니다. 그 이유는 투기성 거래를 통해 환율 변동 및 자본 유출을 더 부추길 수 있기 때문이지요. 「외환거래법」이나 외환 규정이 있는 국가들에서는 이런 안전장치를 공통적으로 찾을 수 있습니다.

스테이블코인은 자국 통화 표시라 하더라도 무허가 블록체인을 통해 국경을 넘어 자유롭게 통용되고 외화 표시 가상자산과 맞교환하거나 담보대출 등의 용도로 자유롭게 사용된다는 특징이 있습니다. 물론 최초 거래소를 통할 때 신원 확인을 한 번 하지만 개인 지갑으로 이동하여 무허가 블록체인에서 통용될 때는 기존 감시 방식으로는 통제가 불가능합니다. 특히 외국인에게 적용하는 자국 통화 접근에 관한 규제를 무력화시킬 수 있습니다. 물론 자국 통화의 통용으로 통화 주권 상실을 다소 완화시킬 수 있지만, 환율 변동성이 심하고 자본 유출에 취약한 나라에게는 금융제도의 불안정을 가져다줄 수도 있습니다.

자국 통화 스테이블코인이 도입되더라도 달러 스테이블코인에 대한 수요는 여전히 지속될 가능성이 큽니다. 이러한 수요는 글로벌 경제에서 달러가 차지하는 지배적인 역할과 네트워크 효과에 기인합니다. 특히 외환 규제가 있는 나라에서는 「외환거래법」을 우회하거나 달러 표시 자산에 접근하기 위한 달러 스테이블코인의 수요가 많을 것입니다.

결론적으로 자국 통화 표시든 달러 표시든 근본적인 문제는 앞에서 설명했듯이 여전히 화폐의 단일성, 탄력성, 무결성과 관련된 한계에 직면하게 될 겁니다. 궁극적으로 스테이블코인이 금융 시스템 변두리에서 가상자산과 관련된 제한된 역할은 할 수 있겠으나 통화제도의 주축이 될 수는 없습니다. 특히 안전장치 없이 사용이 크게 확대될 경우 통화 주권에 위협을 주고 외환시장의 질서와 금융 안정도 심하게 저해할 수 있습니다.

대안으로 국내 금융 시스템의 안정성을 유지하고 신뢰할 수 있는 결제 기반 시설을 구축하기 위해 견고한 제도적 및 기술적 기반을 마련하는 것이 중요합니다. 이와 같은 생태계에서는 새로운 디지털 형태(토큰화)의 중앙은행 및 상업은행 화폐가 유망한 대안으로 평가됩니다. 예를 들어 한국의 프로젝트 한강을 들 수 있겠죠. 또한 BIS의 프로젝트 아고라(Project Agorá)는 토큰화한 중앙은행 준비금과 은행예금을 활용한 국가 간 결제 시스템 개선 가능성을 탐구하고 있습니다. 7개 주요 중앙은행과 40여 주요 글로벌 은행 및 비은행 금융기관들이 참여하고 있는데 한국도 한국은행과 주요 한국 상업은행들을 통해 적극 참여 중입니다. 이러한 선도적 노력은 자국 통화 기반 디지털 자산의 잠재력을 확인하고, 글로벌 디지털 경제 시대에 대응하는 기반을 마련하는 데 기여할 것입니다.

Q. 스테이블코인의 궁극적 미래는 어떻게 전망하십니까.

기술이 발전하더라도 경제가 원활히 작동하기 위해서는 화폐에 대한 신뢰가 여전히 핵심입니다. 스테이블코인은 새로운 기술적 기능(예를 들면 토큰화)에 대한 수요를 충족시킬 수 있지만, 화폐의 핵심 특성을 충족하지 못한다는 점을 다시 한번 강조하고 싶습니다. 또한 스테이블코인은 불법적 사용, 거래 추적의 어려움, 통화 주권 약화, 외환 변동성 심화 등과 같은 위험 요인을 효과적으로 제어할 수 있는 제도적, 기술적 규제 마련에도 한계를 드러내고 있습니다. 이러한 이유로 스테이블코인이 미래 통화 시스템의 중심축으로 자리 잡을 수 있을지에 대해 저는 회의적입니다.

현재의 검증된 통화 및 금융 시스템에서 새로운 기능에 대한 정당한 수요를 충족할 더 나은 대안은 있습니다. BIS가 제안하는 통합 원장(unified ledger)을 기반으로 한 혁신은 다양한 경제 주체들이 참여하여 효율성을 높이고, 새로운 계약 가능성을 열어주는 유망한 경로를 제공합니다. 통합 원장은 중앙은행 준비금, 은행예금, 정부 채권을 토큰화해 금융시장의 투명성과 신뢰성을 강화하고 결제 및 거래 과정을 간소화할 수 있는 잠재력을 가지고 있습니다.

이러한 미래를 실현하려면 통화제도의 핵심인 중앙은행이 리더십을 발휘해서 통화·금융제도 발전의 촉매 역할을 해야 합니다. 중앙은행은 미래 통화 시스템에 대한 명확한 비전을 제시해 이해관계자들에게 방향성을 제공하고, 국제적 규제 표준을 정립해 국가 간 상호운용성을 추구해야 합니다. 또한 신뢰와 공공-민간 협력을 촉진함으로써 여러 사용자의 요구를 충족하면서도 견고한 지배구조, 회복력, 준수 표준을 유지하도록 설계되도록 보장해야 합니다. 통화·금융제도는 사적 이익을 초월한 공공의 이익 추구가 디자인 원칙이 되어야 합니다. 중앙은행을 비롯한 정부와 공공기관의 역할이 필수적입니다.

화폐의 단일성, 탄력성, 무결성

신현송 이코노미스트를 비롯한 BIS 및 중앙은행 관계자들은 지금의 화폐 시스템이 갖춰야 하는 조건이자 특성으로 화폐의 단일성, 탄력성, 무결성을 강조한다. 민간 스테이블코인이 이런 특성을 갖추기까지는 해결해야 할 문제가 많으므로 본격적인 도입 전에 허술한 구석이 없는지 면밀히 살펴야 한다는 취지다.

화폐의 '단일성'이란 같은 단위의 통화는 어디서나 동일한 가치로 교환돼야 한다는 의미다. 신용카드로 쓰거나, 은행 예금에서 뽑거나 친구 사이에 돈을 빌려주거나 그 어떤 경우에도 화폐는 동일한 가치를 지닌다는 의미다. 신현송 이코노미스트는 이를 "공통 언어가 사회적 상호작용을 조율하는 것과 같다"라고 표현한다.

'탄력성'이란 경제 내 어떤 경우에도 화폐가 고갈되지 않아야 한다는 것이다. 기업과 개인이 큰돈을 거래할 때 '시중에 돈이 없으면 어떻게 하지?'라는 걱정을 하지는 않는다. 이는 시장에 돈을 공급할 수 있는 중앙은행의 능력을 통해서 이런 탄력성을 보장하기에 가능한 일이다.

'무결성'이란 불법 활동을 막을 수 있는 통화 시스템의 건전성을 뜻한다. 사기, 금융 범죄 같은 불법 활동으로 해당 통화가 악용되지 못하도록 보안과 감시 시스템이 갖춰져 있어야 한다는 의미다. 철저한 실명 거래 제도나 돈세탁 방지법, 정부와 국제기구가 민간 금융사에게 갖추도록 요구하는 AML(Anti-Money Laundering, 자금세탁방지), KYC(Know Your Customer, 고객확인) 등의 규율이 이같은 무결성을 보호하기 위한 대표적인 조치라고 할 수 있다.

원화 스테이블코인 도입, 서두를 이유 없다

최재원

서울대 경제학부 교수

스테이블코인에 관한 취재를 시작할 무렵 다수의 전문가로부터 최재원 서울대 경제학부 교수를 인터뷰하라는 권고를 받았다. 40대 젊은 경제학자인 그는 경제학계의 톱 레벨 저널로 꼽히는 금융경제 저널(Journal of Financial Economics), 금융학 리뷰(Review of Financial Studies) 등 재무·금융 최상위 학술지에 다수 논문을 발표했다. 서울대 금융경제연구원장도 맡고 있다.

Q. 한국 스테이블코인 관련 법 제정이 추진되고 있는데, 어떻게 평가하십니까.

일단 미국에서 (지니어스법 등) 제정을 하니 따라가는 측면이 있는 것 같습니다. 그런데 미국과 한국은 차이가 큽니다. 미국은 일단 이미 (달러) 스테이블코인이 존재합니다. 테더, USDC 등 거대한 스테이블코인 시장이 존재하고 돌아가고 있습니다. 지금의 스테이블코인은 어떤 측면에서 보면, 좀 과장해 말하면 카지노 칩과 크게 다르지가 않아요. 스테이블코인은 현재 지급·결제 수단으로 쓰이는 것은 많이 없고, 대부분이 블록체인 생태계에서 거래되고 디파이(코인 파생상품 투자) 등을 통해서 수익을 얻는 활동을 할 때 쓰입니다. 그때 스테이블코인이 '칩' 역할을 한다고 볼 수도 있다는 이야기입니다. 한국에서 바이낸스 같은 해외 거래소로 보낼 수도 있고요. 이런 목적들로 쓰이는 달러 스테이블코인이 이미 200조~300조 원 규모로 커져 있는 상태입니다.

미국 정부가 관련 법을 제정하고 싶어 하는 것은 어찌 보면 당연합니다. 최대 스테이블코인 테더가 지금 역외거든요. 역외 달러 코인이 이렇게 커진 상황을 보면 그만큼 수요가 있다는 의미이기도 합니다. 해외로 돈 보낼 때 쓰거나, 러시아 등 제재를 받고 있는 국가에 보낸다거나 하는 일에 쓰이겠죠. 이렇게 이미 달러 스테이블코인이 커진 상황에 미국 입장에서는 법을 제정해 스테이블코인을 제도권으로 끌어들인다 해도 별로 잃을 게 없습니다. 어찌 보면 테더의 달러 스테이블코인이 눈엣가시일 수 있고요. 미국 정부로선 테더에 대항할 수 있는 달러 스테이블코인이 있었으면 하는데, 여러 곳에서 시도하려고 한다지만 스테이블코인도 네트워크 효과가 있어서 '고래'만 살아남거든요. 여러 휴대폰 메신저가 있지만 한국 사람들이 대부분 카카오톡 하나만 쓰는 것과 비슷합니다. 만약 테더가 법 제정 후 역외 코인이기를 고집하고 미국 제도권 진입을 포기한다면, 결국 그다음에 유동성이 높은(거래량이 많은) 서클의 USDC 쪽으로 가겠죠. 역외 스테이블코인 시장이 이미 존재하고 있는 미국 입장에서는 법 제정을 통해 잃을 게 없는 거예요.

한국은 어떻습니까. 지금 원화 스테이블코인이 없어요. 솔직히 수요가 거의 '제로(0)'예요. 한국에서 법적으로 발행을 못 하게 하기 때문이기도 하지만 필요하면 (테더처럼) 해외에서 충분히 발행할 수 있거든요. 예를 들면 옛날에 테라-루나 사건이 났을 때 권도형도 달러 연동된 테라만 만든 것이 아니라 원화에 연동된 테더도 만들었습니다. 그런데 아무도 안 샀어요. 거의 아무도 안 쓴 겁니다. 수요가 없어서. 즉 카지노 '칩'으로 쓰더라도 '원화 칩'은 쓸모가 없더라는 겁니다. 또 원화를 송금하기 쉽게 바꿔서 스테이블코인으로 해외에 보낼 일도 없다는 이야기죠. 즉 수요가 없는 거예요. 존재할 필요가 없는 코인인 셈인데, 이걸 굳이 정부가 주도해 만들겠다고 하고, 많은 사람들이 논의에 큰 에너지를 쏟으니 '잠깐, 이게 왜 필요하지' 하는 생각부터가 드는 겁니다.

즉 가장 큰 차이는 미국 달러 스테이블코인은 이미 수요가 있기 때문에 입법을 한 것이고, 한국은 수요가 없는데 입법부터 하자고 나선 셈입니다. 그것이 가장 큰 차이인 것 같습니다.

Q. 그런데 왜 이렇게 많은 입법 논의가 될까요?

일단 지금 '공포 마케팅'이 좀 있는 듯합니다. '미국이 스테이블코인을 통해서 달러 패권을 강화하고 (한국의 통화 시장을) 잠식하려고 한다'라는 논리입니다. 그런데 미국의 달러 패권과 한국은 아무 상관이 없어요. 달러 패권은 원래 존재합니다. 통화 주권 상실을 이야기하는 분들의 주장은 외국인들이 테더를 가지고 와서 한국에서 테더를 이용한다, 젊은이들이 이제 원화를 안 쓰고 테더를 통해 사실상 달러를 쓰게 될 테니 통화 주권을 잃지 않겠냐 하는 이야기죠. 한국에서 사람들이 버젓이 달러를 가지고 다니고, 달러로 거래하고, 음식점 가서 밥 먹고 이런 상황이 벌어질 수 있다는 겁니다.

두 번째 논리는 지금 지급·결제 시장에서 수수료(신용카드 결제 수수료 등)로 2% 정도 나가는데, 스테이블코인을 쓰면 그 수수료를 줄이는 장점이 있다는 겁니다. 그런데 이것도 사실 소비자 입장에서는 얼마나 와닿는지 모르겠어요. 신용카드를 써도 많은 부분이 포인트 같은 걸로 돌아오고 있잖아요. 신용카드의 여러 혜택이 있다는 점을 인정해야 합니다. 할부도 가능하고, 구매 취소 절차도 쉽죠.

세 번째는 해외 송금 수수료를 줄일 수 있다고 하는 부분인데, 해외 송금이 오래 걸리는 이유가 꼭 스테이블코인이 없어서만은 아닙니다. 환전 문제가 있고, 돈세탁 방지를 위한 장치들이 있고, 「외환거래법」 문제도 있습니다. 스테이블코인이 해외 송금에 분명 장점이 있어도 이런 문제가 없어질 수는 없어요. 오히려 돈세탁 같은 위험은 더 커지게 되고요. 해외 송금 때도 수수료를 아낄 수 있다고 하는데, 우리가 보내는 돈은 달러이지 원화가 아닙니다. 원화를 해외로 보내는 분이 있나요?

네 번째는 사실 이건 저도 인정을 하는데… 블록체인 생태계에서 활용할 수 있는 '칩'이 생기는 것이니 블록체인 혁신을 촉진할 수 있다는 점입니다. 블록체인 생태계에서 쓸 수 있는 '토큰화 펀드' 같은 것들이 미국에 있거든요. 블록체인상에서 금융 생태계가 구축됐을 때 여기서 원화를 가지고도 할 수 있지만, 스테이블코인이 있으면 그 원화 스테이블코인을 가지고 할 수 있으니 그런 생태계를 구축한다는 의미는 있을 것 같습니다. 예를 들어 지금 (증권사 등에서) 펀드를 팔면 그 펀드에서 돈이 들어오는 데까지 이틀 정도가 걸립니다. 만약 원화 스테이블코인을 만들어서 거래하면, 원화 스테이블코인으로 빨리 받을 수가 있는 거예요. 그래서 블록체인 생태계를 활성화시키기 위해서 정도라면 의미는 있을 것 같습니다. 지금 블록체인 생태계가 발달한 싱가포르 등으로 인력이 많이 빠져나가고 있으니까요.

Q. 테더·서클 같은 스테이블코인 발행사는 이렇게 돈을 법니까.

사실상 예금-대출 이자 마진으로 버는 것과 다르지 않습니다. 한국은행이 이야기하는 시뇨리지(주조 차익, 259쪽 '돈의 B 사이드' 참고)는 사실 국고로 귀속이 되어야 해요. 그러니까 정부 입장에서도, 정부 세수에 들어가야 할 돈이 민간 기업으로 가게 됩니다.

서클 등의 공시 자료를 보면 준비금으로 쌓은 국채 등에서 나오는 이자 수익이 사실상 전부예요. 그것을 예대 마진으로 해석할 수 있습니다. 은행은 사람들의 돈을 받아서 다른 데 투자를 하죠. 연 1%를 주고 예금을 받아서 5%를 받고 대출을 해주면 그게 예대 마진입니다. 은행은 조달하려면 그래도 예금 이자를 줘야 하는데, 서클은 사실 이자도 안 주고 코인을 내주는 것이죠. "여러분들의 돈을 받고, 그 돈으로 국채를 사서 돈을 벌게요"라고 하는 셈인데, 요즘 미국 국채 이자가 연 4%(10년 만기 기준) 정도 나옵니다. 수수료 다 떼고 해도 3.5% 나오죠. 그걸로 돈을 버는 건데 사실상 예대 마진과 비슷합니다. '땅 짚고 헤엄치기'죠. 조달한 돈의 규모가 커지면 무조건 돈을 벌고, 대신 그 규모가 쪼그라들면 무조건 수입이 줄어드는 구조입니다.

Q. 미국의 「지니어스법」은 어떻게 평가하시는지요.

예전에 미국의 브레턴우즈 체제로 달러 패권이 완전히 정착됐다고 평가 되는데요, 「지니어스법」은 이를 유지하기 위한 미국의 노력이라고 봅니다. 실리콘밸리의 신기술로, 달러 패권을 더 공고히 하겠다는 의도로 볼 수 있는 것이죠. 미국 입장에서는 극히 자연스러운 조치입니다. 앞서 말했듯이, 이미 달러 스테이블코인은 대량 존재하고 있으니까요.

Q. 테더는 본사도 미국에 없고, 「지니어스법」에서 의무화하고 있는 현금성 자산 구성도 80%에 못 미칩니다. 「지니어스법」에 따르면 테더는 미국에서 영업을 못 하게 되나요.

이 상태로라면, 테더는 '아웃'입니다. 「지니어스법」을 통해 미국은

스테이블코인 시장을 둘로 쪼개려 한다고 볼 수 있습니다. 「지니어스
법」을 보면 적용 대상 스테이블코인을 '허용된 결제 스테이블코인',
즉 'permitted payment stablecoin'으로 제한합니다. 미국 내에서
만약에 스테이블코인을 사고팔거나, 지급·결제에 쓰고 싶으면 이 법
을 따라야지만 된다는 의미입니다. 결제 시장, 예를 들어 신용카드로
결제하고 뒤에서 정산을 스테이블코인으로 하고 싶다, 아니면 카드
사끼리 스테이블코인으로 정산하겠다 하면 「지니어스법」을 따라야
한다는 말이기도 하죠. 이 법을 따르려면 회사가 미국에 등록이 되어
있거나 외국 기업이라도 미국법 수준을 따라야 하는데, 테더는 일단
미국에 등록된 회사가 아닙니다. 본사가 버진아일랜드에 있었는데
최근에는 엘살바도르로 옮겼죠. 미국의 입장은 역외 카지노처럼, 그
냥 역외 블록체인에서 노는 것은 '오케이', 얼마든지 뭘 해도 된다는
겁니다. 테더는 어차피 미국에서 지급·결제 용도로 쓰이고 있지 않아
요. 지급·결제에 사용되는 건 USDC가 대부분이죠. 이런 맥락에서 미
국이 달러 스테이블코인을 둘로 나눈다고 보는 겁니다. 새로운 강자
는 아마 USDC가 되겠죠. 이런 식으로 USDC가 커지면 이제 역외 스
테이블코인인 테더를 물리치지 않을까 하는 것이 미국 생각인 듯합
니다.

**Q. 테더가 미국으로 본사를 옮기고, 비트코인 같은 자산을 다 현금
성 자산으로 교체하면 미국 진입이 가능한가요.**

가능합니다. 하지만 테더 입장에서는 좀 눈치를 볼 것 같습니다.

일단 테더는 서클보다 지금 훨씬 많이 벌어요. 서클은 예대 마진만 먹는데 테더는 비트코인 대출까지 해줍니다. 돈을 벌어들이기 위해 더 많은 방법을 쓰니, 더 많이 벌고 있죠. 테더 입장에서는 이제 결국 이런 수익을 포기하고 미국 시장에 뛰어들어 서클과 경쟁을 할 필요가 있을까 하는 선택이 남습니다. 그렇다고 미국 시장을 쉽게 포기하거나 미국에 밉보여서 좋을 일도 없죠. 결정을 어떻게 내리냐는 두고 봐야 할 듯합니다.

Q. 미국에는 스테이블코인을 활용한 신용카드 등 지급·결제 수요가 많습니까? 사실 한국에서는 지금의 결제 시스템에 불편함을 느끼는 사람이 많지 않은데요.

소비자들은 사실 스테이블코인과 관련해 한국과 비슷한 입장입니다. '그게 왜 그렇게 필요하지?' 하고 생각하죠. 미국도 신용카드로 큰 문제 없이 물건 사고팔거든요. 다만 기업들은 다르겠죠. 왜냐하면 서클이 돈을 어마어마하게 벌고 있으니까, 서클과 경쟁을 하느니 '우리도 스테이블코인을 해야겠다'라고 생각하는 거죠.

Q. 한국에서 스테이블코인 발행이 허락되면 어떤 일이 일어날까요.

일단 블록체인 통화이기 때문에 이게 프로그래밍도 가능하고 다른 혁신도 가능하다고 하는 부분은 저도 알겠습니다. 그런데 한국 원화 스테이블코인 시장에서 제가 걱정하는 것은 한국에 수요가 없다

보니 수요를 강제로 만들어내야 한다는 부분입니다. 그런데 상대적으로 진입 장벽은 (지금 논의되는 법안들을 보면) '자본금 50억 원' 정도로 높지 않습니다. 그렇다면 처음에는 우후죽순처럼 발행사가 생겨 과열 경쟁이 일어나고, 그러면 리워드 같은 포인트를 더 주겠다고 할 가능성이 큽니다. 「지니어스법」은 이 과열 경쟁을 막기 위해 이자 지급을 금지했습니다. 테라-루나도 결정적으로 망한 게 사실 과열 경쟁 때문이었죠. 20%씩 이자를 주었으니까요. 돈이 급격히 들어왔다가 확 빠져나가면서 망하지 않았습니까.

미국도 알고 있습니다. 이런 식으로 발행사들이 경쟁하고 이자를 주고 돈을 끌어들이기 시작하면 이게 금융 안정성을 해칠 수 있다는 것을 말입니다. 그래서 이자를 못 주게 막았습니다. 하지만 현실은 많은 사업자가 이런 규제를 우회해 '포인트', '상금' 같은 식으로 이자를 주고 있습니다. 서클도 지금 사실상 이자를 줘요. 그런데 서클이 안 주고 (미국 코인거래소인) 코인베이스가 줍니다. 4% 정도를요. 「지니어스법」에 별도 규정이 추가되면 막힐 수도 있지만, 현재는 버젓이 하고 있는 겁니다.

만약 한국에서 스테이블코인 발행사 인가 요건을 50억 원으로 느슨하게 하고 우후죽순으로 생긴다고 해도, 앞서 말한 네트워크 효과 때문에 스테이블코인 승자는 한두 곳만 남게 될 겁니다. 즉, 살아남으려면 초기에 많은 사용자를 확보해야 한다는 뜻입니다. 엄청 치열한 경쟁이 일어날 겁니다. 포인트 꽂아 주고 이벤트도 하겠죠. 그렇게 돈을 조달하면 안전자산에 넣어야 할 텐데, 잘 지켜질지 저는 회의적입니다. 예를 들면 준비금 허용 자산을 '만기 90일 이내 국고채'라고 해놓는다면 만기를 하루짜리로 할까요, 90일짜리로 할까요? 당연히 (수익률이 높은) 90일˙ 짜리겠죠. 법에 정해져 있는 한에서 최대한 위험 부담을 할 겁니다.

그리고「지니어스법」보면 감사를 한 달에 한 번 받도록 되어 있어요. 그럼 어떻게 하겠습니까. 감사 끝나고 나면 (위험자산으로) 쫙 나갔다가 다시 (감사 직전에) 안전자산으로 돌아올 수도 있겠죠. 안 한다는 보장이 없습니다. 만약 원화 스테이블코인에 대한 수요가 아주 많다면 충분히 '파이'가 크기 때문에 과도한 출혈 경쟁은 안 일어날 겁니다. 문제는 수요가 없을 때예요. 지금 소비자들이 원화 스테이블코인이 필요하다고 하는 것이 아니라 공급자들이 하겠다는 거잖아요? 한국에 이미 너무 많은 '페이'가 있고, 신용카드도 많고 수수료도 충분히 낮아져 있는데요. 이렇게 수요가 없는 상태에서 과열 경쟁이 일어나는 상황이 저는 위험하다고 봅니다.

Q. 그래도 블록체인 생태계에서 기술 혁신의 도구 정도로는 생각해봄 직하지 않을까요?

맞습니다. 그렇다고는 해도 지금 같이 서둘러 하면 위험하다는 이야기입니다. 미국 사례를 그대로 따라서, 미국도 하니까 한국도 무조

˙ 같은 위험도의 채권이라면 만기가 긴 채권이 금리가 더 높다. 만기가 긴 예금의 이자가 더 높은 것과 마찬가지다.

건 해야 한다는 건 앞에서 말씀드린 이유로 적합하지 않습니다.

미국 달러 같은 경우는 스테이블코인을 만들면 수요가 많습니다. 달리 말해 달러에 대한 '초과수요' 혹은 '과수요'가 존재합니다. 일단 아르헨티나, 베네수엘라, 엘살바도르 같은 나라 사람들이 씁니다. 자국 화폐를 못 믿어서 달러를 쓰고 싶은데 달러 지폐는 구하기가 어려우니까요. 달러 스테이블코인을 이 사람들이 대신 사서 씁니다. 일부에서는 'K-문화' 상품을 원화 스테이블코인으로 사게 하자는 이야기도 있지요. 'K팝 마니아가 달러 스테이블코인으로 결제하면 어떻게 하냐, 원화로 하게 하자'라는 논리입니다. 지금 결제를 못 해서 상품을 못 사는 사람이 많고, 그 사람들이 원화 스테이블코인이 생기면 상품을 살 수 있다면 수요 혹은 과수요가 있다고 할 수도 있겠죠. 그런데 그런 사람이 많은가요? 아주 제한적이라고 봅니다.

달러 스테이블코인은 다릅니다. 서방 국가들의 제재를 피해 러시아에 무기를 팔면 돈을 받아야 하는데, 지금은 제재로 송금망이 막혀 있어 달러로 돈을 받으려면 스테이블코인 아니면 안 됩니다. 오로지 달러만이 이런 수요가 있습니다. 심지어 기축통화로 평가받는 엔화나 유로도 스테이블코인 법을 제정했지만 이들 통화의 스테이블코인은 전체의 1%가 될까 말까입니다. 쓸 곳이 없기 때문입니다.

Q. 한국은행은 만약 원화 스테이블코인을 도입하려면 은행 위주로 해야 한다는 입장입니다. 어떻게 생각하십니까.

어느 정도 동의합니다. 스테이블코인이 사실상 '돈'이어서, 은행과 비슷한 수준의 규제를 해야 할 필요가 있습니다. 돈세탁 방지 시스템이 가장 잘 갖춰져 있는 곳이 사실 은행입니다. 그리고 외화 밀반출 문제도 생각해야 합니다. 혹시 나중에 '코인런' 같은 상황이 발생했을 때 금융 안정성 관련해서 은행이 가장 잘 대처할 수 있습니다. 아울러 은행이 발행사라면 (예금에서) 스테이블코인으로 돈이 빠져나갈 경우 결국 예금에서 코인으로 이동한다고 보면 되니까 다소 중립적입니다. 은행들은 스테이블코인으로 크게 벌 것도 잃을 것도 없는 셈이니 은행이 들어온다면 앞서 말한 과열 경쟁 문제로부터도 자유롭고, 좀 더 건전할 수 있겠죠.

Q. 디파이라고 해서, 제도권 밖에서 하는 코인 투자는 규제할 방법이 있을까요? 스테이블코인이 도입되면 이런 투자가 더 간편해질 수 있을 텐데요.

역외로 나가면 사실 규제를 전혀 할 수가 없습니다. 지금도 테더에 이자 10%씩 주는 데가 있어요. 5%, 10%씩 해외 스테이킹(예치)을 하면요. 스테이블코인을 받아서 비트코인을 산 다음에 비트코인을 빌려주거나 하는 식으로 수익을 올려서 이자를 주는 걸 겁니다. 비트코인을 빌려다가 가격이 올라가는 데 베팅을 하고 이자는 10%로 돌려주고 나머지는 먹는 식으로요. 뒤에서 큰 리스크 테이킹(위험 부담)을 하고 있거나, 폰지 사기나 돈세탁 같은 불법 활동에 이들 코인이 활용되고 있을 가능성이 큽니다.

시뇨리지와 스테이블코인

'주조권'이란 뜻의 시뇨리지(Seigniorage)는 화폐를 발행함으로써 발생하는 경제적 이익을 뜻한다. 지폐나 동전을 실제로 만드는 비용보다 그 화폐로 인해 얻는 수익이 더 클 때 이를 '시뇨리지'라고 한다. 예를 들어 한국은행은 무이자로 화폐를 발행해서 이를 통해 국채 같은 이자가 나오는 자산을 보유해 돈을 벌 수 있다. 현대 시뇨리지는 거의 전적으로 중앙은행과 정부에 귀속되기 때문에 사실상의 공공 자원이라고도 평가된다.

스테이블코인 발행사 또한 일종의 '디지털 화폐'를 발행하기 때문에 이런 시뇨리지 효과를 누릴 수 있다고 일부 경제학자들은 설명한다. 스테이블코인 발행사는 사용자들로부터 달러를 받아서 그 대가로 무이자의 가상화폐(스테이블코인)를 발행하고, 달러를 국채 같은 이자가 나오는 자산으로 구성된 적립금으로 쌓아두어 돈을 번다. 여기서 발생하는 이자 수익은 사용자도 중앙은행도 정부도 아닌, 민간 회사인 발행사가 사실상 전부를 가져간다. 최재원 교수 및 BIS 등은 이런 스테이블코인의 구조가 공공 자원이어야 하는 시뇨리지의 사유화 문제를 일으킬 소지가 크다고 본다.

데이비드 안돌파토

마이애미대 경영대학원 교수, 전 미국 세인트루이스 연방준비은행 부총재

2018년 미국 세인트루이스 연방준비은행이 개최한 콘퍼런스에서 한 청중이 물었다. "비트코인이 기축통화인 미국 달러를 대체할 가능성이 있을까요?" 당시 세인트루이스 연방준비은행 수석 부행장이었던 데이비드 안돌파토는 이렇게 답했다. "만약 민간 가상화폐가 달러를 대체할 수 있다면, 이는 달러가 안은 딜레마를 해결해줄 수 있을 겁니다." 그가 언급한 '달러의 딜레마'는 미국이 달러를 계속 찍어 세계에 공급하면서 기축통화국으로서의 혜택을 누리지만, 그 과정에 무역 적자와 국가 부채가 계속 늘어나 국내 경제가 악화하는 상황을 일컫는다. 경제학자 로버트 트리핀이 1960년대에 제기해 '트리핀 딜레마'라고 불리는 이 역설은 막대하게 불어난 무역 적자와 국가 부채에 억눌린 미국의 현실을 설명하기 위한 개념으로 최근 많이 거론되고 있다.

당시 안돌파토의 발언은 통화 당국인 연준의 고위급 인사가 국가 중심의 통화 시스템을 가상화폐로 대체할 가능성을 언급한 첫 사례로 큰 화제와 논란을 불러일으켰다. 다음 인터뷰는 안돌파토 교수가 2025년 8월 한국에서 열린 '세계 경제학자 대회' 참석을 위해 한국을 찾았을 때 진행됐다.

Q. 암호화폐 자산을 티리핀 딜레마와 연결한 것으로 유명한데, 지금 미국 상황을 보면 관찰과 일치합니까.

제가 세인트루이스 연방준비은행 근무 당시 진행한 강연에서 청중 한 분이 "비트코인이 세계의 기축통화인 미국 달러를 대체할 가능성이 있나"라고 질문한 것에 대한 답변이었던 것 같습니다.

그런 일이 당장 일어날 것이라고 보지는 않습니다. 오히려 최근의 「지니어스법」을 보면, 미국 달러가 점점 더 확고한 위치를 점하려는 듯 보입니다. '트리핀 딜레마'는 경제학자 트리핀이 제시한 것인데, 다른 나라들이 미국에 상품을 수출하면서 계속 달러를 사고 싶어 하니 미국은 '공짜 점심'을 얻는 것처럼 보인다는 점에서 착안했습니다. 트리핀은 "기축통화를 가진 국가만 이 혜택을 누린다"라고 했습니다. '트리핀 딜레마'는 세계와 미국 경제가 성장함에 따라 미국이 점점 더 많은 부채를 지게 된다는 역설을 설명한 겁니다. 점점 더 많은 물건을 미국이 수입하고 달러를 다른 나라들이 가져가니까요. 이는 선 세계에 막대한 부채를 보유하게 된 오늘날 미국의 취약점에 대한 예고였습니다. 중국이 보유한 수조 달러 규모의 미국 국채를 처분하려 한다면, 어떤 일이 벌어질지 누가 알겠습니까.

Q. 어떤 일이 벌어질까요?

미국은 중국이 자국의 국채를 어떻게 처리할지(갑자기 내다 팔지) 걱정해야 하는 위험에 노출되게 됩니다. 만약 비트코인이나 금과 같은 다른 자산이 미국 달러를 대체한다면 이런 딜레마는 발생하지 않을 테지요. 하지만 지금의 상황을 보면 그런 일이 현실적으로는 당장은 벌어지지 않을 것 같습니다.

Q. 미국이 테더·USDC 등 달러 스테이블코인을 통해 미 국채를 흡수하려는 의도가 정말 있다고 보시나요.

글쎄요… 테더와 서클(USDC 발행사)은 국채를 이미 많이 사들이고 있습니다. 스콧 베선트 미 재무장관이 매우 명확하게 밝힌 바와 같이 달러 스테이블코인은 대부분 담보로 (지급) 보증이 되어 있습니다. 그 담보로는 미 국채를 사서 보유할 수밖에 없죠. 미 재무부는 스테이블코인 발행사가 국채를 매입하고 그 규모를 확대하는 것을 매우 기쁘게 생각할 수밖에 없습니다. 이는 미국 국채에 대한 글로벌 수요를 확대하고 조달 비용(국채 이자)을 낮출 테니까요.

그럴 수도 있겠죠. 하지만 이는 그 국채들이 발행사로부터 다른 곳으로 이동한다는 의미일 뿐입니다. 누군가는 이 국채를 사준다는 뜻이죠. 실제로 많은 사람들이 스테이블코인을 팔고 돈을 인출하려고 한다면, 발행사는 투자자들에게 그 돈을 갚기 위해 시장에서 국채를 매도해야 할 겁니다. 그러면 국채 이자가 올라가겠죠. 그건 정부에게는 (국채 금리가 올라가는) 위험이 될 수 있습니다. 국채에도 다른 상품처럼 수요와 공급이 존재하는데, 수요가 증가해야 미 정부는 유리하고 감소하면 불리한 구조죠. 하지만 저는 스테이블코인이 지나치게 큰 영향을 미치리라고는 생각하지 않습니다. 미국 국채 시장의 규모는 생각보다 매우 큽니다.

Q. 갑자기 시장에 충격이 발생해 스테이블코인 수요가 붕괴한다면요?

비슷한 일이 실제로 일어났습니다. 예를 들어 2020년 3월 코로나19 위기 당시 현금으로 자금 이동이 발생하면서 미 국채에 대한 동시다발적 투매가 발생하고 금리가 치솟았죠. 그런데 중요한 변수가 있습니다. 테더와 서클이 보유한 미국 국채 대부분은 만기가 매우 짧은 (3개월 이하) 국채입니다. 거의 현금처럼 간주됩니다. 당시 금리 급등으로 문제가 됐던 채권은 만기 10년짜리였습니다. 만약 스테이블코인 업체들이 보유한 국채를 매각해야 하더라도, 이들 국채는 현금과 마찬가지로 여겨지는 단기국채여서 매수자는 어렵지 않게 나타나리라고 봅니다.

Q. 테더는 어떻게 보아야 할까요. 본사가 버진아일랜드와 엘살바도르에 있는데, 미국 밖에서 '사실상의 디지털 달러'를 찍어내는 것이 이상하지 않습니까?

테더는 미국 법률의 적용을 직접 받고 있지 않아서 원하는 것은 무엇이든 할 수 있습니다. 하지만 미국 입법자들은 테더를 통제할 수 있습니다. 실제로 뉴욕주 법무장관이 뉴욕주에서의 테더 사용을 금지하고 테더에 벌금을 부과했습니다. 테더는 벌금을 내지 않을 수도 있습니다만, 벌금을 내고 있습니다. 걸리는 점이 있기 때문입니다. 테더는 '캔터 피츠제럴드'* 라는 미국 회사와 국채 보관 계약을 맺고 있습니다. 미국 법상 외국인이 미 국채를 직접 구매할 수는 없기 때문에, 해외 법인인 테더가 이 회사와 계약을 맺고 국채를 사서 보유하도록 하는 겁니다. 테더는 미 정부가 이 회사(캔터 피츠제럴드)를 통해 제재를 가할지 모른다고 우려하고 있습니다. 테더는 역외 발행사이기는 하지만 「지니어스법」이 요구하기 전에 이미 지난 수년에 걸쳐 준비금의 질(質)을 개선해왔습니다. 지금은 100%는 아니지만, 전보다 늘어난 자산의 70~80%가 미 국채 등 현금성 자산으로 구성되어 있죠.

---

* 하워드 러트닉 미 상무장관이 CEO로 있었던 미국 금융사

테더가 100% 미국 회사가 될 수도 있습니다. 그러면 미국 법 규정을 준수하게 되고, 돈세탁 방지 및 본인확인 절차도 모두 따라야 할 겁니다. 「지니어스법」이 효력을 발휘하기 전에 테더는 선택을 해야 할 텐데, 테더가 어떤 결정을 내릴지는 불분명합니다. 그냥 '미국 정부는 엿 먹어라'라고 하고 역외에서 계속 사업을 할 수도 있겠지만, 사실 지금 상황에서 그건 위험한 도박입니다. 앞서 언급했듯이 미국의 규제 당국이 테더의 국채 수탁 금융사들을 노릴 테니까요.

물론 테더는 다른 선택을 할 수도 있습니다. 미국 국채는 그냥 잊어버리고 금을 사서 스위스 은행 계좌 같은 곳에 넣고 다른 기초 자산을 이용해 달러-테더 환율을 고정시키는 겁니다. 우회할 방법이 있기는 합니다. 미국 국채를 꼭 사용할 필요는 없죠. 미국 법을 따르고 싶지 않다면요.

Q. 스테이블코인의 99%가 미국 달러로 표시되는데, 원화 표시 스테이블코인이 나올 필요가 있을까요.

일반적인 원칙에 대해 말씀드리겠습니다. 저는 어느 한쪽으로, 너무 단정적으로 결론을 내리고 싶지는 않지만, 여러 통화의 스테이블코인이 존재하는 데 따른 문제가 무엇인지 모르겠습니다. 스테이블코인은 사실 '은행예금'의 화려한 표현일 뿐이라고 생각합니다. 그렇게 보면 우리는 이미 스테이블코인을 가지고 있는 셈이죠. 그것을 '디지털 은행예금'이라고 부르면서 말이죠. 은행예금은 은행 부채와 정부 통화의 환율을 1대1로 고정시킵니다. 이미 거의 모든 거래가 디지털로 이루어집니다. 달리 말하면 한국의 은행 시스템은 이미 일종의 '은행 스테이블코인'을 벌써 제공하고 있습니다.

미국 달러 스테이블코인은 달러 표시 은행예금과 같은 방식이죠. 당신의 질문에 답하는 한 가지 방법은 이렇게 묻는 것입니다. "미국 달러 표시 예금이 존재하는 상황에 한국의 은행들이 원화 표시 예금을 발행하는 것이 현명하다고 생각하십니까?" 뭐라고 답하시겠어요. (나는 그에게 "당연히 그렇죠. 왜 안 되겠습니까?"라고 답했다.) 스테이블코인에도 똑같은 논리가 적용된다고 생각합니다. 왜 안 되겠습니까? 스테이블코인이 은행예금과 다른 점이 구체적으로 무엇입니까? 이것이 그 질문에 대해 생각해볼 수 있는 한 가지 방법입니다. 저는 솔직히 원화 스테이블코인에 대해 당장은 우려할 사항이 무엇인지 잘 모르겠습니다.

Q. 은행 내 자금이 가계와 기업에 대출을 해주는 식으로 사회에 생산적인 역할을 하는데, 스테이블코인은 그렇지 못한다는 점이 문제가 될 수 있지 않을까요. 은행에 있으면 생산적으로 쓰일 수 있는 돈이 스테이블코인으로 대거 이동하면 대출 여력이 줄어들 테니까요.

저는 그렇게 생각하지 않습니다. 1935년에 캐나다가 중앙은행을 설립하면서, 상업은행이 '제로 이자 지폐'를 발행하는 것을 금지하는 법을 통과시켰습니다. 은행들은 불평했죠. "이러면 우리 자금 조달 비용이 증가할 거야"라고 말이죠. 화폐 수요가 모두 정부로 옮겨가게 되면 이로 인해 경제에 '좋은 투자'를 해주는 은행의 자금 조달에 문제가 생길 거라고요. 오늘날 캐나다 은행들이 문제가 있는 것으로 보이나요? 아닙니다. 그들은 세계에서 가장 큰 은행 중 하나입니다. 스테이블코인 때문에 은행이 자금 조달이 어려워진다는 우려는 과장된 것으로 보입니다

사실 저는 이 주제에 대해 논문을 썼는데, 2021년 경제 저널에 게재됐습니다. 은행은 두 가지 조치 중 하나를 취할 수 있으리라고 저는 말했습니다. 자금을 유치하기 위해 은행들은 예금 금리를 인상하기 시작해야 할 것입니다. 그렇지 않으면 저축자들이 돈을 은행에 계속 맡기도록 유도할 수 없을 테니, 결국 은행의 이익 마진이 압박받기는 하겠죠. 하지만 아시다시피 이 은행들은 이미 막대한 이익을 내고 있고 예금자들은 예금에 대해 더 높은 이자를 받게 될 것이므로, 저는 그게 좋은 일이라고 생각합니다.

은행이 취할 수 있는 두 번째 조치는 예금 외 (은행채 같은) 다른 자금 조달 방식을 모색하는 것입니다. 이는 은행의 비용을 늘어나게 만들겠죠. 하지만 다른 한편으로, 이러한 예금 외 자금 조달은 갑작스런 뱅크런 위험이 없으므로 더 안정적입니다. 따라서 이에는 장점이 있습니다. 물론 은행들은 반대하겠죠. 하지만 은행들이 반대한다고 해서 그것이 좋은 생각이 아니란 뜻은 아닙니다. 정부는 은행의 이익뿐 아니라 경제 전체를 바라봐야 합니다. 은행들은 보통 여러분을 겁주려고 "아, 우리 예금을 모두 잃게 될 거예요. 그러면 사회 기반 시설을 선설할 자금(예금)을 조날할 수 없게 뇔 겁니다"라고 말하죠. 저는 은

행들이 그저 여러분을 겁주려는 듯 보입니다.

은행은 항상 다른 자금 조달원이 있습니다. 비용은 더 들겠지만요. 은행들은 이미 독점적 지위를 즐기고 있을 가능성이 큽니다. 경제학적으로 말하자면 '경쟁이 이익 마진을 좁혀 더 많은 대중에게 이익이 된다'라고 하잖아요? 스테이블코인으로 인한 자금 유치 경쟁 심화는 나쁜 게 아니라 좋은 일입니다.

Q. 그렇다면 반대로, 스테이블코인이 은행과 비슷한 규제를 받아야 한다고 생각하십니까.

은행은 '부분 준비금' 제도를 운영하는 기관입니다. 스테이블코인은 '100% 준비금'을 보유하고 있습니다. 은행은 위험한 자산을 보유하고 있으므로 강력한 규제가 필요합니다. 하지만 스테이블코인의 준비금은 국채 같은 가장 안전한 자산으로 구성됩니다. 따라서 자본 완충 장치나 대차대조표에 대한 과도한 감시가 필요하지 않을 수 있습니다. 그냥 '현금'과 다름없는 자산들이죠. 은행은 모기지(장기주택담보대출)나 기업 대출 등 위험한 투자에도 참여하기 때문에 사정이 다릅니다. 스테이블코인 규제와 관련해 제 생각에는 (준비금보다는) 실명 확인과 돈세탁 방지 쪽이 더 중요합니다. 하지만 은행도 마찬가지입니다. 은행도 사실 이 분야에서는 허술한 상황이고 그래서 문제도 종종 발생합니다.

Q. 스테이블코인 확산이 돈세탁을 쉬워지게 할 것이란 지적은 어

떻게 보시는지요.

우리 사회는 수 세기 동안 돈세탁 문제와 함께 살아왔습니다. 범죄자들은 항상 어디에서든가 돈세탁을 합니다. 저는 캐나다 밴쿠버 출신입니다. 그곳에서 중국인들은 기존 은행 시스템을 이용해서 버젓이 돈세탁을 하고 있습니다. 제가 보아도 기존의 은행 시스템을 통한 돈세탁은 충분히 가능해 보입니다. 굳이 스테이블코인이 필요한가요? 스테이블코인이 없어서 돈세탁이 이루어지지 않나요? 저는 스테이블코인만 돈세탁 우려가 있다고 지적하고 싶지는 않습니다. 많은 불법 활동이 전통적인 금융 구조를 통해 이루어지고 있습니다. 그러므로 제 생각에는 규제가 공정해야 합니다. 스테이블코인을 규제해야 하지만, 은행 및 기타 금융회사에 부과되는 수준을 뛰어넘는 수준의 강력한 규제는 공정하지 않다고 봐요.

Q. 달러 기반 스테이블코인이 한국의 통화 주권을 훼손할 수 있다는 우려도 나오는데요.

스스로에게 물어보세요. "만약 달러 상품에 대한 수요가 너무 커서 원화에 대한 수요가 사라진다면 우리는 어떻게 할 것인가?" 저는 가능성은 거의 없다고 생각합니다. 항상 원화에 대한 근본적인 수요가 존재할 것이기 때문입니다. 정부가 원화를 원하기 때문에, 세금은 달러가 아닌 원화로 내야 합니다. 세금을 내기 위해서라도 원화에 대한 수요가 반드시 존재해야 한다는 뜻입니다. 정부가 할 수 있는 일 중에는, 좀 직설적으로 말해서 '금융 억압'을 통해 은행들이 원화 준비금을 보유하도록 강제하는 조치도 있습니다. 은행들은 이 준비금을 보유해야 하기 때문에 강제로 한국 재무부가 채권을 발행하고, 상업은행들이 이 채권을 구매하도록 강요할 수 있습니다. 그래서 은행들은 원화로만 준비금을 보유하도록 강요받게 될 것입니다. 이런 조치들 모두를 고려해서, 정말로 자국 통화를 방어하고 싶은 나라는 통화 통제를 시행할 수 있다는 거죠. 그렇게 해야 한다고 말하는 건 아니지만, 그런 우려가 있다면 한국 원화에 대한 수요를 명확히 유지하고 어느 정도 통화 주권을 지킬 방법이 있다는 겁니다.

Q. 한국 원화에 대한 수요를 정부가 확실히 유지해주면, 통화 주권을 어느 정도 유지할 수 있다는 거죠?

그렇습니다. 그리고 생각해볼 또 다른 문제는 통화 주권을 가지지 않은 국가 중에도 꽤 잘 작동하는 나라가 있다는 점입니다. 완벽하다고 말할 수는 없고 다른 나라들처럼 이런저런 문제가 있기는 하지만, 어쨌든 굴러는 갑니다. 통화 주권이 정말 필수적인 것일까요? 많은 국가가 "당연하죠"라고 답할 겁니다. 그런데 유로존(유로 사용국들) 국가들을 보세요. 그들은 필요 없다고 답한 셈이죠. 이탈리아처럼, 통화 주권을 가지지 않은 편을 선호하는 국가도 있습니다.

Q. 그러고 보니, 통화 주권이 없어진다면 어떤 문제가 생길지 깊이 생각해보지 않았습니다만⋯.

문제가 발생할 수는 있습니다. 예를 들어 뱅크런이 발생하면 모든 사람이 자신의 은행예금을 빼서 원화로 전환하고 싶어 할 겁니다. 통화 주권을 가진 나라라면, 그냥 돈을 찍어내기만 하면 됩니다. 세금을 걷거나 차입할 필요 없이 그냥 찍어내기만 하면 된다는 뜻입니다. 이는 매우 유용한 도구인데 "걱정하지 마세요. 뱅크런을 할 필요가 없습니다. 정부가 필요한 만큼 찍어서 예금은 무조건 돌려드릴게요"라고 말해주는 것만으로도 뱅크런을 예방하는 효과가 나기 때문입니다. 국가의 매우 확고한 힘이지요.

통화 주권을 유지하면 좋은 또 다른 이유는 팬데믹이나 전쟁과 같은 재정 위기 상황에서 매우 유용하기 때문입니다. 경제학자 존 메이너드 케인즈는 1940년대 전쟁 비용을 조달하는 방법에 대해 썼습니다. 결론은 화폐 발행 능력과 세금을 함께 쓰라는 것입니다. 이는 비상시 정부 지출을 위한 자금을 조달하는 최적의 방법 중 하나입니다. 통화 주권을 가진 국가만 그러한 선택권을 가집니다. 이런 이유로 대부분의 나라가 통화 주권을 포기하고 싶지 않아 합니다. 그리고 앞서 말한 대로 통화 주권은 스테이블코인과 상관없이, 정부의 의지만 있다면 강제할 수 있습니다.

Q. 아예 중앙은행이 디지털 화폐를 찍어내는 CBDC에 대한 논의는 의외로 활발하지 않은 것 같습니다. CBDC의 미래는 어떻게 전망하시는지요.

글쎄요… 유럽은 확실히 관련 프로젝트를 진행 중입니다. CBDC도 너무 거창하게 생각힐 필요는 없다고 생각합니다. 기본적으로 한국은행 같은 중앙은행에 우리와 같은 개인이 예금 계좌를 가질 수 있다는 것을 화려하게 표현한 말입니다. 이렇게 물어볼게요. 만약 여러분이 한국은행에 당좌예금 계좌를 개설할 수 있는 능력이 있다면, 여러분의 삶은 어떻게 달라질까요? 일반 금융 소비자 입장에서는 그다지 달라질 일이 없을 겁니다. 대부분의 미국인은 연방준비제도와 뱅크오브아메리카*의 차이조차 알지 못합니다. 한국의 은행 시스템은 꽤 잘 작동한다고 생각합니다. CBDC가 왜 필요할까요? 정부 입장에서는 재난지원금 같은 특별한 자금 집행을 할 때 유용할 수 있지만, 국세청 시스템 같은 다른 프로그램을 통해서도 충분히 할 수 있습니다.

Q. CBDC의 용처가 마땅치 않다는 뜻인가요.

제 전 상사인 크리스 월러**는 논문에서 CBDC를 '문제를 찾기 위한 해결책'이라고 표현했습니다. 무슨 뜻이냐 하면 해결해야 할 문제가 있다면, CBDC보다 더 직접적인 해결 방법이 있으리라는 의미였죠. 그래서 저는 중립적인 입장입니다. CBDC가 해결책이기는 하지만 스테이블코인이나 은행예금 같은 다양한 대안이 있죠. 국가가 CBDC를 원한다면 문제는 없을 겁니다. 개인 입장에서는 상관없지만 '도매 금융', 예를 들어 직원들에게 월급을 매월 입금해줘야 하는 재

---

* 미국을 대표하는 상업은행. 1904년 설립됐다.
** 연방준비제도 이사, 전 세인트루이스 연방준비은행 총재

무 담당자라면 CBDC를 원할지 모릅니다. 며칠 후에 급여를 지급하기 위해 5천만 달러가 필요한데, 은행의 예금자 보호는 25만 달러까지만 되니까 불안할 수도 있지 않겠습니까. 그래서 기업 재무담당자는 초단기국채 같은 것으로 현금을 바꿔서 예치를 해두는데 이것도 위험이 아예 없다고 할 수는 없습니다.

기업에 CBDC를 쓸 수 있는 접근권을 부여하면 어떨까요. 그렇다면 기업들이 걱정 없이 언제든 큰돈을 빼서 쓸 수 있는 중앙은행의 안전한 계좌를 가지게 될 수 있겠지요. '도매' 수준에서는 이처럼 더 나은 CBDC의 활용 사례가 있을 수 있습니다. 하지만 달리 생각해보면 이는 기업에 대한 예금 보호 한도를 늘리는 방식으로 같은 효과를 낼 수 있습니다. 어차피 위기 상황이 오면 정부가 개입하고 예금을 전부 보장해주겠다고 발표하는 경우가 흔하니까요.

Q. 교수님은 전반적으로 스테이블코인에 대해 낙관적인 입장인 것처럼 들립니다.

저는 기술 변화가 결제 시스템을 개선할 것이라고 낙관합니다. 제가 열 살이었을 때, 그러니까 1971년에 어머니가 이탈리아 여행에 우리를 데려갔습니다. 무엇을 한 줄 아십니까. 우리는 전화번호부를 뒤져서 여행자 수표를 발급해주는 회사를 찾아야 했습니다. 여행자 수표 발급해주는 곳을 찾아가서 돈을 내면 한두 주 후에 준비가 됐어요. 그리고 차를 몰고 가서 수표를 받고 돌아와서 이탈리아로 비행기를 타야 했죠. 비행기에시 내리자마자 삼촌이 마중 나왔고, 우리는 '토마스 쿡' 같이 여행자 수표를 이탈리아 리라로 바꿔주는 곳을 찾아가야 했습니다. 100km가 넘는 곳까지 차를 몰고 갔는데 은행 휴무일이라며 문을 닫았더군요. 다시 차를 몰고 돌아와야 했고, 다음 날 다시 차를 몰고 가서 큰 수수료를 내고 환전해야 했어요.

지금은요? 저는 신용카드만 가지고 지금 한국에 왔지만 아무 불편이 없습니다. 지금 시스템이 완벽하게 작동하지는 않습니다만, 훨씬 좋아졌죠. 그래서 저는 스테이블코인 자체에 대해 낙관적이라기보다는 기술 발전이 결제를 훨씬 더 원활하게 만들고 있는 건 좋은 일이라고 생각합니다. 물론 걱정해야 할 부분도 있습니다.

Q. 스테이블코인에서 발생할 최악의 시나리오는 무엇이라고 보시나요.

대부분 코인런과 금융 안정성을 걱정합니다. 하지만 이런 일은 예전부터 계속되어 왔습니다. 그리고 미국을 비롯한 여러 나라에서는 이러한 기관들을 위한 대비책이 마련되어 있습니다. 최후의 대출자로서의 중앙은행, 신중한 규제 조치, 준비금 규제 등이 있죠. 제가 테더에 대해 이야기할 때 말했듯이 우리는 스테이블코인의 구조를 자세히 연구하고 여러 시나리오를 시뮬레이션해봐야 합니다. 대부분의 사람은 그냥 불안정하다는 막연한 공포만 가지고 있는 것 같아요. 정확히 무엇을 걱정하고 대비해야 하는지 단계별로 분석해야 합니다.

윤성관

한국은행 디지털화폐실장

한국은행 내에서 디지털 화폐 및 지급결제 시스템 관련 연구를 오랜 기간 해왔다. 한은의 디지털 화폐 실험인 '프로젝트 한강'의 설계에 참여했고, 프로젝트의 방향성과 성과 및 CBDC를 포함한 디지털 화폐와 중앙은행·금융계 전반에 대해 대중에게 설명하고 소통해온 중앙은행 당국자다. 2020년대 초반부터 한국은행의 디지털 화폐 업무를 담당했다.

Q. 원화 스테이블코인이 도입될 경우 어떤 것들을 고려해야 할까요.

일단 원화 스테이블코인이 나오게 된다면 기존에 존재하는 신용카드 및 각종 포인트 등 선불 전자지급 수단과 경쟁을 해야 할 겁니다. 경쟁은 좋지요. 그런데 경쟁을 하면 결과적으로 사용자에게 뭔가 득(得)이 돌아가야 하거든요. 즉 '리워드(보상)'가 필요합니다. 그런데 미국의 「지니어스법」 등 대부분의 스테이블코인 규제법은 이자 지급을 금지하고 있습니다. 그럼 이자가 아닌 리워드를 줘야 하는데, 통화와 최대한 비슷한 무언가로 주려고 하겠죠. 이게 사실상 이자를 우회하는 것이라고 저는 생각합니다. 이걸 금융 당국이 허용할 것인가 하는 문제를 풀어야 합니다. 허용하지 않는다면 원화 스테이블코인의 경쟁력은 사실상 없을 겁니다.

Q. 네이버 포인트 등을 쓰면 신용카드보다 리워드를 많이 쌓아주기는 합니다. 스테이블코인만 금지하면 불공평하지 않을까요?

사실 포인트 등은 (특정 서비스에서만 쓰이는) 굉장히 제한된 지급 수단입니다. 그러다 보니 그 정도까지는 허용을 해준 셈이죠. 그런데 법정통화와 비슷한 원화 스테이블코인에 대해서도 그런 리워드나 포인트를 줘야 하는 것인가, 그 논쟁을 풀기는 쉽지 않다고 생각합니다. 또 하나의 문제는 거래 기록에 관한 겁니다.

Q. 신용카드나 포인트도 어차피 기록은 디지털로 다 남지 않나요?

선불 전자지급 수단은 기본적으로 거래 데이터가 운영업자의 서버에 기록이 됩니다. 그래서 국외로 반출이 안 됩니다. 그런데 원화 스테이블코인으로 이루어지는 거래 내역은 공개된 블록체인(퍼블릭 블록체인)에 기록이 될 수 있습니다. 마음만 먹으면 볼 수 있다는 뜻입니다. 국민이 본인의 금융거래 데이터가 밖으로 나가는 데 대해서 동의할 수 있을지 저는 의문입니다. 만약 이를 통해 눈에 보이는 실익을 얻을 방법이 있다면 모르겠지만, 지금으로선 그런 실익이 잘 보이지 않습니다.

Q. 퍼블릭 블록체인은 덜 안전합니까?

금융권에 종사하는 사람으로서 볼 때 사실 결제 인프라(기반 시설)는 한국은행과 민간 은행이 중심이 되어 구축한 굉장히 중요한 인프라입니다. 스테이블코인이 결제 시스템에 접목되면 우리가 통제할 수 없는 퍼블릭 블록체인이 하나의 국가 인프라로 들어오는 셈이 되는데요, 이를 정말 믿을 수 있는지는 알 수 없다고 봅니다. 일단 우리에게 통제권은 없습니다. 업계에서는 퍼블릭 블록체인은 중앙집중화되지 않았기 때문에 누구도 이에 대해 완벽한 통제권은 없다고 주장합니다. 하지만 비트코인을 제외하면, 예를 들어 스테이블코인 거래에 많이 쓰는 이더리움만 보더라도 최대 주주가 있습니다. 원화 스테이블코인이 잘 될지 의문이 들뿐더러 잘 되어도 걱정이 있다는 이야기입니다. 위기 상황에 안전을 담보할 수 있을지 아직 확실치 않다는 뜻이죠.

Q. 그렇다면 네이버 포인트 같은 민간 결제 수단과 스테이블코인은 무엇이 다를까요.

일단 한국인들에게는 아무 차이가 없다고 생각합니다. 만약 네이버가 포인트를 계속 유지하면서 시스템 내에서 스테이블코인을 발행해 쓴다고 하더라도, 네이버 앱을 통해 이를 쓰는 사용자들은 스테이블코인이 접목됐다는 사실을 전혀 못 느낄 수 있습니다. 사실 이에 대한 논의도 필요합니다. 미국의 결제 중심 테크 기업 페이팔은 원래부터 있던 페이팔 결제와 스테이블코인을 활용한 페이팔 스테이블코인 '페이팔USD(PYUSD)'의 결제를 소비자들이 명확히 구분할 수 있도록 합니다. 추후 한국의 테크 기업이 스테이블코인을 도입한다면, 이를 소비자에게 명확히 구분해 알릴 것인지도 논의해야 할 사안입니다. 기업 입장에서는 소비자한테 이를 알리는 게 좋을지, 반대로 숨기는 게 좋을지 따져봐야 합니다. 제 생각에는 지금처럼 디지털 결제가 보편화된 한국에서는 굳이 그것을 드러내 혼란을 주지 않고 그냥 '뒷단'에서 조용히 처리하는 방법을 기업이 선호하지 않을까 합니다.

Q. 기업 입장에서는 그렇다면 예전 방식에 비해 스테이블코인이 유리한 이유가 있습니까?

비용 측면이겠죠. 기존의 선불 전자지급 수단은 자기가 스스로 데이터베이스를 관리해야 하고 서버 관리 비용을 내야 합니다. 결제 시스템을 구축하는 개발 비용도 만만치 않고요. 그런데 퍼블릭 블록체인을 활용한 원화 스테이블코인을 쓸 경우 이더리움이나 솔라나 등 블록체인이 운영되는 시스템에 대한 사용료를 수수료 격으로 지급해야겠지요. 그 수수료를 전액 그 회사가 부담해야 한다는 법은 없기는 하지만 비용이 들기는 할 겁니다.

Q. 위기가 발생하면 스테이블코인의 코인런이 일어날 위험이 있다는 경고가 많이 나옵니다. 그런 일이 정말 생길 수 있을까요?

코인런을 포함해 모든 '런'의 원리는 비슷합니다. 내가 돈을 넣어놨는데 이를 찾을 수 없을지 모른다는 공포가 생기면 너도나도 이를 찾으러 가는 겁니다. 빨리 갈수록 찾을 확률이 높아지겠죠. 문제는 내가 '마지막 사람'이 되어서 돈을 못 받을까 두려워서 너도나도 먼저 달려가는 현상이 발생한다는 겁니다. 누군가 '마지막 사람도 돈을 받을 수 있다'는 확신만 준다면 런 발생을 막을 수 있습니다.

Q. 그런 확신을 어떻게 줄 수 있습니까?

'당신이 준 돈을 우리가 잘 보관하고 있다. 끝까지 책임을 지겠다' 라고 확신을 주면 됩니다. 스테이블코인의 경우 실시간으로 맡겨놓은 돈이 안전하다는 사실을 보여주면 됩니다. 그게 핵심인데 실시간이라는 것이 사실 쉽지가 않습니다. 테더나 서클의 경우 짧아야 월 단위 보고를 하거든요. 하지만 런이 발생하면 요즘 같은 시대에는 몇 시간 만에 다 끝나게 되기 때문에 월 단위 보고는 소용이 없습니다. 말 그대로 '실시간'이 필요하다는 뜻이죠. 런을 예방하려면 스테이블코인 발행자들이 준비금으로 이런 것들을 쌓아놓고 있다는 것을 실시간으로 보여줘야 합니다.

현재의 시스템으로는 어렵습니다. 하지만 만약 스테이블코인의 준비금(은행예금이나 국채)이 토큰화되고, 한국은행의 '한강 프로젝트' 처럼 모종의 플랫폼 위에서 이 모든 것이 가동된다면 달라집니다. 이 모든 과정이 블록체인에서 이루어지기 때문에 실시간으로 잔액을 확인할 수 있게 될 것입니다. 그런 투명성 자체만으로 코인런의 가능성이 줄어들 수 있다고 저는 봅니다. 일단 프로젝트 한강을 통해 은행예금과 중앙은행 지급준비금까지는 토큰화가 가능하다는 것을 확인했는데, 국채 토큰화는 아직 작업이 좀 더 필요한 과제인 듯합니다. 이는 한국은행이 반드시 고민해야 하고, 한국은행이 가장 잘 할 수 있는 사안이기도 합니다.

Q. 스테이블코인 발행사가 준비금으로 국채를 보유하는 이유는, 그것 외에는 수익을 낼 방법이 없어서인가요?

그렇습니다. 지금 상황에서는 그렇게 할 수밖에 없게 됐어요. 테더나 서클 모두 수익이라고는 준비 자산에서 나오는 이자 수익밖에 없습니다. 그렇기 위해서는 (금리가 극히 낮은 현금이 아닌, 그보다는 금리가 높은) 국채를 보유할 필요가 있는 것이죠. 테더 같은 경우는 국채 외에도 비트코인도 준비금으로 쌓아두고 있습니다. 거기서 얻는 수익이 상당하고요.

Q. '프로젝트 한강'을 통해 배운 디지털 화폐의 특징이나 한계가 있다면요?

디지털 화폐를 일상에서 쓰려면 생각보다 할 일이 너무 많다는 사실을 알게 됐습니다. 기본적으로 디지털 화폐가 보편적으로 쓰이려면 가맹점에서 사용할 수 있어야 합니다. 그런데 가맹점마다 결제기가 있는데 형식이 제각각이에요. '포스 단말기'라고 부르는 결제 기기에 디지털 화폐를 접목하기 위한 작업이 만만치 않습니다. 그리고 생각지도 못한 규제의 벽에 막히기도 했습니다. 예를 들어 시범 사업 참가자들은 휴대폰 앱으로 가맹점 결제를 해야 했는데, 일단은 카드를 꽂거나 찍는 것보다는 불편할 수밖에 없었습니다. 규제상 안면인식도 안 되고 비밀번호를 두 번 넣어야 했습니다. 설명하자면 복잡하지만 현행 규제를 지키다 보니 그렇더란 말입니다. 만약 디지털 화폐가 실험 단계를 넘어 실제 적용이 된다면, 이런 불편함을 줄일 수 있도록 규제도 바뀌어야 할 필요가 있습니다.

Q. 스테이블코인, 특히 달러 스테이블코인의 용처를 논의할 때 가장 많이 언급되는 것 중 하나가 외화 송금입니다. 한국은 외화 반출을 엄격하게 통제하고 있는데, 스테이블코인이 보편화되면 이런 통제가 무력화되지 않을까요?

지금은 달러 스테이블코인을 사서 다른 사람의 지갑으로 보내는 행위가 가능합니다. 한국은 신고하지 않고 연간 10만 달러 이상을 반출할 경우 「외환거래법」 위반으로 걸립니다. 하지만 스테이블코인을 활용하면 이런 규제를 피해 갈 가능성이 있습니다. 가상화폐 거래소를 은행만큼 철저하게 감독하기는 어렵기 때문입니다.

Q. 원화 스테이블코인이 생기면 외화 반출 측면에서는 어떤 변화가 생길까요?

지금은 원화 스테이블코인 발행이 안 되고 있기 때문에 원화 스테이블코인을 외부의 지갑으로 유출하지는 못합니다. 지금은 외국에 유학 간 자녀에게 스테이블코인으로 달러를 보내려면 원화를 가지고 한국 가상화폐 거래소에 입금한 다음 거래소에서 테더나 USDC를 사서 이를 내 가상화폐 지갑에 넣고 유학 간 자녀에게 보내는 형태로 거래가 이루어집니다. 법정화폐인 원화를 한국 거래소에 입금할 때를 제외하면 통제가 매우 어렵습니다. 지금은 그나마 거래소에 원화를 입금하는 절차가 반드시 필요하니 원화로 입금할 때는 한 번 정부가 확인할 수 있습니다. 하지만 원화 스테이블코인이 나오면 이런 통제는 더 어려워집니다.

Q. 원화 스테이블코인이 외화 반출을 더 쉽게 만들 이유가 있습니까?

가상화폐 거래소도 크게 두 종류로 나뉩니다. 우리가 흔히 알고 있는 업비트·빗썸·코빗 같은 거래소는 누군가 거래를 관리하는 '중앙화 거래소'입니다. 영어로는 centralized exchange, 약어로 CEX(시엑스)라 합니다. 반대로 중앙에 통제하는 조직이나 기업이 없이 완전히 프로그램으로 돌아가는 거래소가 있는데 이는 '탈(脫)중앙화 거래소'로 영어로는 decentralized exchange, 약어로 DEX(덱스)라고 합니다. 이런 DEX에서는 원화 스테이블코인을 넣으면 통제하는 주체 없이 달러 스테이블코인을 받을 수가 있습니다. 앞으론 DEX가 점점 더 많이 만들어질 겁니다. 만약 원화 스테이블코인이 발행되고 사람들이 이를 많이 들고 있으면 굳이 CEX에 가서 이를 달러 스테이블코인과 바꾸거나 신고할 필요도 없이 DEX에 가서 그냥 바꿔서 보내면 끝납니다.

Q. 원화를 달러로 바꿀 때는 환율이 적용되는데, 그와 같은 DEX에서는 환율이 어떻게 결정됩니까?

가상화폐 거래소에서 법정화폐인 원화와 달러 스테이블코인 간의 환율은 시장 전체의 수요와 공급에 따라 결정됩니다. 통상은 외환시장의 매매기준율에 영향을 받습니다. 하지만 DEX가 보편화되면 그 안에 자체적인 환율이 형성될 가능성이 있습니다. 그 경우 환율이 두 개 존재하게 되는 겁니다. 기본적으로는 원화 스테이블코인이 나오면 달러 스테이블코인을 통한 달러 환전이 훨씬 쉬워질 겁니다.

Q. 원화 스테이블코인이 원화 유출을 더 가속화할 수 있다는 의미로 보아도 괜찮을까요?

일단 테더나 USDC 같은 달러 스테이블코인이 귀찮아서 안 쓰던 사람들은 더 많이 쓸 것 같습니다. 저도 그렇고 많은 한국인이 스테이블코인을 보유하지 않는 이유가 '귀찮음' 때문입니다. 그런데 예를 들면 한국의 A기업이 "스테이블코인 지갑(계좌) 하나 만드세요. 3만 원 드립니다" 하면 많은 사람들이 기꺼이 만들겠지요. 이렇게 해서 원화 스테이블코인을 가지게 되면 이 지갑에는 테더도 담을 수 있게 될 것이고, 그러다 보면 원화 스테이블코인을 달러 스테이블코인으로 바꿀 수도 있고… 말하자면 원화 스테이블코인이 달러 스테이블코인, 나아가 달러로 갈 수 있는 관문이 될 가능성이 커집니다. 테더나 USDC가 프로모션이나 영업을 안 하고도 한국의 빅테크가 벌일 프로모션을 통해 한국 투자자를 잡을 수 있게 된다는 뜻이기도 합니다. 일단 '가상화폐 지갑'을 만들기만 하면 그다음에는 쉽습니다. 단적으로 말해 저희끼리 "우리는 이제 달러로 거래하시죠"라고 약속하고 서로 휴대폰으로 테더를 보내기면 하면 끝입니다. 서로 진짜 달러를 보내는 것보다는 훨씬 절차가 간소하겠죠.

Q. 미국은 달러 스테이블코인을 통해 달러 패권을 노린다는 이야기가 있는데, 달러 스테이블코인이 달러 패권을 실제로 강화할까요?

예를 들어 아르헨티나 같은 나라들은 기본적으로 통화 가치가 매우 불안정합니다. 그런 데서는 기본적으로 달러를 쓰고 싶은 수요가 어마어마하게 많습니다. 그런데 지폐로 달러를 공급하는 절차는 굉장히 어렵거든요. 비용도 많이 들고요. 그런데 어차피 다들 휴대폰은 가지고 있으니, 스테이블코인을 활용해 달러로 결제하는 시스템을 만들면 훨씬 편하겠죠. 그러면 달러의 수요가 많아지게 되고, 미국 입장에서는 유리해지는 게 맞습니다.

Q. 다른 나라 사람들이 달러 스테이블코인을 많이 쓰면 미국 입장에서는 무엇이 이득인가요?

미국 정부의 스테이블코인 규제법은 스테이블코인 규모만큼 현금 혹은 미 국채를 쌓아두도록 했습니다. 스테이블코인 사용이 늘면 기본적으로 미 국채에 대한 수요가 증가하게 되겠죠. 미국 재정 적자에 의해 생기는 달러 약세를 스테이블코인을 통한 달러 수요로 다소 완화하는 효과도 노릴 수 있겠고요.

Q. 이미 달러 스테이블코인은 테더, USDC 말고도 여러 개가 유통되고 있습니다. 스테이블코인의 수가 많이 늘어나면 결국 승자는 누가 될까요.

글로벌하게 여러 스테이블코인이 경쟁하다가 결국 정리·합병이 되겠죠. 스테이블코인은 결국 물량 싸움이기 때문에 여럿이 싸우다가 대다수는 도태될 수 있습니다. 소비자 입장에서는 규모가 작은 스테이블코인보다는 규모가 큰 코인을 사는 것이 아무래도 마음이 놓이기 때문이기도 합니다. 그런데 한편으론 이런 '승자 독식'이 스테이블코인 세계에서만 일어날까 하는 의문도 듭니다. 아르헨티나에서 달러 스테이블코인을 쓰는 현상을 보면, 통화 자체가 강하고 유동성이 풍부한 쪽으로 집중될 가능성도 배제하기 어렵다고 생각합니다. 유통과 송금이 쉬운 디지털 통화의 세계에서는 더욱 그렇겠죠. 극단적인 생각일지 모르지만 저는 2050년쯤 되면 몇 개의 기축통화를 빼놓고는 다 없어질 수도 있다고 생각합니다. 독재국 지도자들이 화폐를 남발해서 국민을 괴롭히지 않습니까. 아프리카나 남미 나라 중에는 굳이 통화를 발행할 필요가 없는 나라들도 상당히 있습니다. 가치도 널뛰기하고 인플레이션도 극심해 자국 화폐가 쓸모가 없는 경우

인데, 이런 나라들의 통화가 결국 기축통화 몇 개로 수렴될 가능성도 작지 않다고 생각합니다.

Q. 한국은 어떨까요.

한국은 달러화가 되지 않을 나라에 들어가리라고 생각합니다. 한국이 제조업 강국이기 때문에 그렇습니다. 예를 들어 삼성전자가 있고 1차, 2차, 3차 하도급 기업이 있습니다. 이런 기업들 사이에 대금 결제는 십분 양보해서 달러로 할 수도 있겠죠. 하지만 기업을 운영하기 위해서는 결국 임금을 주어야 하고, 임금은 원화로 지급합니다. 기업 간 자금 결제와 임금 지급 사이에 시차가 존재하는데 달러-원화 사이의 환율 변화를 감당하기는 쉽지 않을 겁니다. 이 위험을 줄이려면 한날한시를 정해 일제히 달러를 채택해야 할 텐데 한국은 이미 제조업이 성숙해 있기 때문에 갑자기 동시다발적으로 '달러화'를 감행하기는 사실상 불가능합니다.

Q. 한국이 원화, 즉 통화 주권을 계속 지켜야 할 이유가 있을까요?

굉장히 중요한 의미가 있습니다. 미국은 생산성이 높고 금리를 올릴 때 매우 빨리 올립니다. 한국 부동산 PF(프로젝트파이낸싱)의 문제가 생긴 게 한국이 미국의 금리 인상 속도를 따라가지 못해 생기는 부작용 때문이었습니다. 원화를 쓰지 못하고 달러만 사용하는 상황이 오면 그 부작용은 부동산 PF에 그치지 않을 겁니다. 한국이 자체적인 통화정책을 집행하지 못하게 되면 부동산 전체가 다 이미 다 끝났겠지요. 한국은 미국과 고령화도 속도 같은 문제가 대부분 다르기 때문에 통화정책을 미국에만 맡길 수는 없습니다. 통화정책을 포기한다는 것은 거의 그냥 쓰러지라는 이야기와 같습니다.

Q. 한국이 스테이블코인을 도입한다면, 어떤 조건이 필요할까요?

만약 원화 스테이블코인을 도입한다면 은행 중심으로 먼저 시작하는 것이 좋다고 생각합니다. 그 이유는 은행은 기본적으로 준법정신이 굉장히 강하고 위험 회피적입니다. 그러니 안전에 초점을 맞춥니다. 그래서 스테이블코인을 도입하더라도 초기에 굉장히 조심할 테고 그 과정에 우리가 장단점을 배워나갈 수 있을 겁니다. 이게 정말 어떤 부가가치를 만들어내는 것인지, 그 부가가치가 건전한지 등을 먼저 파악한 다음에 이를 늘리든지 해야 한다고 생각합니다. 국가 경제에 만약 정말 도움이 된다고 하면 위험을 따져가면서 적극적으로 추진해야겠죠. 그런데 이득이 별로 보이지 않고 위험이 매우 크다면 다시 원점으로 돌아가서 고려를 해봐야 할 수도 있겠습니다.

파올로 아르도이노

테더 최고경영자(CEO)

파올로 아르도이노 테더 CEO 및 다음 장에 나올 얌키 찬 서클 부사장의 인터뷰는 홍준기 조선일보 경제부(위클리비즈팀) 기자가 위클리비즈를 위해 취재한 내용입니다.

이탈리아 출신 컴퓨터공학자로 2023년 12월 세계 최대 스테이블코인 발행사 테더의 최고경영자(CEO)로 취임했다. 이전에는 테더의 최고기술책임자(CTO)로 2017년부터 일하며 스테이블코인 관련 기술·제품 개발 및 전략을 이끌어왔다. 테더와 밀접한 관계가 있는 글로벌 가상 화폐 거래소 '비트파이너'의 CTO이기도 하다.

Q. 만약 스테이블코인이 널리 사용된다면, 전통적인 금융 시스템의 핵심 기능 일부를 결국 대체하게 될 수도 있다고 보십니까. 예를 들어 스테이블코인이 이자를 지급하게 된다든지요?

우선 저는 이자를 지급하는 형태의 스테이블코인에는 찬성하지 않습니다. 스테이블코인은 현금을 대신하는 디지털 수단으로 쓰이는 것이 바람직합니다. 즉 '현금의 또 다른 형태'로 쓰여야 한다는 거죠. 물론 은행들이 결제 효율성을 높이기 위해 스테이블코인을 활용할 수는 있다고 봅니다. 하지만 스테이블코인이 은행 자체를 완전히 대체하는 건 옳지 않다고 생각합니다. 일부 경쟁사들은 은행을 대신할 수 있는 스테이블코인을 만들 시도를 하고 있어요. 굉장히 위험한 접근이라고 봅니다. 만약 스테이블코인에 이자를 붙이게 되면 그것은 더 이상 '현금'이 아니라 '증권'이 됩니다. 그래서 저희는 그런 형태가 바람직하지 않다고 생각합니다. USDT(테더) 같은 스테이블코인은 이자를 제공하지 않기 때문에 일반 사용자나 은행 모두 안전하게 사용할 수 있는 형태라고 볼 수 있습니다.

Q. 테더의 최고기술책임자(CTO)로 계셨으니 기술적인 부분에 밝으실 텐데요, 한국의 일반 독자들이 이해할 수 있도록 스테이블코인이 기술적으로 어떻게 작동하는지 설명해주실 수 있을까요?

스테이블코인은 디지털 달러, 혹은 법정화폐의 전자적 형태라고 보시면 됩니다. 일반 은행 계좌에 보관하는 대신 블록체인 기술을 이용해 이동하고 거래된다는 점이 다릅니다. 테더 같은 스테이블코인은 블록체인이라는 분산형 데이터베이스 위에서 자유롭게 이동합니다. 이런 차이점이 테더의 성공 요인으로 작용하고 있습니다. 현재 약 5억 명 이상의 사용자가 테더를 '자신만의 디지털 달러'처럼 사용하고 있으며, 특히 신흥국과 개발도상국에서 빠르게 확산 중입니다. 그 규모는 지금도 매일 커지고 있습니다.

Q. 분산된 시스템 위에서 작동하면 어떤 장점이 있나요?

일단 보다 투명하게 거래됩니다. 그리고 프로그래밍이 가능해지죠. 그래서 사용자와 서비스 간의 더 복잡한 상호작용을 구현할 수도 있습니다. 기본적으로는 1달러 가치에 연동된 디지털 화폐이면서 기존 화폐보다 사용자 혹은 사업자가 더 많은 통제권을 갖는 형태라고 보시면 됩니다. 사용자는 이를 이용해 결제하거나, 에스크로(보증금 예치) 기능을 만들거나, 국경 간 거래나 송금까지 모두 처리할 수 있습니다. 예를 들어 지금은 사람마다 웨스턴유니언(세계 최대 규모의 국제 송금·송금망 회사)으로 송금하고, 페이팔로 결제하고 또 다른 서비스로 다른 일을 처리해야 하지만, 스테이블코인은 이 모든 걸 하나의 통합된 시스템 안에서 해결할 수 있습니다. 매우 투명하고 규제 준수(compliant) 측면에서도 안정적이죠.

Q. 요즘은 신용카드나 애플페이 같은 디지털 결제 플랫폼이 보편화되면서 현금 사용이 이미 크게 줄었습니다. 스테이블코인까지 필요할까요.

일단 저는 지금의 신용카드 시스템에 큰 문제가 있다고 생각합니다. 카드사는 거래당 최대 3~4%의 수수료를 부과하죠. 이건 굉장히 큰 금액입니다. 그들이 그렇게 할 수 있는 이유는 사실상 독점 구조이기 때문입니다. 신용카드 결제도 사실은 훨씬 낮은 마진으로도 운영할 수 있지만, 굳이 그렇게 하지 않습니다. 경쟁이 없기 때문이죠. 카드사가 3%를 받겠다고 하면 다른 대안이 없으니 사용자들은 따라야만 했습니다. 하지만 이제는 스테이블코인을 사용해 거의 '수수료 0원'에 결제를 처리할 수 있습니다. 이런 점에서 신용카드와 체크카드는 이미 '레거시 시스템(legacy system)', 즉 낡은 구조로 평가되고 있습니다. 은행이나 개인 모두 스테이블코인을 통해 중개자를 거치지 않고 자유롭게 거래할 수 있게 되었고 이를 통해 자신의 사업체에 대한 통제권을 되찾을 수 있습니다. 그게 바로 가장 중요한 부분입니다. 우리는 금융의 주도권을 사람과 기관에게 돌려주고 있는 것이죠.

Q. 스테이블코인이 확산된다면 현금을 전혀 사용하지 않는 '탈(脫)현금 사회'로 갈 수도 있을까요.

저는 아직 '현금의 종말'을 논하기에는 조금 이르다고 생각합니다. 스테이블코인은 어디까지나 하나의 선택지일 뿐입니다. 중요한 건 사람들에게 두려움을 주지 않는 겁니다. 결국 사람들은 자신이 편한 결제 방식을 자유롭게 선택할 수 있어야 한다고 생각합니다. 물론 스테이블코인은 현금을 보완하는 좋은 대안입니다. 예를 들어 마트에 가서 콜라를 사는 등 일상적인 거래에는 현금이 여전히 유용하죠. 하지만 돈을 멀리 보내야 한다면, 예를 들어 100km 떨어진 곳으로 송금해야 한다면 현금을 봉투에 넣어서 우편으로 보낼 수는 없잖아요. 그런 경우에는 스테이블코인이 '디지털 형태의 현금' 역할을 합니다. 현금은 여전히 친구나 동네 가게 같은 지역 내 거래에 유용하고, 번

거리나 해외로 돈을 보낼 때는 디지털 화폐가 그 역할을 대신할 수 있는 거죠.

Q. 근본적인 질문이 있습니다. 우리가 이렇게 많은 결제 수단이 있음에도 스테이블코인을 꼭 써야 할까요.

우선 한국은 매우 부유한 나라라는 점을 기억해주시기 바랍니다. 미국이나 한국처럼 안정된 경제권에서 살고 있다면 스테이블코인의 필요성을 바로 체감하기는 어렵습니다. 저 역시 이탈리아 출신으로서 그런 부분을 이해합니다. 하지만 전 세계에는 약 30억 명, 즉 지구 인구의 절반이 넘는 사람들이 연 50% 이상의 인플레이션을 겪는 나라에 살고 있습니다. 예를 들어 아르헨티나를 보면 아르헨티나 페소는 지난 10년간 달러 대비 가치가 97~98%나 하락했습니다. 튀르키예 역시 마찬가지입니다. 약 8,570만 명이 사는 나라에서 리라화는 최근 5년 동안 달러 대비 80% 가치가 떨어졌습니다. 만약 당신이 그 나라 사람이라면 리라나 페소를 계속 보유하고 싶을까요, 아니면 달러를 원할까요? 답은 너무나 명확합니다. 수억 명의 사람들이 달러를 원하지만, 현금을 구하기는 매우 어렵습니다. 그래서 디지털 형태의 달러, 즉 스테이블코인이 필요한 겁니다. 모든 사람이 운 좋게 부유한 나라에서 사는 건 아니니까요.

Q. 테더의 경쟁력에 대한 생각도 궁금합니다. 테더는 현재 세계 최대 스테이블코인이지만 동시에 USDC 같은 경쟁자도 존재합니다. 테

더의 강점은 어디에 있을까요?

테더의 진짜 강점은 기술보다 '유통망'에 있습니다. 우리는 처음부터 이 네트워크를 하나씩 직접 구축해왔습니다. 신흥국과 개발도상국에서 출발해 이미 수억 명의 사용자를 확보했죠. 그 결과 신뢰, 입소문, 사용 확대, 수용도가 모두 매우 높습니다. 지금도 분기마다 약 3천만 개의 신규 '지갑'이 생기고 있습니다. 솔직히 말해 경쟁에 대해 큰 걱정은 하지 않습니다. 대부분의 경쟁사는 부유한 국가들에만 집중하지만 우리는 신흥국과 저소득 국가들에도 집중하고 있습니다. 이렇게 함으로써 양쪽 모두, 즉 송금 통로의 두 끝을 모두 연결할 수 있습니다. 예를 들어 부유한 나라에서 일하는 사람들이 고향인 저개발국으로 급여를 송금할 수 있게 돕는 역할을 합니다.

또 하나의 차별점은 현재 테더가 약 1,700억 달러 규모의 자산 가치를 안전하게 보유·운용하고 있다는 점입니다. 경쟁사들은 훨씬 규모가 작죠. 테더는 이미 수많은 시장에서 검증된 만큼 신뢰도가 높습니다. 그래서 저는 여전히 경쟁을 크게 두려워하지 않습니다.

Q. 최근 미국에서 스테이블코인 규제법인 「지니어스법」이 제정됐습니다. 이 법안이 테더같이 해외에 본사를 둔 발행사에게 불리하게 작용할 가능성이 있을까요? 이 법으로 테더의 사업 모델이 바뀔 가능성도 있다고 보십니까.

테더는 「지니어스법」의 제정 과정에 참여했습니다. 이를 매우 자랑스럽게 생각합니다. 테더는 아울러 최근에 미국 내에서 자체 스테이블코인을 발행하겠다는 계획을 발표했습니다. 우리는 해외 발행 스테이블코인인 테더가 이 법안의 기준에 부합하도록 조정 작업을 진행 중이며, 이미 관련 절차가 순조롭게 진행되고 있습니다.

Q. 테더는 이미 준비금의 상당 부분을 미 단기 국채로 보유하고 있다고 압니다. 나머지는 금이나 비트코인이죠. 이에 대해 일부 경제학자들은 위험하다고 지적하기도 하는데요, 이런 비판에 대해 어떻게 생각하십니까.

그런 우려들은 분명 과장된 부분이 있습니다. 그렇다면 은행은 실제로 안전한가요? 2022년, 2023년, 2024년에도 여러 미국 은행이 실제로 파산했잖아요. 은행들은 '부분 지급준비제'로 운영되기 때문에 보유 자산의 최대 90%를 대출로 내보낼 수 있습니다. 반면 테더는 현재 1,740억 달러 규모의 스테이블코인을 발행하고 있으며, 그에 상응하는 약 1천억 달러의 (현금성) 준비금을 보유하고 있습니다. 즉 테더는 은행보다 훨씬 더 높은 비율로 현금성 준비금을 유지하고 있는 구조입니다. 은행들이 고작 10%만 준비금을 보유한다면, 사람들은 오히려 은행을 더 두려워해야 하지 않을까요?

Q. 테더 같은 스테이블코인 발행사는 어떻게 수익을 내나요.

저희는 준비금을 미국 단기 국채 등으로 운용하고 있습니다. 그 투자 수익률이 연 약 4% 정도 됩니다. 현재 테더의 시가총액이 약 1,740억 달러이기 때문에, 그 이자 수익만으로도 상당한 규모의 이익이 발생합니다.

Q. 많은 사람이 스테이블코인과 중앙은행 디지털 화폐(CBDC)를 비교합니다. 미국 정부는 이미 스테이블코인 발행과 유통을 준비하고 있는 반면, 중국이나 다른 일부 국가는 CBDC를 선호하는 경향이 있습니다. 이 둘은 무슨 차이가 있다고 보십니까.

기술적인 측면에서는 두 시스템이 크게 다르지 않을 수도 있습니다. 하지만 문제는 CBDC가 국민에게 '정부의 통제 수단'으로 인식된다는 점입니다. 대부분의 국가는 CBDC를 국민을 통제하기 위한 도구로 활용하려는 경향이 있습니다. 예를 들어 정부가 마음에 들지 않는 발언을 한 사람의 계좌를 동결하거나 자금을 회수할 수도 있는 겁니다. 이런 이유로 사람들은 정부가 아닌 민간이 발행한 스테이블코인을 더 선호한다고 생각합니다.

Q. 만약 한국에 있는 친구가 테더를 구매해서 저에게 미국으로 송금한다면, 받은 사람은 그걸 개인적으로 일상생활에서 바로 사용할 수 있을까요.

미국 내에서도 테더를 사용하는 곳이 일부 있기는 합니다. 하지만 만약 그 테더를 아르헨티나, 브라질, 베네수엘라 같은 신흥국 사람들에게 보낸다면 답은 더 분명한 '예(Yes)'일 겁니다. 그들 나라에서는 거의 모두가 매일 테더를 사용하고 있습니다. 예를 들어 볼리비아에서는 사실상 모든 사람이 테더를 일상적으로 쓰고 있고, 아르헨티나에서도 테더가 일상 결제 수단으로 자리 잡고 있습니다. 반면 미국처럼 상대적으로 부유한 나라에서는 아직 스테이블코인이 일상 결제 수단으로 널리 쓰이지는 않습니다. 하지만 많은 신흥국에서는 이미 일상의 화폐로 사용되고 있습니다.

Q. 많은 사람이 달러 스테이블코인을 사용한다면, 이는 달러의 위상에 어떤 영향을 줄까요.

저는 테더가 오히려 미국 달러를 더 강하게 만들어주는 역할을 하고 있다고 생각합니다. 달러가 글로벌 기축통화로서의 힘을 유지하고 강화하도록 돕고 있는 셈입니다. 앞서 말한 대로 신흥국에서 테더는 달러를 강화하는 데 도움을 주고 있습니다. 테더는 결국 '디지털 형태의 달러'죠. 또 준비금이 미국 국채로 뒷받침되고 있다는 점도 중요합니다. 현재 약 5억 명의 사용자가 테더를 통해 달러를 보유하고 있으며 단순히 저축이나 국경 간 무역 결제에 그치지 않고 일상적인 거래에서도 달러를 직접 사용합니다. 이처럼 달러가 전 세계 신흥국의 일상에서 쓰이고 있기 때문에 달러는 여전히 중국 위안화 같은 통화에 비해 지속적으로 강세를 유지하고 있습니다. 중국이 '탈달러화(de-dollarization)'를 추진하는 가운데 오히려 테더가 세계의 '달러화'를 유지하는 데 실질적으로 기여하고 있는 셈입니다.

Q. 한국 정부는 원화 기반 스테이블코인을 추진하고 있습니다. 원화 스테이블코인이 한국 밖에서도 경쟁력이나 매력을 가질 수 있

한국은 여러 국가와의 교역 루트가 매우 잘 구축된 나라라고 생각합니다. 기술 분야를 비롯해 다양한 산업에서 생산 규모가 크잖아요. 그래서 저는 한국 기반의 스테이블코인이 수출입 거래를 촉진하는 데 상당히 도움이 될 것이라고 봅니다.

Q. 혹시 한국 시장과 관련해 계획하신 부분이 있습니까.

한국은 저희에게 매우 중요한 시장입니다. 무엇보다 디지털화 수준이 높고, 성장 잠재력이 큰 경제, 그리고 조세 기반이 탄탄한 국가이기도 하죠. 그래서 테더는 한국 시장에 큰 관심을 가지고 있으며 향후 수개월, 수년 동안 지속적으로 성장 기회를 확대할 계획입니다.

얍키 찬

서클 부사장

달러 스테이블코인 USDC 발행사 '서클'에서 아시아·태평양 지역을 총괄하는 부사장을 맡고 있다. 한국, 일본, 싱가포르 등 아시아 시장에서 기업·규제 기관과 협력하며 스테이블코인 도입 및 활용 확대 전략을 추진하는 중이다. 구글 페이 및 구글 클라우드에서 전략·운영 및 공공정책을 담당했다. 미국 백악관 국가안보위원회, 미 재무부 등 정부 부문에서 일한 경력도 있다.

Q. 스테이블코인의 기능 중 가장 중요한 것은 무엇이라고 생각하십니까.

스테이블코인 관련해서 많은 발전이 있었습니다. (서클이 발행하는) USDC의 유통량은 크게 증가했죠. 2024년에는 USDC의 시가총액이 전년 대비 78% 늘었고, 현재는 약 560억 달러가 유통 중입니다. 흥미로운 점은 이번 스테이블코인 발전 주기가 수년 전과 확실히 다르다는 점입니다. 기술적, 제품적 측면에서 시간이 지남에 따라 개선되었고, 사용 방식도 달라졌습니다.

스테이블코인은 주로 결제 수단으로 사용되는데 이는 매우 중요하다고 생각합니다. 처음 스테이블코인이 채택되고 사용되었던 것은 디지털 자산 거래를 위한 결제 수단용이었습니다. 주 7일, 하루 24시간 디지털 자산 거래의 결제를 가능하게 만들기 위한 방법이 출발점이었습니다. 하지만 시간이 지나면서 사람들은 스테이블코인이 사실상 '디지털 달러'라는 것을 깨닫게 되었고, 디지털 거래를 넘어 가치 저장 수단으로도 사용하기 시작했습니다. 사람들이 USDC를 달러처럼 보유하게 됐죠.

이는 신흥국, 특히 은행 관련 문제가 있는 나라에서 더욱 그렇습니다. 신흥국의 사업자라고 한다면 무역 거래를 위해 달러에 접근해야 할 필요가 생기기 마련입니다. 상품을 사고팔기 위해 달러를 구해야 하죠. 그런데 지난 몇 년 동안, 특히 2008년 글로벌 금융 위기 이후 대형 은행들은 위험을 줄이려 많은 신흥국에서 사업을 축소하거나 철수했습니다. 그 결과로 많은 사람들, 그리고 작은 사업자들이 달러에 접근하기가 어려워졌습니다. 비용도 늘었고요.

아시아에서는 무역 송장 중 75%가 달러로 기재됩니다. 어느 회사든 가서 그들의 서랍을 열어보면 대부분의 송장이 달러로 되어 있을

겹니다. 이는 그들이 거래를 위해 달러를 사용할 필요가 있다는 의미입니다. 그들은 물품 대금을 받을 때도 대부분 달러로 받아서 이를 은행에서 현지 통화로 바꿉니다. 이런 상황에 USDC 같은 스테이블코인은 그 돈이 국가 사이를 더 빠르고 저렴한 비용으로 이동할 수 있게 도와줍니다. 이런 장점 때문에 스테이블코인은 특히 국경을 넘는 거래와 송금에서 많이 사용되고 있습니다.

Q. 주로 국경 간 거래에 스테이블코인이 쓰인다는 뜻입니까.

그렇기는 하지만, 우리는 전통적인 자본 시장이 토큰화되는 현상도 보고 있습니다. 과거의 디지털 자산 거래가 토큰화되었듯이 이제 전통적인 자본 시장도 그런 방향으로 가는 중입니다. 많은 곳에서 토큰화된 머니마켓펀드(MMF)가 나오기 시작했어요. 예를 들어 서클은 최근 '해시노트(Hashnote)'라는 회사를 인수했는데, 이 회사는 토큰화된 MMF를 보유하고 있습니다. (세계 최대 자산운용사인) 블랙록은 'BUIDL'이라는 토큰화된 MMF를 출시했고, UBS와 피델리티도 각각 하나씩 가지고 있습니다. 많은 경우 이들은 USDC로 결제됩니다. 즉 24시간 거래가 가능한 토큰화된 MMF를 위한 결제 메커니즘이 필요한 상황에서 USDC가 그 역할을 하는 겁니다.

앞으로는 더 많은 실물 자산이 토큰화되어 스테이블코인을 결제 수단으로 사용할 겁니다. 그리고 더 먼 미래를 바라보면, 우리는 AI 시대에 접어들고 있고, 이제 AI 없이 기술에 대해 이야기하는 건 불가능할 정도죠. 현재는 AI '봇(자동화 로봇)'들이 계약과 거래를 협상하는 초기 단계에 있습니다. 우리는 머지않은 미래에 AI 간 협상이 끝난 후 그들이 결제해야 할 상황이 될 때 스테이블코인을 사용할 가능성이 크다고 예상합니다. 이미 절차가 디지털화되어 있다면 AI 협상이 끝난 후 사람에게 이메일을 보내서 결제를 요청하기보다는 스테이블코인을 사용하는 것이 훨씬 자연스럽습니다. 그 발전이 결국 디지털 자산과 스테이블코인을 결제 수단으로 사용하는 방향으로 이어질 것이라고 봅니다.

Q. 최근에는 스테이블코인이 '유로달러'(미국 밖에 예치된 달러)를 대체할 정도로 커질 수 있다는 예측도 나옵니다. 이런 전망에 동의하나요?

저는 약간 관점이 다릅니다. 스테이블코인은 미국 내에서도 사용할 수 있고, 미국 외에서도 사용할 수 있기 때문이죠. 스테이블코인의 잠재력은 얼마나 많은 달러가 세상에 나와 있는지에 달렸다고 생각합니다. 디지털 달러는 전 세계적으로 약 20조 달러가 존재하는 반면, 스테이블코인의 전체 시장 자본 규모는 겨우 2천억 달러 정도입니다. 아직도 성장할 여지가 많다는 의미겠죠. 물론 그 모든 부분이 스테이블코인으로 전환되는 것은 아니겠지만, 그 많은 달러 중 상당 부분은 아마 스테이블코인으로 이동할 겁니다.

그 이유는 스테이블코인에 기존의 디지털 은행 서비스와는 다른 장점들이 있기 때문인데 가장 큰 장점은 주 7일, 하루 24시간 결제가 가능하고 주말에도 결제가 된다는 점입니다. 또한 스테이블코인은 무역과 무역 금융에 사용되며 특히 국경을 넘는 거래에서는 사전 자금 확보의 비용을 줄여줄 수 있습니다. 이는 유로달러가 해결하지 못한 문제이기도 하죠. 유로달러도 사전 자금 확보나 결제의 제약을 해결하지 못합니다. 또한 스테이블코인은 '디지털 네이티브(태생부터 디지털)'로서 직접 프로그래밍이 가능합니다. 스마트 계약을 통해 기존 은행 시스템에서는 불가능했던 작업을 처리할 수 있습니다.

Q. 스테이블코인은 신뢰를 유지하는 것이 중요해 보입니다. 서클의 경우 준비금의 상당 비율을 미국 채권으로 보유하고 있는데, 현금보다는 위험이 높지 않을까요. 이런 위험에도 불구하고 어떻게 신뢰를 구축할 수 있을까요.

우선 많은 금융 상품이 자신을 스테이블코인이라고 부르지만, 모든 스테이블코인이 동일하지는 않다는 점을 언급하고 싶습니다. BIS가 가상화폐, 특히 스테이블코인에 대해 어떻게 생각하는지에 대한 설명을 실제로 발표한 적이 있습니다. 그들은 스테이블코인을 세 가지 범주로 분류합니다. 첫 번째 범주는 알고리즘 기반 스테이블코인입니다. 테라-루나가 그중 하나였고, 여전히 개발되고 있는 다른 몇 가지가 있습니다. 두 번째 범주는 '다중 자산 스테이블코인'입니다. 여기서는 준비금이 여러 종류의 자산으로 구성됩니다. 국채 또는 귀금속일 수도 있으며, 다른 종류의 디지털 자산일 수도 있죠. 세 번째 범주이자 마지막 범주는 '법정화폐 연동 스테이블코인'입니다 'Fiat Referenced Stablecoin', 줄여서 FRS라고 부릅니다. 이 범주에

USDC가 속합니다.

법정화폐 연동 스테이블코인의 정의는 매우 구체적입니다. 오늘날 존재하는 모든 법률과 법안은 이 법정화폐 연동 스테이블코인을 그들이 원하는 형태로 정의하고 있습니다. 우리가 물어야 할 것은 '법정화폐 연동 스테이블코인이란 무엇인가'일 텐데, 그 정의는 매우 명확합니다. 첫째, 코인과 화폐가 1대1로 고정됩니다. 둘째, 모든 준비금은 고정된 화폐와 동일한 화폐 단위로 보유되어야 합니다. 예를 들어 '1달러'와 연동되는 스테이블코인을 발행한다면 '1달러' 자산을 보유해야 합니다. 준비금은 현금이나 현금 등가물이어야 하는데 일반적으로 우리의 경우 만기가 90일 이하인 미국 국채나 주요 은행들과의 역(逆)레포 계약, 또는 현금을 보유합니다. 이것들이 바로 '법정화폐 연동 스테이블코인'이 보유할 수 있는 자산입니다. 이는 매우 보수적인 방식이고 스테이블코인의 신뢰를 유지하기에 매우 중요합니다. 왜냐하면 본질적으로 준비 자산에 대해 거의 위험을 감수하지 않기 때문입니다.

그리고 또 하나 중요한 점은 다양한 은행 네트워크를 보유하는 것이 중요하다는 겁니다. 예를 들어 실리콘밸리은행 문제 같은 일이 일어나지 않도록, 지난 몇 년 동안 우리는 전 세계 여러 은행을 활용하는 방안을 확장해왔습니다. 특히 전 세계적으로 대형 은행을 통해 준비금을 보유하고 고객과의 거래나 은행 업무를 수행하고 있습니다. 우리가 보유한 자산 중 약 80~90%는 서클을 대신해 블랙록이 관리하며 이 자금은 국채와 역레포 계약, 현금에만 투자됩니다. 그리고 나머지

10~20%는 전 세계의 다양한 은행에 예치되어 거래에 활용됩니다.

Q. 미국의 스테이블코인 규제법인 「지니어스법」에 대해 어떻게 생각하나요. 이 법을 바탕으로 미 정부가 스테이블코인으로 국채 수요를 늘리려는 의도가 있다고 보십니까.

도널드 트럼프 행정부는 선거 운동 때뿐만 아니라 선거 후에도 가상화폐를 중요한 이슈로 삼았습니다. 이를 미국 경제의 디지털 혁신과 발전에 있어 매우 중요한 요소로 봅니다. 그 핵심에는 스테이블코인이 있습니다. 「지니어스법」은 아주 강력하고 좋은 법이라고 생각하고, 몇 가지 중요한 의미가 있습니다. 첫째는 스테이블코인의 규제를 주(州) 수준에서 연방 수준으로 업그레이드했습니다. 만약 스테이블코인 규모가 100억 달러 이상이라면 연방 차원의 감독을 받아야 합니다. 둘째는 앞서 언급한 대로 스테이블코인이 무엇을 자산으로 보유할 수 있는지에 대한 부분입니다. 법은 구체적으로 법정화폐에 기반한 스테이블코인을 정의하고 있으며 이 스테이블코인은 현금 및 현금 등가물, 즉 90일 이하의 미국 재무부 채권 등만 보유할 수 있습니다. 이게 두 번째 부분입니다. 셋째 부분은 「은행 비밀법(Bank Secrecy Act)」 등 규제 당국에서 요구하는 규정입니다. 이는 일반적으로 금융기관들이 불법 행위를 막기 위해 고려해야 할 요구 사항들이 포함되어 있습니다.

Q. 미래에는 여행자가 해외여행 중 스테이블코인으로 결제할 수

몇 가지 예시를 들어보겠습니다. 우선 신용카드 사례부터 시작하
겠습니다. 이미 많은 회사가 디지털 자산, 특히 USDC로 자금을 지
원하는 신용카드를 개발하고 있습니다. 이 카드들은 전 세계 어디에
서나 사용 가능한 신용카드이고, 신용카드가 사용되는 곳에서는 다
사용 가능합니다. (사용자는 인식하지 못하겠지만) 뒷단에서는 실제
로 가상화폐, 특히 USDC로 자금을 지원받고 있습니다. 우리는 리프
(Reap)나 리닷페이(RedotPay)와 같은 회사들과 파트너십을 맺고 있
는데, 이들은 디지털 지갑에 의해 지원되는 비자 카드를 발급합니다.
이 디지털 지갑은 USDC를 보유하고 있고요. 이 방식은 사용자가 전
세계 어디에서든 그 카드를 사용할 수 있게 해줍니다. 이 카드를 통
해 여행자뿐만 아니라 기업들도 디지털 달러로 자금을 보유하고 직
원들에게 카드를 발급할 수 있게 되며, 직원들이 여행을 할 때 그 계
좌에서 돈을 인출하되 매우 합리적인 환율의 적용을 받습니다. 혁신
적이죠.

두 번째 사례는 태국입니다. 태국 중앙은행은 프로그래밍 가능한
돈을 위한 샌드박스(실험적 프로젝트)를 운영하고 있습니다. 2024년
11월 방콕에서 한 회의가 열렸는데 그때 'SCP 10X'라는 상업은행의
자회사가 디지털 지갑을 만들어서 금융 소비자가 USDC를 지갑에 달
러로 예치할 수 있게 했습니다. 그리고 그들은 사용자가 그 지갑을 통
해 한국의 카카오페이나 네이버페이처럼, QR 코드를 스캔하고 현지

법정화폐인 바트로 상인에게 돈을 낼 수 있게 했습니다. 이 샌드박스를 진행하는 동안 상인은 바트로 받지만, 사용자는 USDC를 예치하고 썼습니다. 사용하지 않은 USDC는 다시 출금할 수 있게 했고요. 저는 이 기술이 사용자들에게 큰 혁신이 될 것이라고 생각합니다. 일부 사용자들은 USDC를 인지하지 못할 수도 있습니다. 보이지 않는 곳에서 USDC가 사용될 수도 있기 때문이죠. 결제 처리업체들은 USDC와 같은 스테이블코인을 사용해 달러를 훨씬 더 빠르고 저렴하게 이동시킬 수 있다고 생각합니다.

Q. 비트코인과 이더리움 같은 비(非)스테이블코인과 스테이블코인의 역할은 어떻게 나뉠까요.

그 둘은 매우 다릅니다. 규제 당국도 스테이블코인과 다른 가상화폐의 차이를 인식하고 있어요. 가상화폐와 디지털 자산에는 여러 종류가 있습니다. 비트코인, 이더리움, 솔라나, 폴리곤 등이 있는데 이들은 모두 유형이 다르고 그중 일부는 해당 블록체인 네트워크의 수수료와 연결되어 있습니다. 비트코인은 시간이 지나면서 가치 저장 수단으로 발전해서 사람들은 이를 '디지털 금'이라고도 부르죠. 하지만 이 모든 것들은 실제로 스테이블코인과 비교할 때 가격 변동성이 매우 큽니다. 반면에 스테이블코인은 결제 수단으로 설계되었습니다. 스테이블코인은 투기를 위해 보유하는 것이 아니라, 결제 및 국경을 넘는 거래를 위해 쓰입니다. 그래서 이제 규제 당국은 스테이블코인에 관한 법을 제정하고 있고 이를 발전시키고 있습니다.

CBDC는 (중앙은행과 민간 은행으로) 이원화된 현재 은행 시스템의 근본적인 원칙에 도전할 수 있습니다. 반면 새로운 혜택을 제공하지 않을 위험이 있습니다. 사실 CBDC의 많은 혜택은 이미 민간 부문의 혁신을 통해 해결되는 중입니다. 예를 들어 USDC의 준비금은 규제된 은행 시스템의 관리하에 보관되며 국가별 규제에 맞춰 발행됩니다. 우리는 USDC와 같은 규제된 스테이블코인과 CBDC가 상호 보완적인 역할을 할 여러 분야가 있다고 봅니다. 스테이블코인은 사람에서 사람으로, 국경을 넘는 거래를 지원하는 데 중요한 역할을 할 텐데 이는 현재 대부분의 CBDC 설계에 포함되지 않은 기능입니다. 실제 혁신은 대부분 민간 부문에서 시작되며 종이 수표, 현금자동입출금 기기(ATM), 신용카드, 직불카드, 페이팔, 애플페이 등이 그 사례입니다. 이러한 혁신들은 모두 민간 부문에서 탄생했죠. 중앙은행이 해야 할 역할은 분명히 있지만, 현재는 새로운 화폐와 혁신의 대부분이 민간 부문에서 발생하고 있다고 생각합니다.

새로운 돈의 시대,
스테이블코인

초판 1쇄 발행 2026년 1월 14일

지은이 김신영
펴낸곳 원앤원북스
펴낸이 오운영
경영총괄 박종명
기획편집 최윤정 김형욱 이광민
디자인 윤지예 이영재
기획마케팅 문준영 박미애
디지털콘텐츠 안태정
등록번호 제2018-000146호(2018년 1월 23일)
주소 04091 서울시 마포구 토정로 222 한국출판콘텐츠센터 319호 (신수동)
전화 (02)719-7735 | **팩스** (02)719-7736
이메일 onobooks2018@naver.com | **블로그** blog.naver.com/onobooks2018
값 22,000원
ISBN 979-11-7043-709-3 03320